Let's Go 마가복음

깊게 읽고 쉽게 풀어쓴

Let's Go 마가복음

강학종 지음

베드로서원

머리말

부활하신 예수님이 제자들과 함께 사십 일을 보내고 승천하시면서 땅끝까지 이르러 증인이 되라는 당부를 남겼습니다. 그 당부대로 제자들은 땅끝까지 이르러 주님의 증인이 되었습니다. 전해오는 얘기에 따르면 베드로는 로마에서 십자가에 거꾸로 매달려 순교했다고 합니다. 야고보는 헤롯왕한테 참살당했고 안드레는 소아시아, 스키티아, 그리스에서 사역하다가 X자형 십자가에서 처형당했습니다. 빌립은 프리기아의 헤리오폴리스에서 순교했고, 바돌로매는 아르메니아에서, 도마는 바대, 바사, 인도에서 사역하다 순교했습니다. 마태는 에티오피아, 유다는 바사, 시몬은 영국에서 순교했습니다. 작은 야고보라 하는 알패오의 아들 야고보는 성전 꼭대기에서 떨어지는 것으로 사역을 마감했습니다. 예수님의 제자 중에 요한만 자연사하고 다 순교했습니다.

이때 제자들은 예수님이 금방 오실 줄 알았습니다. 초대교회 교인들이 주고받는 인사가 마라나타였습니다. 그들은 늘 예수님을 기다렸습니다. 그런데 안 오시는 겁니다. 요즘 말로 바꾸면 추석 때는 오시겠지 했는데 안 오시고, 해가 바뀌기 전에는 오시겠지 했는데 또 안 오셨습니다.

그러는 중에 세월이 지났습니다. 예수님의 생애를 아는 사람들이 한 사람씩 죽어갑니다. 급기야 예수님의 생애를 기록할 필요를 느끼게 되었습니다. 그렇게 해서 복음서가 탄생하게 됩니다. 사 복음서 중에 가장 먼저 기록된 것이 마가복음입니다. 주후 65-70년에 기록되었습니다.

고등학생 시절, 마가복음을 범위로 성경 퀴즈를 했던 기억이 있습니다. 그때는 몰랐는데 나중에 생각하니 이유를 알 것 같았습니다. 다른 복음서에 비해 짧기 때문입니다. 성경 퀴즈를 이유로 학생들한테 한 번이라도 성경을 읽게 하려면 일단 짧은 것이 유리합니다.

아닌 게 아니라 마가복음이 그런 책입니다. 별도의 서술 없이 사건 위주로 기록되었으니 짧을 수밖에 없습니다. 아마 마가복음의 원래 독자가 로마에 있는 기독교인이기 때문일 것입니다. 로마인은 다분히 실제적이고 역동적입니다. 마가복음의 전개가 빠른 이유입니다.

주후 64년에 로마 대화제가 있었습니다. 아흐레 동안이나 로마가 불에 탔습니다. 네로 황제 때의 일입니다. 당시 로마는 열네 개 행정구로 나뉘어 있었는데 네 개 행정구만 무사했습니다. 세 개 행정구가 전소했고 일곱 개 행정구가 반소하는 엄청난 참사였습니다. 민심이 흉흉할 대로 흉흉했습니다.

네로 황제가 자기한테 쏟아지는 비난의 화살을 피하기 위해서 당시로서는 신흥 종교에 불과한 기독교를 희생양으로 삼습니다. 기독교 신자들에게 화재의 책임을 돌린 것입니다. 결국 기독교에 대한 대대적인 핍박이 시작됩니다. 마가복음은 사회 분위기가 그렇게 흉흉할 즈음에 기록된 책입니다. 신앙을 지키느냐 마느냐에 목숨이 오가는 것이 실제 상황이었습니다.

그때 그들이 마가복음을 어떤 마음으로 읽었을까요? 그리고 우리는 어떤 마음으로 읽고 있을까요? 그들과 우리 마음에 차이가 있다면 이유가 어디에 있을까요? 그때는 목숨을 걸고 예수를 믿어야 했지만 지금은 건성으로 믿어도 상관없기 때문일까요?

성경은 시공을 초월한 진리 말씀입니다. 그때의 마가복음이나 지금의 마가복음이나 담고 있는 메시지는 똑같습니다. 우리의 문제는 세상이 변했기 때문이 아니라 우리가 변했기 때문입니다. 그런 차이를 마냥 인정할 수는 없습니다. 마가복음을 대하는 우리의 마음이 마가복음 원래 독자의 마음과 같아야 합니다.

여기에 담긴 내용은 지난 2013년 10월부터 2015년 4월까지 일 년 반 동안 주일낮예배 때 설교한 원고를 정리한 것입니다. 그랬던 것이 이렇게 책으로 나오게 되니 방주석 장로님과 베드로서원 가족들에게 고마움의 뜻을 전합니다. 마가복음 원래 독자들에게 역사하셨던 성령님께서 책을 읽는 모든 독자들에게 그때와 동일한 능력, 동일한 사랑으로 역사하시기를 소망합니다.

주후 2022년 7월

하늘교회 목사 강 학 종

차례

1장	복음의 시작	11
2장	무르익는 사역(1)	51
3장	무르익는 사역(2)	67
4장	비유로 가르치시다	87
5장	예수님을 만난 사람들	103
6장	초대받은 사람들	117
7장	아둔한 사람들	141
8장	뜻 모를 신앙 고백	157

9장	선포되는 영광	177
10장	예루살렘 가는 길	205
11장	예루살렘 입성	235
12장	예루살렘 사람들	251
13장	비유 비유 비유	277
14장	다가오는 시간	297
15장	십자가의 메시야	329
16장	대단원	347

1장 복음의 시작

1:1〉 하나님의 아들 예수 그리스도의 복음의 시작이라

요한복음이 "태초에 말씀이 계시니라"로 시작한다. 헬라어로는 "엔 아르케 엔 호 로고스"인데 마가복음에서 가장 먼저 나오는 단어도 '아르케'다. 막 1:1이 '아르케 투 유앙겔리우'로 시작한다. 요한복음에서 '태초'로 번역된 '아르케'가 마가복음에서는 '시작'으로 번역되었다.

무엇이 시작되었느냐 하면 복음이 시작되었다. 창 1:1이 창조의 시작이면 막 1:1은 재창조의 시작이다. 첫 창조는 말씀으로 가능했다. 하지만 재창조에는 예수님의 사역이 필요했다. 그래서 예수 그리스도의 복음이다.

헬레니즘 시대에는 주로 승전보를 복음이라고 했다. 전쟁이 벌어지면 남자들은 전쟁터로 가고 성에는 노약자만 남아서 초조하게 소식을 기다린다.

그렇게 지내는 어느 날, 멀리서 달려오는 사람이 보인다. 그리고 외친다. "우리가 이겼다!" 이것이 복음이다. 이보다 더 좋은 소식이 있을 수 없다.

로마 시대에는 뜻이 달라진다. 황제의 출생이나 즉위처럼 제국 전체에 영향을 미치는 소식을 복음이라고 했다. 터키의 프리에네에 세워진 아우구스투스의 비문에는 "아우구스투스의 탄생일이 이 세상에는 그분으로 인해 퍼져 나가게 된 복음의 시작이다"라는 구절이 있다.

어떤 황제가 등극했다고 하자. 전령이 새 황제의 등극을 외칠 것이다. 새로운 시대가 열렸으니 거기에 맞춰 살라는 뜻이다.

마가의 얘기가 그렇다. 버젓이 황제가 있는데 이런 말을 입에 담는 것은 반역이다. 그만큼 엄청난 말을 하고 있다. "황제가 새로 등극한 것이 복음이 아니다. 예수 그리스도가 복음이다. 예수 그리스도가 새로운 세상의 주인이다."라는 뜻이다. 요즘 말로 바꾸면 "일류 대학에 합격하는 것이 복음이 아니다. 연봉 많이 주는 회사에 취직하는 것도 복음이 아니고 의사 사위 얻는 것도 복음이 아니다. 오직 예수 그리스도가 복음이다."가 된다.

그 시대에는 복음에 동의하려면 목숨을 걸어야 했다. 지금은 다를까? 모두 대학에 목숨 걸고 돈에 목숨 건다. 그런 세상을 살면서 목숨도 걸지 않고 무슨 수로 예수를 믿을까? 예수를 믿으려면 일단 목숨부터 걸고 시작해야 한다. 당부드리는데, 교회 올 때 제발 목숨은 갖고 오자. 목숨은 세상에 두고 겉껍데기만 오면 안 된다.

우선 유대인의 아들 개념을 알아야 한다. 우리한테는 아버지와 아들이 넘지 못할 격차를 뜻하지만 유대인들은 다르다. 아들은 아버지와 동격이다.

"그 집의 종이 아니라 주인이다"라는 뜻이다. 하나님의 아들은 하나님보다 조금 못한 분이 아니라 하나님과 같은 분이다.

그런 예수님의 탄생을 기준으로 B.C.와 A.D.를 나눈다. 인류 역사의 기준이 예수님이다.

디오니시우스 엑시구스가 주후 525년에 쓴 〈부활제의 서〉에서 예수님의 탄생이 로마 건국 754년이라고 밝히면서, 그 해를 A.D. 1년으로 하자고 했다. 그런데 나중에 그 주장이 틀렸다는 사실이 밝혀졌다. 그가 계산한 연대를 기준으로 하면 예수님이 B.C. 4년에 태어난 셈이 된다. 하지만 이미 모든 나라에서 사용하는 연대를 바꿀 수는 없는 노릇이다.

예수님으로 인해 이 세상에 복음이 시작된 때가 B.C. 4년인지 A.D. 1년인지는 중요하지 않다. 정작 중요한 문제는 그 복음이 과연 우리한테도 시작되었느냐 하는 것이다. 예수님이 세상에 오신 것이 아무리 큰 사건이라도 우리 안에 오시지 않으면 의미가 없다. 세상 역사의 B.C.와 A.D.는 흐리멍덩할지라도 자기 인생의 B.C.와 A.D.는 명확해야 한다.

1:2-6〉 선지자 이사야의 글에 보라 내가 내 사자를 네 앞에 보내노니 그가 네 길을 준비하리라 …(중략)… 요한은 낙타털 옷을 입고 허리에 가죽띠를 띠고 메뚜기와 석청을 먹더라

예수 그리스도가 복음이라고 했다. 그러면 예수가 누구인지 말해야 한다. 그런데 세례 요한을 설명한다. "구약성경에 메시야가 오기 전에 사자가 와서 그의 길을 예비한다고 했다. 세례 요한이 바로 그 사람이다."라는 뜻이다. 예수님의 복음은 뜬금없는 사건이 아니다.

우리는 예수님을 익히 알지만 당시는 그렇지 않을 때였다. 예수 그리스도가 구약에 예언된 분이라고 해도 놀랄 일이다. 그런데 그 정도가 아니다. 예수 그리스도의 출현을 예비할 세례 요한이 구약에 예언되어 있다. 그러면 예수 그리스도가 얼마나 놀라운 분일까?

어쨌든 구약의 예언에 따라 주의 길을 준비하기 위한 사자로 세례 요한이 왔다. '길'이라는 단어에 주목할 필요가 있다. 마가복음에서는 길이 제자도나 생활양식을 결정하는 배경으로 자주 나온다(8:27, 9:33-34, 10:32, 10:52, 11:8). 하나님이 지금 있는 길, 우리한테 익숙한 길이 아니라 새로운 길을 말씀하신다. 그래서 준비가 필요하다.

서울대학교 김용익 교수가 일간신문에 제약업계와 병원 사이의 비리 때문에 일 년에 1조 3천억 원에 이르는 손실이 빚어진다는 내용의 기고문을 실은 적이 있다. 그런데 충격적인 지적이 있었다. 20대의 초보 의사들이 처음에는 그런 관행에 놀라다가 30대가 되면 그러려니 하고 받아들인다는 것이다.

이것이 세상의 한 단면이다. 그래서 우리가 어떤 길에 서 있는지 늘 확인해야 한다. 신자가 세상 사람을 흉내 내면서 "남들도 그러더라"라고 하는 것은 비겁한 짓이다. 하물며 세상 사람들이 우리가 사는 모습을 보고 "남들도 그러더라"라고 한다면 정말 비참한 일이다.

또 세례 요한은 광야에 있는 외치는 자의 소리다. 광야는 출애굽을 연상하게 한다. 그런 광야에서 죄 사함을 받게 하는 회개의 세례를 전파했다.

요한의 세례와 예수님의 세례가 어떻게 다를까? 세례 요한이 자기보다 능력 많으신 이가 자기 뒤에 오는데 자기는 그의 신발 끈을 풀기도 감당하지 못한다고 하면서 자기는 물로 세례를 주지만 그는 성령으로 세례를 준다고 했다. 결론부터 얘기하면 요한의 세례는 자기가 죄인임을 인정한다는 뜻이고 예수님의 세례는 그 죄를 씻는다는 뜻이다.

"너희는 주의 길을 준비하라 그의 오실 길을 곧게 하라"라는 말씀부터 생각해 보자. 솔로몬이 죽은 다음에 이스라엘이 남 왕국과 북 왕국으로 갈라진다. 북 왕국은 주전 722년에 앗수르한테 망하는 것으로 나라가 없어지고 말았다. 남 왕국은 주전 586년에 바벨론한테 망해서 전부 포로로 끌려갔는데, 바벨론이 바사한테 망한다. 바사의 고레스 왕이 칙령을 반포한다. 이스라엘 백성은 고국으로 돌아가도 좋다는 것이다.

이사야 선지자가 그런 고레스 칙령을 예언했다. 고레스 칙령이 선포되면 시급히 돌아가야 한다. 산을 깎고 골짜기를 메워서라도 팔레스타인으로 통하는 길을 확보해야 한다. 그 얘기가 "너희는 주의 길을 준비하라 그의 오실 길을 곧게 하라"이다. 하나님이 허락하신 구원에 방해가 되는 것은 다 청산하라는 뜻이다.

이사야 선지자가 그렇게 말한 것처럼 세례 요한이 죄 사함을 받게 하는 회개의 세례를 전파했다. 하나님이 허락하신 구원을 받아 누리는 데 장애가 되는 요소를 청산하는 것이 회개의 세례를 받는 것이다.

우리는 죄인이라는 말에 익숙하지만 유대인들은 그렇지 않다. 자기들은 이미 하나님의 백성인데 무슨 회개를 하란 말인가? 그런 생각이 있으면 세례 요한의 말을 흘려듣게 된다. 요즘 상황으로 바꾸면, 교회 밖에 있는 불신자는 전도하면 되지만 교회 안에 있는 불신자는 어떻게 해야 할까? 회개를 아무리 얘기해도 다른 사람한테 해당하는 말로 듣는 사람을 어떻게 해야 할까?

요한의 세례를 안 받은 것은 관계없을 수 있다. 문제는 예수의 세례도 못 받는다는 사실이다. 구원에 무감각한 것 자체는 별 문제가 아니라고 해도, 그렇게 해서 정말로 구원을 못 받으면 그것을 어떻게 감당할까? 오늘 하루 숙제 안 한 것은 관계없을 수 있지만 그렇게 해서 대학 못 가면 어떻게 할까? 오늘 하루 가게 문 닫고 노는 것은 관계없을 수 있지만 그렇게 해서 장사 망하면 어떻게 할까? 그래서 세상을 대충 사는 사람은 없다. 아무리 사소한 것도 소홀히 여기지 않는다. 신앙을 그렇게 돌봐야 한다. 정말로 주님의 은혜를 받을 준비가 되어 있는지 늘 살펴야 한다. 돈 모으는 데 방해되는 것, 출세하는 데 방해되는 것을 다 따지다 보면 이 세상에 복음이 시작되었는데도 그 복음과 관계없을 수 있다. 말로만 하나님이 이 세상 주인이라고 하면 안 된다. 하나님과의 관계를 방해하는 것은 없는지 세심하게 따져야 한다. 기회는 기다리는 자에게 온다는 말처럼 복음은 준비된 자에게 임한다. 옛날에는 세례 요한이 이 메시지를 외쳤다. 지금은 설교자가 외친다. 반응은 듣는 사람 몫이다.

1:7-8〉 그가 전파하여 이르되 나보다 능력 많으신 이가 내 뒤에 오시나니 나

는 굽혀 그의 신발 끈을 풀기도 감당하지 못하겠노라 나는 너희에게 물로 세례를 베풀었거니와 그는 너희에게 성령으로 세례를 베푸시리라

세상 살면서 다른 사람의 신발 끈을 풀어주는 일이 있을까? 풀린 신발 끈을 묶어주는 일은 있을 수 있다. 하지만 신발 끈을 풀어주는 일은 없다. 그런데 요한의 말이 그렇다. 자기는 예수님의 신발 끈을 풀기도 감당하지 못한다는 것이다. 극단적으로 자신을 낮추거나 상식 수준 이상으로 상대방을 높이는 말이다.

그럴 만한 이유가 있다. 자기는 물로 세례를 베풀지만 예수님은 성령으로 세례를 베풀 것이기 때문이다. 요한의 세례와 예수님의 세례가 어떻게 다른가에 대한 얘기가 아니다. 요한과 예수님이 얼마나 다른가에 대한 얘기다. 요한은 구원을 설명할 뿐이지만 예수님은 구원 그 자체다.

1:9-11〉 그때에 예수께서 갈릴리 나사렛으로부터 와서 요단강에서 요한에게 세례를 받으시고 곧 물에서 올라오실새 …(중략)… 하늘로부터 소리가 나기를 너는 내 사랑하는 아들이라 내가 너를 기뻐하노라 하시니라

예수님이 왜 세례를 받아야 할까? 예수님이 세례를 받지 않고 십자가에 달렸으면 우리 구원에 지장이 있을까? 지장이 없으면 예수님은 해도 그만이고 안 해도 그만인 일을 하셨을까?

예수님이 우리를 위해서 대신 죽으셨다. 예수님이 우리 죗값을 치르셨으니 우리는 죗값을 치를 필요가 없다. 그러면 부활은 어떻게 될까? 예수님이 우리 대신 부활하셨으니 우리는 부활할 필요가 없을까? 그럴 수는 없다. 예수님의 죽으심과 부활에는 '대신'의 의미만 있는 것이 아니라 '대표'의 의미도 있다.

중학교 1학년 때의 일이다. 복도에서 학생주임선생님이 "반장 누구야? 반장 나와!"라고 하셨다. 영문도 모른 채 나갔더니 신발장 주변이 왜 이리 엉망이냐고 나무랐다. 내가 반을 대표해서 야단맞았다. 나를 야단친 선생님은 학생주임선생님이었지만 교장선생님이라고 잠깐 가정하자. 마침 담임선생님이 그 모습을 보고는 "제가 담임입니다. 저를 나무라주십시오."라고 했다면, 담임선생님은 반 학생들을 대표하는 것이 아니라 대신하는 것이다.

선생님이 반 학생들을 대신할 수는 있어도 대표할 수는 없다. 어떤 단체를 대표하려면 그 단체 구성원이어야 한다. 예수님이 세례를 받은 이유가 여기에 있다. 예수님의 죽으심이 우리의 죽음이 되고 예수님의 부활이 우리의 부활이 되기 위해서는 예수님이 우리와 같아져야 하기 때문이다.

지난 2011년에 〈최종병기 활〉이라는 영화가 있었다. 병자호란이 배경이다. 숱한 백성이 포로로 끌려가는 장면으로 영화가 끝난다. 그리고 해설이 나온다. "이때 포로로 끌려간 백성의 숫자는 무려 60만, 조정에서는 이들의 송환을 위해서 아무런 노력도 기울이지 않았다."

당시 조정은 제대로 의무를 이행하지 않았지만 수단껏 돌아오는 사람들이 있었다. 한자어로 환향(還鄕)한 것이다. 급기야 사회 문제가 대두되었다. 궁여지책으로 인조가 영을 내린다. 환향한 여자들은 홍제천에서 몸을 씻으면 깨끗한 것으로 간주한다는 것이다.

그것으로 해결되었을까? 어림도 없다. 달라진 것이 아무것도 없었다. 영을 내린 인조 역시 자기 말에 동의하지 않았을 것이기 때문이다. 인조한테는 다섯 명의 부인이 있었다. 그중 한 명이 청나라에 끌려갔다가 돌아왔다고 하자. 그러면 홍제천에서 몸을 씻는 것으로 예전처럼 대했을까?

우리가 받는 세례는 다르다. 하나님이 우리에게 죄가 없다고 인정하신다. 실상은 죄가 있지만 없는 셈 치는 것이 아니라 정말로 죄가 없다. 예수님이 죗값을 다 치렀으니 죄가 있을 턱이 없다. 우리는 예수님과 함께 죽고 예수님과 함께 살아난 사람들이다. 하나님이 우리 모습을 그대로 보시지 않고 예수님을 통해서 보신다. 이 일을 위해서 예수님이 먼저 세례를 받았다.

에덴동산에서 뱀이 하와를 유혹하면서 선악과를 먹으면 하나님과 같이 된다고 했다. 사람이 하나님처럼 되고 싶어 한 것이 죄의 본질이다. 우리가 신과 대체하는 것이 죄라면 구원은 신이 우리를 대체한다. 사람은 신만이 있을 수 있는 곳에 자기를 갖다 놓고, 신은 사람만 있어 마땅한 곳에 스스로를 갖다 놓는다. 그래서 예수님이 우리처럼 되셨다. 남은 일은 우리가 예수님처럼 되는 일이다. 우리한테 그런 일이 기다리고 있다. 그야말로 복음이다.

예수님이 세례를 받고 물에서 올라왔다. 그때 하늘이 갈라짐과 성령이 비둘기 같이 내려오는 것을 보았다. 하늘에서는 "너는 내 사랑하는 아들이라 내가 너를 기뻐하노라"라는 소리가 들렸다.

예수님이 십자가에 달려 죽었을 때 성소 휘장이 찢어졌다. 또 예수님이 죽는 모습을 지켜본 백부장이 "이 사람은 진실로 하나님의 아들이었도다"

라고 했다. 세례를 받을 때 하늘에서 들렸던 음성이 십자가에 달려 죽었을 적에 이방인을 통해서 반복된다. 땅의 모든 족속이 예수님을 하나님의 아들로 인정하는 날이 곧 이른다. 특히 성소 휘장이 찢어졌다고 할 때 쓰인 단어 '스키조'가 하늘이 갈라졌다고 할 때도 쓰였다. 둘의 성격이 같다는 뜻이다.

또 성령이 비둘기 같이 내려오는 것을 보았다. 성령이 비둘기처럼 생겼다는 얘기가 아니다. 성령의 임재를 그렇게 말한 것이다.

창세기가 "태초에 하나님이 천지를 창조하시니라 땅이 혼돈하고 공허하며 흑암이 깊음 위에 있고 하나님의 영은 수면 위에 운행하시니라"로 시작한다. 창 1:1에서 창조의 시작을 얘기한 것처럼 막 1:1에서는 복음의 시작을 얘기했다. 하나님이 천지를 창조할 때 등장했던 성령이 예수님이 구원 사역을 시작할 때 또 등장한다. 천지 창조가 성부 하나님 혼자만의 사역이 아니었던 것처럼 구원 사역도 예수님 혼자만의 사역이 아니다.

마가복음 첫 문장이 "하나님의 아들 예수 그리스도의 복음의 시작이라"이다. 예수님은 하나님의 아들이다. 하나님이 예수님을 '내 사랑하는 아들'이라고 했다. 이런 말을 예수님이 들어야 할 까닭이 있을까? 결국 우리한테 들으라고 하는 말이다. 하나님이 어떤 것을 기뻐하시는지 우리가 알아야 한다.

노숙자를 위해 봉사하는 것은 참 아름다운 일이다. 세상에서도 그런 사람은 칭찬한다. 그러면 노숙자를 돕기 위해 자기가 직접 노숙자가 되는 것은 어떨까? 예수님이 하신 일이 그런 일이다.

예수님이 우리를 위해서 이 땅에 오셨다. 그렇다고 해서 예수님이 물에 빠진 사람을 구하는 밧줄 역할을 한 것이 아니다. 밧줄은 물에서 나온 다음에는 쓸모가 없다. 예수님의 구원은 그런 식이 아니다. 예수님이 직접 물에 뛰어드셨다. 밧줄이 없어서 뛰어든 것이 아니라 예수님이 본래 있던 곳으로 우리를 데려가기 위해서다. 그 일을 위해서 가장 먼저 우리처럼 되셨다. 성경은 그것을 하나님이 기뻐하셨다고 한다. 남은 일은 우리가 예수님처럼 되는 일이다. 그러면 우리의 구원만 완성되는 것이 아니라 하나님의 기쁨도 완성된다. 우리가 기다리는 날이 그날이다.

1:12-13〉 **성령이 곧 예수를 광야로 몰아내신지라 광야에서 사십 일을 계시면서 사탄에게 시험을 받으시며 들짐승과 함께 계시니 천사들이 수종 들더라**

예수님이 광야에서 40일을 계시면서 사탄한테 시험을 받았다. 마태복음과 누가복음에는 예수님이 어떤 시험을 받았고 어떻게 대응했는지 나온다. 그런데 그런 내용은 없고 예수님이 들짐승과 함께 계셨다는 얘기를 한다.

이사야 선지자가 이리와 어린양이 함께 사는 세상을 얘기했다. 표범이 어린 염소와 함께 눕고 사자가 소처럼 풀을 먹고 젖 먹는 아이가 독사의 구멍에서 장난한다는 것이다. 그런데 지금은 왜 그렇게 못할까?

성 프란체스코한테는 두 가지 유명한 얘기가 전해진다. 하나는 그의 몸에 예수님이 십자가에 달릴 적에 입은 상처가 나타난 것이고 다른 하나는 동물과 대화를 나눈 것이다. 늑대가 회개한 얘기는 특히 유명하다. 그 늑대가 묻힌 곳에 기념 교회도 있다. 또 새들을 불러 모아서 설교를 했다고도 한다.

프란체스코의 몸에 성흔이 나타난 것은 로마 가톨릭에서 공식적으로 인정했다. 그러면 동물과 대화를 했다는 얘기는 어떻게 받아들여야 할까? 사실일 수도 있지만 과장된 얘기일 가능성도 있다. 어쨌든 그런 얘기가 전해지는 것은 사람과 동물이 함께 어울리는 세상이 지금 세상보다 훨씬 바람직한 세상이라는 생각이 있기 때문이다.

설마 에덴동산에서도 치타가 영양을 사냥했을까? 그런데 아담, 하와가 범죄해서 에덴동산에서 쫓겨났다. 급기야 노아 시대에는 하나님이 홍수로 심판할 수밖에 없을 만큼 죄악이 관영하게 된다. 이 세상에 육식이 시작된 것이 홍수 이후의 일이다.

본래 하나님이 만드신 세상은 치타가 영양을 잡아먹는 세상이 아니었다. 그런데 인간의 범죄로 말미암아 변질되고 말았다. 성 프란체스코의 얘기는 약육강식이 지배하는 지금의 질서가 정상이 아니라는 반증이다. 언젠가 이 세상이 타락 이전의 상태로 회복될 것이다.

한 가지 염두에 두어야 할 사실이 있다. 본문이 "광야에서 사십 일을 계시면서 사탄에게 시험을 받으시며 들짐승과 함께 계시니"라고 되어 있다. 사탄에게 시험을 받은 것과 들짐승과 함께 계신 것이 같이 일어난 일이다. 우리가 사는 세상에는 온갖 문제가 있을 수 있지만 그런 중에도 꿋꿋하게 하나님 나라를 지향하는 삶을 살아야 한다는 뜻이다. 창조 질서에 부합한 삶을 산다는 이유로 세상을 사는 책임을 면제받을 수는 없다.

신경 쓸 일이 아무것도 없으면 왜 신앙생활을 제대로 하지 않겠느냐는 푸념을 들은 적이 있다. 아무 걱정 없이 신앙생활을 제대로 할 수 있도록 남편 사업과 자녀 성적을 책임져 달라고 늘 기도한다고도 했다. 그러면 본문이 "예수께서 광야에서 들짐승과 함께 계시니 사탄이 감히 접근을 못하더라"라고 되어 있어야 한다.

복음이 무엇인가? 예수 그리스도가 복음이다. "예수 잘 믿으면 복 받는다. 모든 문제가 다 해결된다."라고 해서 복음이 아니다. 왜곡되었던 창조 질서가 예수 그리스도 안에서 회복되어서 복음이다. 예수를 믿는다는 얘기는 세상에서 예수 믿은 덕을 볼 수 있다는 뜻이 아니라 예수 그리스도의 마음을 품고 세상을 살 수 있다는 뜻이다.

예수님이 광야에서 40일을 계시면서 사탄한테 시험받을 때 들짐승과 함께 계셨는데 그때 천사들이 수종 들었다고 했다. 모든 시험을 이겼더니 천사들이 수종 든 것이 아니다. 시험받는 중에 천사들이 수종 들었다. 그런 수종이 무슨 의미가 있을까? 천사들이 수종 들었다고 해서 시험이 경감된 것이 아니다. 시험은 시험대로 받고 천사들은 천사들대로 수종 들었다.

예수를 믿는 것은 도깨비방망이를 갖는 것이 아니다. 세상 사람들이 알지 못하는 신비한 힘을 빌려서 자기 계획을 이루는 것은 더더욱 아니다. 하나님이 만드신 본래의 세상을 지향하는 삶을 사는 것이다. 그런 삶을 사는 것을 세상은 늘 방해한다. 그래도 그런 삶을 살아야 한다. 우리가 그런 삶을 살 수 있도록 하나님이 도와주신다. 하나님이 대신 해결해주시는 것이 아니라 우리가 직접 감당하도록 도와주신다.

1:14〉 요한이 잡힌 후 예수께서 갈릴리에 오셔서 하나님의 복음을 전파하여

예수님의 길을 예비하는 일을 맡은 요한이 잡혔다. 그러면 예수님의 운명은 어떻게 될까? 예수님이 요한이 잡힌 후에 복음을 전파했다는 얘기는 복음이 세상에서 어떤 대접을 받을지 암시한다.

또 예수님이 갈릴리에 오셔서 복음을 전파했다고 한다. 이스라엘의 중심은 예루살렘이다. 성전에서는 매일 제사가 드려진다. 하지만 갈릴리는 사람들의 땀 냄새가 가득한 곳이다. 찬송가가 울려 퍼지는 교회가 아니라 물건 파는 소리가 요란한 시장에서 복음을 선포하는 격이다.

당시 복음은 종교 용어가 아니었다. 로마 황제가 보낸 전령이 메시지를 전할 때마다 복음이라고 했다. 가이사의 복음인 셈이다. 가이사의 복음 앞에서는 따로 할 일이 없다. 가만히 있으면 로마 당국이 알아서 한다. 그런데 예수님은 하나님의 복음을 전파했다. 사람들한테 익숙한 복음이 아니라 전혀 생소한 복음이다.

1:15〉 이르시되 때가 찼고 하나님의 나라가 가까이 왔으니 회개하고 복음을 믿으라 하시더라

'때'를 나타내는 헬라어에는 두 가지가 있다. '크로노스'와 '카이로스'다. 크로노스는 흔히 말하는 시간이다. 반면 카이로스는 특정한 의미가 부여된 때다. 정해진 조건이 충족되어야 한다. 어떤 모임에서 10시에 출발하기로 했으면 크로노스의 때에 출발하는 것이다. 다른 모임은 인원이 다 모이는 대로 출발하기로 했다. 그러면 카이로스의 때에 출발하는 것이다.

본문에서는 카이로스가 쓰였다. 하나님의 구원 사역을 나타낼 조건이 무르익은 것이다. 구약시대부터 선지자들이 숱하게 예언한 기다림의 시간이 다 지났다. 이제는 성취의 때다.

또 하나님의 나라가 가까이 왔다고 한다. 우리한테는 하나님의 나라가 종교 용어일 수 있지만 이스라엘한테는 안 그렇다. 당시 로마를 '가이사의 나라'로 바꿔 보자. 그 나라는 가이사의 통치가 실현되는 나라다. 가이사의 뜻을 거스를 수 있는 것이 아무것도 없다.

이스라엘은 전부터 하나님의 나라를 기다렸다. 바벨론한테 망한 다음부터 계속 속국 신세였기 때문이다. 바벨론에서 바사, 헬라, 로마로 상전만 바뀌었다. 그들한테 소망이 있다면 하나님이 인간 역사에 개입하는 것이다. 그런데 정말로 그런 하나님의 나라가 가까이 왔으니 회개하고 복음을 믿으라는 것이다.

회개는 우리한테 참 익숙한 단어다. 구원은 한 번 얻으면 되지만 회개는 지은 죄가 있을 때마다 반복해야 한다. 그런데 본문이 말하는 회개는 다르다. 신앙생활을 위한 전제 조건으로 회개를 요구한다.

전부터 의아하게 여기는 사실이 있다. 옛날 신자들이 요즘 신자들보다 신앙이 좋아 보이기 때문이다. 초대교회 교인들은 사자 밥이 된다고 해도 신앙을 부인하지 않았다. 우리나라도 기독교 전래 초기에는 그런 열심이 있었다. 노춘경이라는 사람은 세례받는 것이 국법으로 금지되었다고 하자, 세례 안 받고 사느니 차라리 세례받고 죽겠다며 세례를 받기도 했다.

예전에는 예수를 믿을 때 일단 목숨부터 걸고 믿었다. 그런데 요즘은 십일조를 놓고 평생 고민한다. 이런 차이가 왜 있을까? 어쩌면 회개하지 않고 복음을 믿은 탓일 수 있다. 만일 그렇다면 신앙이 무엇인지 처음부터 다시 점검해야 한다.

복음을 믿어야 하는 이유는 하나님의 나라가 가까이 왔기 때문이다. 하나님의 나라는 하나님의 통치가 이루어지는 나라다. 하나님의 통치를 받아들이려면 지금의 삶을 그대로 살면 안 된다. 그래서 회개하라는 것이다. 지금처럼 살면서 예수를 믿는다면 굳이 회개할 것이 없다. 필요할 때 가끔 예수님을 찾으면 된다.

어떤 책에서 교회 다닌 지 10년이 넘도록 신앙이 자라지 않는다면 가장 큰 이유는 예수를 영접한 적이 없기 때문일 것이라는 내용을 읽은 기억이 있다. 씨앗이 있어야 싹이 틀 텐데 애초에 씨앗이 없으면 아무리 물을 줘도 싹이 틀 까닭이 없다. 교회 생활은 몸에 배었지만 예수 생명이 심긴 적이 없다. 하나님이 자기의 주인이라고 생각해본 적도 없고 세상을 어떻게 살아야 하는지 고민해본 적도 없다. 교회 밖에 있는 사람과 구별되는 것은 종교 행위가 어색하지 않다는 것뿐이다.

그런 사람은 예수님이 요한이 잡힌 후에 갈릴리에서 하나님의 복음을 전파한 사실을 이해하지 못한다. 예수님을 증거 한 요한이 세상에서 대접받은 것처럼 생각하고, 예수님이 예루살렘에서 복음을 전한 것처럼 생각하고, 하나님의 복음이 아니라 가이사의 복음을 전한 것처럼 생각한다.

성경에는 그런 말이 없다. 먼저 회개하라고 한다. 인생행로를 바꾸지 않으면 하나님의 복음을 믿지 못한다. 인생행로를 바꾸는 방법은 간단하다. 하나님의 나라를 의식하면 된다. 우리가 정녕 하나님의 나라에서 살고 있는지 확인해야 한다. 우리 주인이 세상이 아니라 하나님이다.

1:16-20〉 갈릴리 해변으로 지나가시다가 시몬과 그 형제 안드레가 바다에 그물 던지는 것을 보시니 그들은 어부라 …(중략)… 그 아버지 세베대를 품꾼들과 함께 배에 버려두고 예수를 따라가니라

복음은 아무한테나 복음이 아니다. "때가 찼고 하나님의 나라가 가까이 왔으니 회개하고 복음을 믿으라"라고 한 것처럼 회개한 사람한테만 복음이다. 어쩌면 전향이 본래의 뜻에 더 가까울 수 있다. 지금까지의 삶을 청산하고 새로운 삶을 사는 것이다. 복음은 그처럼 삶의 방향과 목표를 바꾼 사람한테만 복음이다.

본문에 그런 사람들이 나온다. 본문을 놓고 "예수님이 복음을 전파하면서 가장 먼저 제자를 부르셨다. 먼저 사람을 세워야 한다."라는 말을 들은 적이 있다. 일리 있는 말이다. 제도나 조직보다 사람이 중요하다. 하지만 예수님은 복음을 전할 사람을 부르신 것이 아니라 복음을 받아들인 사람을 부르셨다. 아무나 복음을 받아들일 수 없는 것처럼 아무나 복음을 전할 수 없다. 복음을 받아들인 사람이라야 한다. 그런 그들한테 "나를 따라오라. 내가 너희로 사람을 낚는 어부가 되게 하리라."라고 말씀하셨다.

성경에서는 주로 하나님의 최후 심판과 연결해서 고기를 낚는다는 표현을 쓴다(렘 16:16-17, 겔 29:4-5). 사람을 낚는 어부가 되게 한다는 말은 그 날을 대비하게 한다는 뜻이다. 지금까지는 모든 관심이 물고기에 있었지만 이제는 다르다. 만나는 사람마다 하나님의 나라를 준비하게 하는 것이 가장 큰일이다. 요즘 말로 바꾸면, 지금까지는 세속적인 기준이 중요했는데 이제는 신앙적인 기준이 중요하게 되었다. 전에는 자기 인생 계획을 따졌다면 이제는 하나님의 뜻을 가늠하게 되었다.

어떤 교회에서 제자훈련을 한다고 하자. 지원자를 모집하면 평소에 열심을 보이던 신자들이 지원할 것이다. 교회에서 아무리 참석을 독려해도 관심 없는 사람도 있다. 옆에서 참가를 권하면 "난 그런 거 안 해. 그냥 조용히 믿기만 할 거야."라고 한다.

본문에는 그런 말이 없다. 예수님이 수두룩한 사람을 모은 다음에 소수정예를 택해서 제자로 삼으신 것이 아니다. 애초부터 제자로 부르셨다. 예수를 믿는 사람은 누구나 제자다. 남보다 더 열심을 보여야 하는 사람이 따로 있고, 남보다 덜 열심을 보여도 괜찮은 사람이 따로 있는 것이 아니다.

예수님이 "때가 찼고 하나님의 나라가 가까이 왔으니 회개하고 복음을 믿으라"라고 했다. 복음을 믿으려면 회개부터 해야 한다. 회개는 곧 전향이다. 시몬, 안드레, 요한, 야고보한테는 전향한 증거가 배와 그물을 버리는 것으로 나타났다. 신자 중에는 배와 그물을 버리고 예수님을 따르는 열성

분자도 있고, 배와 그물을 버리지 않은 채 예수님을 따르기만 하는 보통 신자도 있는 것이 아니다. 신자가 된다는 얘기는 배와 그물로 대표되는 이 세상 삶을 청산하고 사람 낚는 어부로 대표되는 새로운 삶을 시작한다는 뜻이다.

어쩌면 부담스러울 수 있다. 만일 부담스럽다면 성경이 과도한 요구를 하기 때문이 아니다. 애초에 회개하지 않고 복음을 믿은 탓이다. 지금까지의 삶을 바꾸지 않고 예수를 믿으면 배와 그물을 버리는 일은 있을 수 없다. 그런 사람은 늘 배에 그물을 싣고 다니면서 고기 많이 잡게 해달라고 간청할 것이다. 자기가 예수까지 믿었는데 고기도 제대로 못 잡고 이게 뭐냐고 불평할 수도 있다.

간혹 교회를 오해하는 사람이 있다. 교회가 사람 낚는 어부들이 모인 곳인 줄 모르고 심리적인 안정이나 막연한 주술적인 효과를 기대한다. 심지어 자기 문제만 해결되면 더 이상 바랄 것이 없다고 하는 사람도 있다. 어쩌면 이 대목에서 우리는 계속 예수를 믿어야 할지 고민해야 할 수도 있다. 예수를 믿는 이유를 우리가 정하지 않는다. 주님은 사람 낚는 어부가 되게 하는 것 말고 다른 약속을 하신 적이 없다. "예수를 믿을 것인가, 말 것인가?"라는 얘기는 "사람 낚는 어부가 될 것인가, 말 것인가?"와 같은 뜻이다.

전도 얘기가 나올 때마다 으레 "전도할 사람 없어요"라고 한다. 당연하다. 교회 가자는 말을 했을 때 흔쾌히 따라나설 사람이 있으면 벌써 데려왔지, 여태 그냥 둘 리가 없다. 전도할 사람이 있으면 오히려 이상하다.

그런데 성경은 그런 식의 전도를 말하지 않는다. 전도는 주변 사람한테 교회 가자고 권하는 것이 아니다. 하나님의 나라가 가까이 왔음을 알려서 그날을 준비하게 하는 것이다. 친한 친구가 그 대상이 아니라 그 대상을 만들어야 한다.

혹시 우리가 사람 낚는 어부가 안 되었으면 예수님을 따르지 않은 탓이다. 예수님을 따르려면 배와 그물을 버려야 하는데 그것을 어떻게 버린단 말인가? 그러면 지난 시간으로 돌아가야 한다. 우리가 정말로 회개하고 복음을 믿는다면 그 징표가 있어야 한다. 그것이 배와 그물을 버려두고 사람 낚는 어부가 되는 것이다. 특별히 비장하게 각오할 것 없다. 예수를 따르는 사람한테 자연스럽게 나타나는 모습이다.

1:21-28〉 그들이 가버나움에 들어가니라 예수께서 곧 안식일에 회당에 들어가 가르치시매 뭇사람이 그의 교훈에 놀라니 …(중략)… 예수의 소문이 곧 온 갈릴리 사방에 퍼지더라

예수님이 "나를 따라오라 내가 너희로 사람을 낚는 어부가 되게 하리라"라고 했다. 그러면 그다음에는 사람 낚는 어부와 관계된 내용이 나와야 한다. 사람 낚는 어부가 어떤 사람인지, 그런 사람이 되려면 어떻게 해야 하는지 설명해야 한다.

그런데 본문은 "그들이 가버나움에 들어가니라"라는 말로 시작한다. 이어지는 내용은 사람들이 예수님의 가르침에 놀랐고, 마침 회당에 귀신 들린 사람이 있었는데 귀신이 쫓겨났다는 내용이다.

예수님이 사람 낚는 어부를 말씀하신 이유는 하나님의 나라 때문이다. 즉 본문은 그 나라가 어떤 나라인지, 그 나라가 임하면 어떻게 되는지 보여주는 일종의 실물교육이다.

예수님이 가버나움 회당에서 가르치자, 뭇사람이 그의 교훈에 놀랐다고 한다. 뭔가 허전하다. 예수님이 가르치신 내용은 설명하지 않고 사람들의 반응만 소개한다.

재미있는 영화를 보고 친구한테 줄거리를 들려줄 수 있다. 하지만 영화에서 받은 감동이 아주 크면 “와! 정말 죽이더라.”라고 할 수 있다. 얘기를 듣는 친구는 답답하겠지만 영화를 본 당사자는 그렇지 않다. 아직도 영화에 몰입된 채 감동을 음미하는 중이다.

본문이 그런 식이다. 예수님이 가르치신 내용 대신 사람들의 반응을 말하는 것으로 초점을 예수님께 맞춘다. 어차피 하나님의 나라는 예수님이 가르치신 내용에 있지 않고 예수님께 있다.

마침 회당에 더러운 귀신 들린 사람이 있었다. ‘있었다’가 미완료시제다. 예수님이 회당을 찾은 날, 귀신 들린 사람도 거기 있었던 것이 아니다. 계속 그 회당에 참석하고 있었다. 그러면 주기적으로 거기 모인 사람들은 어떤 사람들일까? 그들은 자기들 중에 더러운 영이 있는 것을 몰랐다. 어쩌면 회당에 모였다는 이유만으로 자기들 모두 거룩한 줄 알았을 수 있다.

예수님이 하나님 나라를 선포하시고 가장 먼저 귀신을 쫓아내셨다. 사탄의 세력을 축출하는 것으로 하나님 나라의 도래를 설명했다. 빛이 임하면 어둠이 사라지는 것처럼 하나님 나라가 시작되면 사탄은 발붙일 곳을 잃게 된다.

앞에서 예수님이 광야에서 사탄에게 시험받았다는 내용이 나왔다. 그런데 별 얘기가 없었다. 성경 독자들은 예수님과 사탄 사이에 어떤 일이 있었는지 궁금할 텐데 들짐승과 함께 계셨다는 얘기와 천사들이 수종 들었다는 얘기만 있었다. 설마 예수님이 사탄과 묵찌빠만 하고 헤어지지는 않았을 것이다. 무슨 일이 있었는지 본문을 통해서 짐작할 수 있다. 그때 예수님이 사탄의 권세를 박살낸 것이 분명하다.

예전에 〈야인시대〉라는 드라마가 있었다. 그 시대에는 지역마다 주먹패가 있었다. 영등포 두목이 나타나자, 노량진 졸개들이 혼비백산했다고 하자. 그 모습을 통해서 짐작할 수 있는 사실이 있다. 얼마 전에 노량진 두목이 영등포 두목한테 무릎을 꿇었을 것이다. 그런 일이 없었으면 노량진 졸개들이 죽기 살기로 대들어야 한다. 지레 항복하는 것은 두목을 욕보이는 일이다. 귀신이 쫓겨 간 것이 그런 경우다. 그전에 사탄이 박살나는 일이 있었다.

귀신 들린 사람이 "나사렛 예수여 우리가 당신과 무슨 상관이 있나이까 우리를 멸하러 왔나이까 나는 당신이 누구인 줄 아노니 하나님의 거룩한 자니이다."라고 했다. 귀신한테 소망이 있다면 예수님과 상관없이 지내는 것이다. 그런데 그 소망을 이룰 수 없게 되었다.

혹시 "너 혼자 믿으면 되지, 나한테 웬 참견이냐?"라는 핀잔을 들어본 적이 없는가? 헨리크 시엔키에비치가 쓴 소설 〈쿠오바디스〉에 베드로가 네로 황제의 측근인 페트로니우스를 전도하는 장면이 있다. 페트로니우스가 말한다. "당신 얘기는 틀림없이 옳을 거요. 하지만 나는 죽지 않으면 안 될 때는 독배를 마실 거요. 그러니 그냥 내버려두시오."

기독교는 옆 사람을 그냥 내버려두지 않는 종교다. 그것이 기독교를 모르는 사람한테는 귀찮은 관섭으로 느껴진다. 자기들끼리 믿으면 되지, 왜 남한테 성화란 말인가? 하지만 어쩌겠는가? 기독교인이 되기 전에는 기독교를 모른다.

우리끼리 불신자를 성토하는 것은 의미가 없다. 정작 신경 써야 할 문제가 따로 있다. 혹시 우리한테 같은 폐단이 있는 것은 아닌지 살펴야 한다. 예수를 따르면서도 일정 거리를 유지하는 사람이 그렇다. 수업 시간에 선생님과 눈 마주치면 질문할까 싶어서 고개 숙이고 책만 보는 것처럼 예수를 믿으면서도 행여 헌신할 사람으로 지목될세라 몸을 사린다.

귀신은 자기가 예수로 인해서 멸망할 것을 알았다. 신자는 그렇지 않다. 자기가 예수로 인해서 구원받은 것을 안다. 그래서 자기의 불신앙도 용인되는 줄 아는 것일까? 신앙과 불신앙이 걸린 문제에서 늘 불신앙을 택한다. 도둑질은 하지만 도둑은 아니고 죄는 짓지만 죄인은 아니고 세상을 따르지만 세상에 속하지는 않았다고 하면 뭐라고 해야 할까? 불신앙을 따르지만 신자라는 얘기가 그런 식이다.

토저 목사가 쓴 〈믿음에 타협은 없다〉에 이런 내용이 나온다. 교회에 가면 벌금을 부과하고, 그래도 계속 교회에 가면 투옥하는 법이 제정되면 어떤 일이 벌어지겠느냐는 것이다. 그러면 모두가 일어서서 투쟁할 것이라고 한다. 하지만 그런 일은 실제로 벌어지지 않는다. 사탄은 그처럼 노골적이

지 않다. 그 대신 조금씩 사람들을 세뇌시키고 조금씩 교회에 침투한다. 그러면서 이렇게 말한다. "기독교를 박해하는 법이 통과되면 우리 모두 저항할 것이다. 하지만 현재 우리는 사탄의 세뇌와 선전에 전혀 저항하고 있지 않다."

이 얘기를 개인, 개인한테 옮길 수 있다. 우리 중에 하루아침에 신앙을 부인할 사람은 없다. 누군가 억지로 예수를 믿지 못하게 하면 반항도 할 것이다. 그러면서 자기 안에 있는 불신앙에는 너그럽다. 이 정도는 괜찮다는 것이다.

회당에 귀신 들린 사람이 있었지만 사람들이 몰랐다는 얘기가 그렇다. 설마 계속 발작했는데도 몰랐을까? 자기 정체를 노골적으로 드러내지 않았으니 모른 것이다.

그런데 예수님이 오셨다. 귀신이 대뜸 알아보았다. 하지만 그것이 전부다. 예수님을 알아보는 것과 예수님과 관계를 맺는 것은 별개의 문제다. 예수님이 "잠잠하고 그 사람에게서 나오라"라고 하자, 더러운 귀신이 그 사람에게 경련을 일으키고는 큰 소리를 지르며 나왔다. 그 자리에 있던 사람들이 다 놀라며 권위 있는 새 교훈이라고 했다.

권위는 헬라어 '엑수시아'를 번역한 말인데 '…로 부터'라는 '엑'과 '본질'을 뜻하는 '우시아'의 합성어다. 권위는 본질에서 나온다. 자연을 보호하자는 말을 국회의원도 할 수 있고 평생을 자연보호에 힘쓴 사람도 할 수 있다. 그런 경우에 같은 말이라도 그 말에 실리는 무게가 다르다. 그것이 본질에서 나오는 권위다.

귀신 들린 사람에게 "예수 그리스도 이름으로 명하노니 귀신아 나가라"라는 말은 누구나 할 수 있다. 그러면 귀신이 나가야 할까? 입장을 바꿔서 생각해 보자. 여러분이 귀신이면 무조건 나가겠는가? 혹시 나가야 한다면 어떤 경우에 나가겠는가?

어떤 책에서 재미있는 내용을 읽었다. 귀신 들린 사람이 있어서 기도를 하는 중이다. 그런데 귀신이 안 나간다. 목청을 더 높여서 기도를 하는데 갑자기 귀신이 말했다. "솔직히 말해봐, 너도 안 믿잖아." 이 말을 바꿀 수 있다. "너나 나나 그리스도와 상관없기는 매일반인데 왜 그러냐?"

귀신한테 그런 말을 들으면 무슨 망신일까? 그래서 묻는다. 여러분은 성경 말씀을 믿는가? 성경 66권을 다 따질 것 없다. 마가복음에서 확인한 내용만 따져보자. 하나님 나라가 가까이 왔다는 사실을 믿는가? 우리한테 가장 급한 일이 회개하고 복음을 믿는 일이라는 사실을 믿는가? 혹시 "성경에는 그렇게 되어 있지만 실제로는…"이라는 생각은 없는가? 그런 생각이 있으면 사람 낚는 어부가 못 된다. 어쩌면 귀신에게 무시당할 수도 있다.

그런 일을 막는 비결이 있다. 일상생활 중에 "나사렛 예수여 우리가 당신과 무슨 상관이 있나이까"라는 생각을 하지 않는 것이다. 예수님이 모른 척 해주기를 바라는 일이 있으면 안 된다. 우리는 항상 예수님과 상관있는 사람이어야 한다.

1:29-31〉 회당에서 나와 곧 야고보와 요한과 함께 시몬과 안드레의 집에 들어가시니 시몬의 장모가 열병으로 누워 있는지라 …(중략)… 열병이 떠나고

여자가 그들에게 수종 드니라

예수님의 공생애 사역에는 귀신을 쫓는 일과 병을 고치는 일이 항상 같이 나온다. 창조 질서 회복을 위해서 오신 예수님이 계신 곳에 귀신이나 질병이 함께 있을 수 없다.

그런데 베드로의 장모를 고쳐주신 과정이 뭔가 어색하다. 30절에 "시몬의 장모가 열병으로 누워 있는지라 사람들이 곧 그 여자에 대하여 예수께 여짜온대"라고 되어 있다. 베드로의 장모가 열병을 앓는다는 말을 베드로가 하지 않고 다른 사람들이 했다. 베드로는 무엇을 했을까?

이상한 점이 또 있다. "사람들이 곧 그 여자에 대하여 예수께 여짜온대"라고 했다. 베드로의 장모가 병을 앓는다는 사실만 전달했다. 고쳐달라고 부탁한 것이 아니다. 고쳐주면 다행이지만 안 고쳐줘도 그만이라는 뜻일까?

어쨌든 예수님이 병을 고쳐주셨다. 31b절에 "…열병이 떠나고 여자가 그들에게 수종 드니라"라고 되어 있다. 약간 차도를 보인 것이 아니라 완전히 나았다. 그래서 예수님 일행을 수종 들었다.

복음서마다 주제가 있다. 마태복음은 왕으로 오신 예수, 마가복음은 종으로 오신 예수, 누가복음은 완전한 사람으로 오신 예수, 요한복음은 하나님의 아들 예수를 보여준다.

마가복음은 예수님이 이 세상을 섬기러 왔다는 사실을 강조한다. 마가복음을 대표하는 요절로는 단연 "인자가 온 것은 섬김을 받으려 함이 아니라 도리어 섬기려 하고 자기 목숨을 많은 사람의 대속물로 주려 함이니라(막

10:45)"를 꼽을 수 있다. 예수님은 섬기러 오신 분이다. 그때 쓰인 단어가 '디아코네오'인데 시몬의 장모가 수종 들었다고 할 때도 같은 단어가 쓰였다.

예수님이 '디아코네오'하러 오신 분이고 그런 예수님을 통해서 치유받은 시몬의 장모가 다시 '디아코네오'한다. 이 세상에 빛으로 오신 예수님을 믿는 우리가 세상의 빛이어야 하는 것과 같다. 제자도의 참된 발현이다. 이런 해피엔딩이 준비되었는데 베드로는 왜 장모의 병을 고쳐달라고 안 했을까? 평소에는 그렇게 덜렁거리더니 갑자기 조신해진 이유가 무엇일까?

1:32-33〉 저물어 해 질 때에 모든 병자와 귀신 들린 자를 예수께 데려오니 온 동네가 그 문 앞에 모였더라

예수님은 귀신도 쫓아내고 병자도 고치는 분이다. 사람들이 모일 것이 당연하다. 그런데 왜 저물어 해 질 때에 모였을까?

예수님이 회당에서 사람들을 가르치시고 귀신을 쫓아냈다. 그리고 베드로의 집에 왔다. 회당에 있던 사람들도 전부 흩어졌을 것이다. 그리고 만나는 사람마다 예수님 얘기를 했을 것이다. 병에 시달리는 사람이나 귀신 들린 사람한테는 다시없는 반가운 소식이다. 서둘러 예수님을 찾을 것이 뻔하다.

그런데 안식일이었다. 유대인들은 해가 저물면 날짜가 바뀐다. 금요일 해 진 다음부터 토요일 해 질 때까지가 안식일이다. 그래서 사람들이 해 질 때에 예수님을 찾은 것이다. 마치 백화점 세일 행사 때 개점 시간에 맞춰서 줄을 서는 것과 같다. 문 앞에 모여서 해가 지기만 기다렸다. 베드로가 장모 얘기를 꺼내지 않은 이유가 여기에 있다. 안식일인데 어떻게 병을 고쳐 달라고 한단 말인가?

예수님이 뭐라고 하셔야 할까? 안식일이 어떤 날인지 일장 훈시를 해야 하는 것 아닐까? 그런데 병든 사람은 병을 고쳐주었고 귀신 들린 사람은 귀신을 쫓아냈다. 그것이 전부다.

신학을 하기 전에 다니던 교회에서 부흥회를 한 적이 있다. 한 교인이 다리가 아프다며 강사 목사한테 기도를 받았다. 다음날 또 기도를 부탁했다. 여전히 아프다는 것이었다. 강사 목사는 믿음이 있어야 낫는다면서, 믿음을 가지라고 했다.

본문에는 그런 말이 없다. 가버나움 회당에서 귀신 들린 사람을 고칠 때도 믿음을 확인하는 말은 나오지 않았다. 시몬의 장모도 믿음을 확인하지 않고 손을 잡아 일으켰다. 본문도 그렇다. 온 동네가 문 앞에 모였는데 예수님은 어느 한 사람한테도 믿음을 요구하지 않았다. "너희들은 대체 무슨 정신으로 나를 찾아오면서까지 안식일에 구애받는단 말이냐?"라는 말도 하지 않았다. 병이 든 사람은 병을 고쳤고 귀신 들린 사람은 귀신을 쫓아냈다. 하나님 나라는 우리의 자격이나 조건과 관계있는 나라가 아니다. 그런 나라가 예수님에 의해서 시작되었다. 그래서 복음이다.

C. S. 루이스가 종교회의에 참석한 적이 있다. 다른 종교에는 없고 오직 기독교에만 있는 특징이 무엇인지에 대한 얘기가 나왔다. 어떤 사람이 부활을 얘기했다. 하지만 부활을 얘기하는 종교는 얼마든지 있다. 조로아스터교에서도 부활을 얘기한다. 다른 사람은 신이 인간이 된 사실을 얘기했

다. 하지만 그런 개념도 다른 종교에 있다. 그리스 신화에는 제우스가 수시로 인간의 모습으로 나타난다. 죄에 대한 용서나 천국, 지옥도 다른 종교에 있다. 다른 종교에는 발상조차 없는 개념이 어떤 것이 있을까? C. S. 루이스가 말했다. "은혜입니다. 은혜야말로 기독교의 고유 영역입니다."

다른 종교에서는 신이 인간에게 우호적이 아니다. 신은 절대 맨입으로 은혜를 베풀지 않는다. 사람은 가만히 있는데 신이 먼저 찾아와서 일방적으로 은혜를 준다는 종교는 기독교가 유일하다.

기독교 문학가인 로이 레신이 한 말이 있다. "만일 사람한테 가장 필요한 것이 지식이었으면 하나님은 우리한테 교육자를 보내주셨을 것이다. 만일 사람한테 가장 필요한 것이 건강이었으면 하나님은 의사를 보내주셨을 것이다. 만일 사람한테 가장 필요한 것이 돈이었으면 하나님은 사업가를 보내주셨을 것이다. 하지만 사람한테 가장 필요한 것은 용서였다. 그래서 구세주를 보내주셨다."

이런 로이 레신의 말처럼 우리한테 가장 심각한 문제가 죄였다. 그래서 예수님이 죄의 권세를 물리치는 일을 시작한다. 그때 병이 나은 사람, 귀신이 쫓겨 간 사람은 복음을 체험하면서도 복음이 무엇인지 몰랐을 수 있다. 하지만 그 일을 옆에서 지켜본 제자들은 사람 낚는 어부가 되는 것이 어떤 것인지, 이 땅에 시작된 하나님의 나라가 어떤 나라인지 알아야 했다. 그들이 바로 그 일을 위해서 부름받았다. 우리 역시 그렇다.

1:34〉 예수께서 각종 병이 든 많은 사람을 고치시며 많은 귀신을 내쫓으시되 귀신이 자기를 알므로 그 말하는 것을 허락하지 아니하시니라

병자들은 예수님이 누구인지 몰랐던 모양이다. 아마 병을 고치는 신통력이 있는 사람으로 알았을 것이다. 하지만 귀신들은 달랐다. 말 그대로 귀신같이 알아차렸다. 그런데 예수님이 귀신들이 말하는 것을 허락하지 않았다.

예수님은 마귀의 일을 멸하러 오신 분이다. 귀신의 증거 따위는 필요하지 않다. 가버나움 회당에서 귀신이 예수님을 알아보았을 때도 잠잠하라고 했다. 예수님을 증거 하는 일은 아무나 할 수 있는 일이 아니다. 그 일을 맡은 사람이 따로 있다. 사람 낚는 어부로 부름받은 사람들이 바로 그렇다.

제자들이 지금 보는 광경은 예수님이 귀신을 쫓아내고 병자를 고치는 광경이다. 하지만 거기에 그치면 안 된다. 이 땅에 하나님의 나라가 시작되는 것을 보아야 한다. 자기들이 그 나라를 위하여 부름받은 것을 알아야 한다. '디아코네오'하러 오신 예수님을 만난 베드로의 장모가 '디아코네오'한 것처럼 하나님 나라를 선포하는 예수님을 만난 제자들 역시 하나님 나라를 선포하는 사람이어야 한다.

1:35-37〉 새벽 아직도 밝기 전에 예수께서 일어나 나가 한적한 곳으로 가사 거기서 기도하시더니 시몬과 및 그와 함께 있는 자들이 예수의 뒤를 따라가 만나서 이르되 모든 사람이 주를 찾나이다

예수님이 베드로의 집으로 갔다. 저물어 해 질 때에 모든 병자와 귀신 들린 자가 찾아왔다. 예수님은 늦은 밤까지 그들을 고쳐주셨을 것이다. 예수님이 몇 시에 잠자리에 들었는지 모른다. 어쨌든 새벽 이른 시간에 한적한 곳에 가서 기도했다.

그 시간에 베드로의 집에서는 어떤 일이 있었을까? 평소보다 늦게 잠자리에 든 제자들이 전부 잠에 빠져 있었을 것이다. 그런데 날이 밝기가 무섭게 사람들이 몰려왔다. 소란스런 소리에 눈을 비벼 뜨니 예수님이 안 보인다. 그래서 찾아 나섰다. "시몬과 및 그와 함께 있는 자들이 예수의 뒤를 따라가 만나서 이르되 모든 사람이 주를 찾나이다"라고 한 것이 그런 얘기다. "선생님, 지금 이럴 때가 아닙니다. 선생님을 찾는 사람이 한둘이 아닙니다. 얼른 가십시다."라는 뜻이다.

제자들은 어제 놀라운 광경을 목격했다. 그런데 이른 시간부터 사람들이 또 찾아왔으니 절로 우쭐했을 것이다. 배와 그물을 버리고 예수님을 따른 자기들이 생각할수록 자랑스럽다. 바야흐로 '성공 신화'가 예약되었다. 그런데 예수님이 다른 일에 정신이 팔려 있다. 지금 한가하게 기도나 할 때가 아니지 않은가?

다른 경우로 바꿔볼까? 계약자가 돈 싸 들고 기다리는데 어떻게 교회에서 시간을 보낸단 말인가? 진급 심사가 코앞인데 성경 말씀이 귀에 들어올까? 가뜩이나 이번 달 판매 실적 때문에 정신이 없는데 예배에 신경이 쓰일까? 이번 일만 잘되면 한밑천 챙길 수 있으니 그런 일은 나중에 해도 된다.

하와는 사탄처럼 되라는 말에 끌리지 않았다. 하나님처럼 되라는 말에 끌렸다. 이 세상 악이 우리 신앙을 방해하지 않는다. 언제나 선이 방해한다. 돈 벌고 출세하고 남들로부터 인정받는 문제 때문에 신앙이 방해를 받지, 늙고 병들고 바보가 되는 문제로 신앙이 방해받는 법은 없다.

1:38〉 이르시되 우리가 다른 가까운 마을들로 가자 거기서도 전도하리니 내가 이를 위하여 왔노라 하시고

제자들은 애가 탔다. 얼른 예수님을 모시고 가야 한다. 그런데 예수님이 엉뚱한 말씀을 하신다.

예수님 말씀에 뭔가 이상한 점이 있다. "우리가 다른 가까운 마을들로 가자 거기서도 전도하리니…"라고 했다. '여기서 전도한 것처럼'이 포함된 말이다. 예수님은 가버나움 회당에서 가르쳤다. 또 귀신을 쫓아내고 병자를 고쳤다. 그것을 전도로 말씀하신다.

고려시대에는 일반 농민을 백정이라고 했다. 조선시대에는 소나 돼지를 잡는 일을 업으로 삼는 사람을 백정이라고 했다. 같은 말이 시대에 따라 다른 뜻으로 쓰인 것이다. 혹시 전도도 그런 것일까? 예수님 시대에는 어둠 권세를 몰아내고 하나님 나라를 선포하는 일을 전도라고 했는데 지금은 주변 사람을 교회에 데려오는 일을 전도라고 하는 것일까?

신자가 어떤 사람일까? 일주일에 한 번 예배드리는 사람일까? "누구든지 나를 따르려거든 자기를 부인하고 자기 십자가를 지고 나를 따를지니라"와 "특별한 일 없으면 주일예배 빼먹지 마라"가 같은 뜻일까? 아무래도 우리가 신앙을 너무 '바겐세일'하고 있는 것 같다.

어떤 교인이 고민을 토로한다. "사람들이 저와 얘기를 나누면 제가 충청도 사람인 것을 알아차립니다. 40여 년 인생 중에 충청도에서 산 것이 고작 5년인데, 티를 안 내려고 해도 기가 막히게 알아봅니다. 그런데 제가 크리스천인 것은 알아차리지 못합니다. 20년 넘게 믿었는데도 그렇습니다. 이거, 문제 있는 것 아닙니까?"

제자들이 예수님을 찾은 이유는 사람들이 몰려왔기 때문이다. 얼른 예수님을 찾아서 그들의 필요를 채워주면 그만큼 인정받게 된다. 그것이 예수님을 따르는 보람일 수 있다. 그런 식으로 신앙생활을 하면 세상 사람들과 똑같게 된다. 일주일에 한 번 예배드리는 사람이나 일주일 내내 한 번도 예배드리지 않는 사람이나 아무 차이가 없게 된다.

우리가 예수님처럼 귀신을 쫓아내거나 병자를 고치는 일은 못할 수 있다. 하지만 우리가 그들과 다른 존재라는 사실은 나타나야 한다. 우리는 다른 세상을 사는 사람들이다.

1:39〉 이에 온 갈릴리에 다니시며 그들의 여러 회당에서 전도하시고 또 귀신들을 내쫓으시더라

회당은 바벨론 포로기에 생겼다. 나라가 망하면서 성전은 불에 탔고 사람들은 포로로 끌려갔다. 더 이상 성전에서 제사를 지낼 수 없게 되었다. 그래서 만들어진 것이 회당이다. 성전에서 제사를 지내는 대신 회당에서 말씀을 연구하는 것으로 하나님을 섬겼다.

예수님이 그런 회당을 전도 장소로 택했다. 거기 모인 사람들은 하나님을 아는 사람들일까, 모르는 사람들일까? 그들은 전부 안다고 생각할 것이다. 예수님 보기에는 안 그렇다. 그들이 전도 대상이었다.

평생을 인도에서 사역한 스텐리 존스라는 선교사가 있다. 1938년 12월 12일자 〈타임〉에 의해서 '세계에서 가장 위대한 선교사'로 선정되기도 했다. 그가 "교회 안에 있는 사람들 중에 2/3는 회심이 필요하다"라고 꼬집었다. 그런 말을 한 근거는 모른다. 하지만 하나님 나라에 아무 관심 없는 사람이 교회 안에 있는 것은 사실이다.

우리는 어떨까? 우리가 전도하기 위해서 힘써야 할 사람일까, 전도되기 위해서 힘써야 할 사람일까? 고민할 것 없다. 둘 다 힘쓰면 된다. 우리는 하나님 나라를 알아야 하고 또 알려야 하는 사람들이다. 하나님 나라가 우리를 통해서 확장되어야 한다. 우리 내부에서도 그렇고 우리 외부에서도 그렇다.

1:40-42〉 한 나병환자가 예수께 와서 꿇어 엎드려 간구하여 이르되 원하시면 저를 깨끗하게 하실 수 있나이다 …(중략)… 곧 나병이 그 사람에게서 떠나가고 깨끗하여진지라

마가복음이 시작되고 지금까지 예수님이 고친 병이 몇 가지나 되는지 모른다. 성경도 굳이 병명에 관심을 두지 않고 "각종 병이 든 많은 사람을 고쳤다"라고 했다. 본문에는 나병을 고친 이야기가 나온다. 나병은 다른 병과 함께 뭉뚱그려서 다룰 병이 아닌 모양이다.

나병은 죄를 상징한다. 나병에 걸리면 피부가 짓무르고 눈썹이 빠지는 것을 시작으로 손가락 마디가 떨어져 나가고 코와 귀가 문드러진다. 사람이 그처럼 흉측하게 변하는데 통증은 없다. 죄가 감각을 마비시키는 것처럼 나병도 그렇다. 그리고 결국 죽음에 이른다.

나병에 걸리면 옷을 찢고 머리를 풀고 마을을 떠나야 한다. 옷을 찢고 머리를 푸는 것은 장례식을 연상하게 한다. 나병환자는 죽은 사람으로 간주되었다. 시체가 부정한 것처럼 나병환자도 부정하다. 그런 나병환자가 예수님을 찾아왔다.

그의 말이 특이하다. "제 병을 고쳐주십시오"라고 하지 않고 "원하시면 저를 깨끗하게 하실 수 있나이다"라고 했다. 이것이 나병에 대한 인식이었다. 자기는 부정한 사람이다. 감히 고쳐달라고 부탁할 처지가 아니다. 다른 병자들이야 예수님이 고쳐주면 낫겠지만 자기는 다르다. 자기 같은 사람도 예수님의 은혜를 기대할 수 있는지 의문이다. 그저 처분에 맡길 뿐이다.

그다음에 어떻게 되었을까? 예수님이 그를 불쌍히 여기셨다. 그에게 손을 대시며 "내가 원하노니 깨끗함을 받으라"라고 했다. 그러자 곧 나병이 떠나고 깨끗하여졌다. 마치 귀신이 쫓겨 간 것처럼 나병이 떠나갔다.

'불쌍히 여기다'에 해당하는 헬라어 '스플랑크니조마이'는 창자가 끊어지는 것 같다는 뜻이다. 예수님이 나병환자를 보고 창자가 끊어지는 것 같은 아픔을 느꼈다. 그래서 "내가 원하노니 깨끗함을 받으라"라고 했는데, 그냥 말씀하시지 않고 손을 대시며 말씀하셨다.

본래 나병환자한테는 손을 댈 수 없다. 율법에 의해 부정한 존재로 규정되어 있기 때문이다. 손을 대면 같이 부정하게 된다. 하지만 예수님은 그런 것에 아랑곳하지 않았다. 창자가 끊어지는 듯한 고통을 느끼는데 그것이 무슨 상관일까? 예수님께는 나병환자의 부정이 남의 일이 아니었다.

애초에 나병환자는 "원하시면 저를 깨끗하게 하실 수 있나이다"라고 했다. 거기에 대해서 예수님이 "내가 원하노니 깨끗함을 받으라"라고 했다. 나병환자의 소원이 예수님의 소원이 되었다. 나병환자가 깨끗하게 될 것이 당연하다. 우리한테는 어떤 소원이 있을까? 우리가 소원하는 것을 예수님이 같이 소원하면 그 소원도 이루어질 것이다.

그렇다고 해서 "아들이 대학에 합격하는 것을 주님이 소원하실까?", "가게가 대박 나는 것을 주님도 원하셔야 할 텐데…"라고 하는 것은 곤란하다. 그런 생각을 하면 그다음에는 자기가 소원하는 것을 주님이 소원하게 하기 위해서 종교 행위를 동원하게 된다. 신앙이 자기가 원하는 것을 이루는 수단으로 전락하는 것이다.

본래 일한 사람은 먹고 일하지 않은 사람은 안 먹으면 된다. 그런데 일은 하지 않고 먹는 사람 때문에 일만 하고 못 먹는 사람이 생긴다. 이것을 바로잡는 것이 사회주의자들이 말하는 프롤레타리아 혁명이다. 이 내용을 잠깐 빌릴 수 있다. 본래 의인은 살고 죄인은 죽으면 된다. 만일 죄인이 의인처럼 살려면 의인이 죄인처럼 죽어야 한다. 예수님이 그 일을 이루셨다.

예수님이 나병환자한테 손을 댔다. 그의 부정을 예수님이 감당하면 그가 깨끗해질 수 있다. “내가 원하노니 깨끗함을 받으라”라는 말이 그래서 가능하다. 나병환자가 깨끗해지는 것을 원한다는 얘기는 그의 부정을 대신 떠안겠다는 뜻이다. 그러자 곧 나병이 떠나고 깨끗해졌다. 죄로 인해서 더러워진 우리를 깨끗하게 하는 것이 예수님이 이 땅에 오신 이유이기도 하다.

1:43-45〉 곧 보내시며 엄히 경고하사 이르시되 삼가 아무에게 아무 말도 하지 말고 가서 네 몸을 제사장에게 보이고 …(중략)… 사방에서 사람들이 그에게로 나아오더라

예수님이 두 가지를 당부하신다. 아무한테도 아무 말도 하지 말라는 것과 제사장한테 몸을 보여서 깨끗하게 된 것을 입증하라는 것이다.

나병환자는 공동체에서 추방된다. 그런데 혼자 지내는 중에 낫기도 했다. 당시의 나병은 피부병을 폭넓게 이르는 것이었으니 그럴 수 있다. 그런 사람이 공동체에 다시 들어오려면 절차가 있다. 그 절차를 밟으라는 것이다.

예수님이 나병환자한테 손을 대실 때는 율법에 구애받지 않았다. 그런데 나병이 깨끗하게 된 다음에는 율법을 말씀하신다. 예수님은 율법을 폐하러 오신 분이 아니라 완전하게 하기 위해서 오신 분이다. 나병환자한테 손을 댄 것은 그가 불쌍했기 때문이다. 그의 고통을 떠안을 마음이 있었다. 그런데 그가 나았다. 그것으로 다 된 것이 아니다. 정상적으로 살아가려면 공동체에 편입되어야 하고, 그러기 위해서는 율법을 지켜야 한다.

당시 예수님은 상당히 유명해진 상태였다. 오죽하면 격리되어 지내는 나병환자가 소문을 듣고 찾아올 정도다. 그 사람들이 예수님을 어떻게 생각할까? 자칫 치유 능력이 있는 신기한 사람으로 오인할 수 있다.

병이 나으면 자연스럽게 예수를 믿지 않겠느냐 싶을 수 있지만 절대 그렇지 않다. 과거 유명한 부흥사였던 박재봉 목사는 해방 전부터 1970년대까지 활동하면서 치유한 병자가 4만 명에 달했다. 그런데 교회를 순회하며 집회를 인도할 때마다 그들이 어떻게 지내는지 확인해보니 70-80%가 신앙생활을 하고 있지 않았다. 충격을 받은 박재봉 목사가 신유은사를 거둬달라고 기도했다. 병 고침을 위해서 찾아오는 사람들한테도 더 이상 기도를 해주지 않았다.

기도로 병을 고치면 복음 전파에 도움이 될 것이라는 생각은 너무 순진한 발상이다. 때로는 역기능도 있다. 십자가보다 병 고침이 더 중요하게 부각될 수 있기 때문이다.

예수님이 그것을 경계하셨다. 그런데 그 사람이 예수님의 말을 듣지 않았다. 예수님은 아무에게도 말하지 말라고 엄히 경고했는데 그 사람은 동네방네 소문을 냈다.

"나병이 나았는데 어떻게 잠잠한단 말이냐?"라고 하면 안 된다. 그런 생각을 하는 것은 우리가 주님 말씀에 거역하는 일을 대수롭지 않게 여긴다는 증거다. 우리가 그만큼 불순종에 너그럽다. 주님 말씀은 꼭 지켜야 한다는 생각이 없다.

예전에 MBC에서 방영한 드라마 〈허준〉에 허준이 반위(위암)을 고치는 장면이 있었다. 선조의 총애를 받는 공빈의 동생이 구안와사를 앓고 있는데 그것을 치유하는 과정에서 반위가 있음을 알게 되었고 결국 고친 것이다. 선조와 공빈이 허준을 치하하자 허준이 말한다. "모습이 돌아왔다 하여 다 나았다 여기는 일은 이르옵니다. 회복기의 섭생이 까다로우니 본인은 물론 간병하는 이들이 세심한 주의를 기울여야 할 것입니다." 그 말에 공빈이 답한다. "시키는 대로 하겠소. 허 의원이 하라는 대로…"

구안와사나 반위를 고쳐준 의원의 말도 무시하지 못하는 법이다. 빈은 정일품이고 허준은 종구품인 참봉이어도 그렇다. 당시 공빈이나 공빈의 동생은 허준의 말이라면 뭐든지 다 들었을 것이다.

그런데 나병환자는 달랐다. 나병을 낫게 했다는 얘기는 죽은 사람을 살려줬다는 얘기다. 그야말로 백골난망이다. 그런 분의 당부를 어떻게 소홀히 여긴단 말인가? 생명의 은인이 하는 말을 건성으로 듣는 사람이 있을까? 그런데 거역했다. 그래서 예수님이 다시는 드러나게 동네에 들어가지 못하시고 오직 바깥 한적한 곳에 계셔야 했다.

얼마 전까지 그 사람은 마을에서 쫓겨나 따로 지내야 했다. 그런데 처지가 바뀌었다. 나병환자는 동네에 들어가서 살게 되었고 예수님은 동네에 들어가지 못하게 되었다. 그 이면에는 그의 불순종이 있었지만 예수님은 그렇게 될 것을 미리 아셨을 것이다.

2000년 7월 30일, 오빠가 운전하는 차를 타고 가다가 음주 운전자가 낸 6중 추돌사고로 전신 55%에 3도의 중화상을 입은 여대생이 있다. 〈지선아 사랑해〉의 주인공 이지선 양이다. 기적적으로 목숨은 건졌지만 당장 얼굴이 말이 아니었다. 보는 사람마다 곁눈질을 하며 혀를 찼다. 병원에서 마주친 어떤 아이는 괴물이라고 소리 지르며 도망가기도 했다. 하루는 엄마한테 불쑥 물었다. "나랑 엄마랑 바꿀 수 있다고 하면 엄마는 바꿀 수 있어? 엄마 인생이랑 내 인생이랑?" 엄마가 뭐라고 했을까? "그럼, 얼마든지 바꾸지. 바꿀 수만 있으면 천 번 만 번이라도 바꾸지."

예수님이 그렇게 하셨다. 나병환자와 기꺼이 자리를 바꾸셨다. 나병환자는 동네에 들어와서 살게 하고 예수님은 바깥 한적한 곳에 머무셨다. 사람이 하나님이 되려 한 것이 죄의 기원이다. 그러면 구원은 하나님이 사람이 되는 것에서 시작해야 한다.

2장 무르익는 사역(1)

2:1-12〉 수일 후에 예수께서 다시 가버나움에 들어가시니 집에 계시다는 소문이 들린지라 …(중략)… 그들이 다 놀라 하나님께 영광을 돌리며 이르되 우리가 이런 일을 도무지 보지 못하였다 하더라

김소월의 〈진달래꽃〉에서 우리가 음미해야 할 내용이 진달래꽃의 아름다움일까, 남녀 간의 사랑일까? 본문이 그런 경우다. 중풍병자가 나았다고 해서 병이 나으려면 어떻게 해야 하는지를 찾으면 안 된다. 우리가 주목해야 할 내용은 "예수님이 중풍병자를 통해서 무엇을 말씀하셨는가?"이다. 이 사실을 놓치면 "예수님이 믿음을 보시고 병을 고쳐주셨다. 병이 나으려면 믿음이 있어야 한다."라고 오해하게 된다.

사람들이 지붕을 뚫고 중풍병자를 달아 내렸을 적에 예수님이 그들의 믿음을 보시고 중풍병자에게 “작은 자야 네 죄 사함을 받았느니라”라고 했다. 난데없이 죄 사함이 나온다. 다른 사람한테 있는 믿음을 근거로 죄를 사함받는 것은 말이 안 된다. 예수님이 그들의 믿음을 보셨다는 얘기와 “작은 자야 네 죄 사함을 받았느니라”라고 얘기한 것 사이에는 인과관계가 없다. 이를테면 “밥을 먹고 편지를 읽었다”와 같은 경우다. 5절은 “예수께서 그들의 믿음을 보셨다. 또 중풍병자에게 죄 사함을 말씀하셨다.”라는 뜻이다.

예수님이 죄 사함을 말씀하신 이유는 그들한테 있는 믿음을 보셨기 때문이 아니라 죄를 사하는 권세가 예수님께 있는 것을 알게 하려는 것이었다. 그들한테 믿음이 있었던 것은 맞다. 오죽했으면 지붕을 뚫었을까? 예수님이 그것을 보셨다. 눈앞에서 벌어진 일이니 안 볼 수 없다. 그것을 보신 예수님은 죄를 사하는 권세가 있는 분이다. 그래서 그 권세를 행사하셨다. 시간 순서에 따른 배열이지, 인과관계에 따른 배열이 아니다.

게다가 지금까지는 믿음을 따지지 않고 병을 고쳐주셨으면서 새삼스럽게 믿음을 따지는 것은 형평성에 어긋난다. 누구는 그냥 고쳐주고 누구는 믿음을 따져서 고쳐준단 말인가? 그런데도 마치 예수님이 그들의 믿음을 보시고 중풍을 고쳐주신 것으로 오해할 수 있다. 그러면 어떤 어려움이 있어도 믿음만 있으면 문제가 해결된다는 식으로 잘못 적용하게 된다.

명심하자. 성경은 우리가 원하는 일을 이루는 방법을 설명하는 책이 아니다. 우리한테서 하나님의 뜻이 이루어지는 것을 설명하는 책이다. 본문에서 사람들은 중풍병자의 중풍에 관심이 있었겠지만 예수님은 죄 사함에 관심이 있었다. 그러면 우리는 어디에 관심이 있어야 할까?

중풍은 혈행 장애 때문에 생기는 병이다. 하지만 당시 사람들은 장애를 죄 때문으로 생각했다. 중풍병자도 자기가 죄인이라는 사실을 체념적으로 받아들였을 것이다. 그런데 예수님이 죄 사함을 선포했다.

서기관들이 그 말을 들었다. 누가 감히 죄 사함을 입에 담는단 말인가? 중풍병자한테 죄가 있다면 하나님께 있을 것이다. 명백한 신성모독이다. 서기관들이 이런 생각을 하는 것을 예수님이 아셨다. 그래서 중풍병자에게 "네 죄 사함을 받았느니라 하는 말과 일어나 네 상을 가지고 걸어가라 하는 말 중에서 어느 것이 쉽겠느냐"라고 물었다.

예수님이 가는 곳마다 병마가 떠나갔다. 예수님께 병을 고치는 것은 일도 아니다. 하지만 죄를 용서하는 것은 그렇지 않다. 중풍병자에게 "일어나 네 상을 가지고 걸어가라"라는 말은 맨입으로 할 수 있지만 "네 죄 사함을 받았느니라"라는 말은 맨입으로 할 수 있는 말이 아니다. 대신 죽어야 한다.

사람들이 중풍병자를 데려온 이유는 병 때문이었다. 병만 고쳐주셨으면 아무 일도 없었을 것이다. 그런데 "네 죄 사함을 받았느니라"라고 해서 의혹을 유발했다. 이제 치유는 뒷전이 되었다. 예수님이 누구인지가 문제다.

용서는 아무나 할 수 있는 것이 아니다. 피해를 입은 당사자만 할 수 있다. 그런데 예수님이 용서를 선포했다. 이 '그런데'를 '그래서'로 바꿀 수 있다. 그래서 예수님이 용서를 선포했다. 중풍병자한테 어떤 죄가 있는지 몰라도 예수님이 피해 당사자다. 예수님이 곧 하나님이라는 뜻이다. 예수님이 직접 "그러나 인자가 땅에서 죄를 사하는 권세가 있는 줄을 너희로 알게 하려 하노라"라고 말씀했다. 하나님 외에 누구한테 죄를 사하는 권세가 있겠는가?

예수님이 중풍병자한테 "작은 자야 네 죄 사함을 받았느니라"라고 말씀했지만 그런 말을 한 사실만으로 죄를 사하는 권세가 인정되지는 않는다. 말은 그렇게 했지만 죄가 사해지지 않을 수 있다. 그렇다면 신성모독이다. 실없는 소리로 감히 하나님을 참칭한 것이다. 그래서 "일어나 네 상을 가지고 집으로 가라"라고 했다. 중풍병자가 일어나지 못하면 예수님만 우습게 된다. 그런데 정말로 일어났다. 그러면 병이 나은 것으로 끝나는 얘기가 아니다. 죄 사함 역시 이루어진 것이 된다. 중풍이 나은 것으로 죄가 사해진 것이 확증되었다. 그러니 예수님이 누구란 말인가?

본문을 잘못 적용하면 지붕을 뚫는 열심을 가졌더니 중풍이 나은 것처럼 우리도 이런 믿음을 가지면 문제가 해결된다고 할 수 있다. 하지만 예수님이 중풍병자를 낫게 하신 것은 "믿음이 있으면 이런 일이 일어난다"를 보여주신 것이 아니다. 죄 사함의 권세가 예수님께 있다는 사실을 확증하셨다. 만일 우리한테 믿음이 있다면 그 믿음은 죄를 사함받는 데 쓰여야 하고, 죄를 사하는 권세가 있는 예수님을 아는 데 쓰여야 한다.

중풍병자한테 소원이 있다면 당연히 중풍이 낫는 것이다. 중풍이 낫기만 하면 지금까지와 전혀 다른 인생을 살 수 있다. 그런데 그런 일을 소재 삼아서 전달하려는 내용이 있다면 대체 얼마나 중요한 내용일까? 그 사람의 인생보다 더 중요한 일이 그 사람한테 어떤 일일까?

예수님이 중풍병자에게 일어나 네 상을 가지고 집으로 가라고 하시자, 중풍병자가 일어나 곧 상을 가지고 모든 사람 앞에서 나갔다. 사람들은 다 놀라 하나님께 영광을 돌리며 이런 일은 도무지 보지 못했다고 했다.

> 그때에 맹인의 눈이 밝을 것이며 못 듣는 사람의 귀가 열릴 것이며 그때에 저는 자는 사슴 같이 뛸 것이며 말 못하는 자의 혀는 노래하리니 이는 광야에서 물이 솟겠고 사막에서 시내가 흐를 것임이라(사 35:5-6)

일찍이 이사야 선지자가 하나님 나라를 예언했다. 그런 세상이 오면 맹인이 보고 못 듣는 사람이 듣고 저는 자가 뛰고 말 못하는 자가 노래한다고 했다. 그런데 그런 일이 정말로 벌어졌다. 말로만 듣던 하나님 나라가 시작된 것이다. 하나님께 영광을 돌릴 수밖에 없다.

중풍이 나은 것으로 영광 돌린 것이 아니다. 새로운 세상이 시작된 것으로 영광 돌렸다. 사람들이 도무지 보지 못하던 일이 벌어진 것으로 영광 돌렸다. 예수님이 그 일 때문에 오셨다. 죄가 지배하는 이 세상 질서를 바꾸러 오셨다. 우리는 그 예수님을 구주로 고백한다. 이 세상에서 도무지 보지 못하는 일이 우리한테서 일어날 것이다. 이 세상에서 오직 우리만 죄에서 놓여난 사람들이다. 예수 안에 있는 사람들의 특권이다.

2:13-17〉 예수께서 다시 바닷가에 나가시매 큰 무리가 나왔거늘 예수께서 그들을 가르치시니라 …(중략)… 나는 의인을 부르러 온 것이 아니요 죄인을 부르러 왔노라 하시니라

예수님이 중풍병자한테 죄 사함을 선포했다. 그러면 더 이상 그의 죄를 문제 삼으면 안 된다. 그 내용을 세리와 죄인들과 교제를 나누는 것으로 보여준다.

먼저 로마의 세금 징수 방법을 알아야 한다. 로마는 세금 징수권을 경매에 붙였다. 그러면 세금 징수권을 매입한 사람이 세금을 얼마나 거둘까? 계약한 액수를 채우면 나머지는 자기 수입이다. 집단 반발이 일어나지 않는 한도 내에서 최대한 많이 거둘 것이다. 세리들은 별의별 수단을 강구했다. 도로를 이용하면 도로세, 다리를 건너면 다리세를 거둘 정도였다. 세금을 낼 수 없는 사람한테는 고리로 돈을 빌려줬다. 세리에 대한 시선이 고울 리 없다.

그런데 예수님이 세리인 레위를 부르셨다. 알패오의 아들 레위가 세관에 앉아 있는 것을 보시고 "나를 따르라"라고 하시자, 레위가 일어나 따랐다. 마태복음을 기록한 마태의 다른 이름이 레위다.

하루는 예수님이 레위의 집에서 많은 세리와 죄인들과 더불어 식사를 했는데 바리새인의 서기관들이 그 일을 힐난했다. 당시 이스라엘에는 바리새파, 사두개파, 엣세네파, 열심당의 네 분파가 있었다. 엣세네파는 자기들끼리 따로 공동체를 이루어 살았다. 누군가 엣세네파가 되기 원하면 먼저 1년간의 시험 기간을 거쳐야 했다. 그 기간을 통과해야 공동체의 정결의식에 참여할 수 있다. 그리고 2년이 더 지나야 정회원이 되어 공동 식사에 참여할 수 있다. 밥 한 끼 같이 먹기 위해서 3년을 훈련받는 셈이다. 같이 식사를 하는 것이 그만큼 의미가 있었다.

그런데 예수님이 세리와 죄인들과 함께 식사를 했다. 예수님 스스로 세리나 죄인과 동류임을 선언하신 것이다. 그러면 다른 사람들은 어떻게 해야 할까? 얼마든지 반발할 수 있다. 가만히 있으면 자기들도 세리나 죄인들과 같은 부류가 된다.

콜럼버스의 아메리카 대륙 발견이 원주민한테는 상당한 재앙이었다. 그때 백인들이 원주민을 학살하면서 하나님이 이스라엘한테 가나안 땅을 주셨다는 사실을 내세웠다. 하나님이 가나안 원주민을 진멸하라고 했으니 자기들도 그렇게 한다는 것이다. 그런 억지 논리로 자기들의 행위에 정당성을 부여했다.

같은 식의 논리가 세리나 죄인들을 배격하는 데 동원되었다. 하나님은 의인과 죄인이 섞이는 것을 용납하지 않으신다는 것이다. 하나님의 백성의 순수성을 보존하려면 거룩하지 못한 사람을 배제해야 한다고 했다. 그런데 예수님이 세리와 죄인들과 함께 식사를 하는 것이다. 하나님을 섬길 마음이 있는 사람이라면 그럴 수 없다. 어찌하여 세리 및 죄인들과 함께 먹느냐는 바리새인의 서기관들의 얘기는 그런 생각을 바탕으로 한다.

그런데 예수님이 건강한 자에게는 의사가 쓸데없고 병든 자에게라야 쓸데 있다고 하면서 예수님은 의인을 부르러 온 것이 아니라 죄인을 부르러 왔다고 했다. 하나님이 홍해를 건넌 이스라엘한테 "나는 너희를 치료하는 여호와임이라"라고 말씀하셨다. 하나님이 치료하는 하나님이면 예수님이 자신을 의사로 말씀하신 것이 상당히 합당한 비유다. 유대 종교 지도자들한테는 죄인이 제거 대상이었지만 예수님께는 치료 대상이었다.

그러면 누가 의인이고 누가 죄인일까? 그런 구분을 누가 했을까? 유대 종교 지도자들이 했다. 예수님이 그들의 그런 구분을 빌려서 말씀하신 것이다. "너희들이 그처럼 의인, 죄인 따지기를 좋아하니 나도 너희 식대로 말하마. 나는 스스로 의인인 줄 아는 사람을 부르러 온 것이 아니라 스스로 죄인인 줄 아는 사람을 부르러 왔다."라는 뜻이다.

필립 얀시가 쓴 〈놀라운 하나님의 은혜〉에 어떤 목사가 겪은 일화가 나온다. 나이 든 창녀와 상담을 하는데, 어린 딸을 변태성욕자한테 팔아서 생계를 유지한다는 것이었다. 너무 곤혹스러워서 할 말을 잊은 목사가 한참 후에 입을 열었다. "가까운 교회에 가서 도움을 받아보실 생각을 하지는 않았습니까?" 나이 든 창녀가 정색하며 대꾸했다. "교회요? 거기는 왜 가요? 안 그래도 비참한데 거기 가면 더 비참하게 되잖아요?"

교회 가면 더 비참하게 된다는 말이 무슨 영문일까? 그런 말을 들으면 교회를 오해해도 단단히 오해했다고 안타깝게 여겨야 한다. 그런데 현실은 그렇지 않다. 괜히 난처해진다. 어쩌면 한 술 더 떠서 난처해도 별수 없다는 생각을 할 수도 있다. 그런 사람을 천대하는 것이 옳지 않은 줄 알지만 같은 교회 구성원이 되기는 싫다는 뜻이다. 그러면 자기는 그 사람과 다르다고 생각하는 것일까? 하나님 앞에 '더 죄인'도 있고 '덜 죄인'도 있을까?

예수님은 죄인을 부르러 오셨다. 그러면 부름받은 죄인은 무엇을 해야 할까? 자기한테 있는 죄를 예수님께 부름받을 수 있는 자격인 양 생각해서는 안 된다. 예수님이 죄인을 부르신 이유가 죄를 용인해줄 테니 계속 죄 가운데 살라는 뜻일 수는 없다.

예수님이 레위를 불렀을 때 그는 세관에 앉아 있었다. 그런데 예수님이 "나를 따르라"라고 하시자, 일어나 따랐다. 앉아 있는 것은 지금까지의 생활이고 일어난 것은 새로운 삶을 위한 시작이다. 지금까지 앉아 있던 자리를 떨치고 일어설 수 있는 원동력이 예수님의 부르심이었다. 자리를 떨치고 일어서서 어디로 가야 할까? 이 세상 의인들과 어울리면 안 된다. 죄인을 부르러 가야 한다. 예수님이 죄인을 부르러 오셨으면 우리 역시 죄인을 부르는 사람이어야 한다.

2:18-22〉 요한의 제자들과 바리새인들이 금식하고 있는지라 사람들이 예수께 와서 말하되 …(중략)… 오직 새 포도주는 새 부대에 넣느니라 하시니라

사람들이 예수님께 왜 당신의 제자들은 금식을 하지 않느냐고 물었다. 금식을 할 수도 있고 하지 않을 수도 있는 것으로 말하지 않고 당연히 해야 하는 것으로 말했다. 특별한 금식이 아니라 일상적인 금식이라는 뜻이다.

본래 이스라엘은 속죄일에 금식을 했다. 그런데 바벨론 포로 시절을 보내면서는 성전을 생각하면서 더 자주 금식을 했다. 그런 관습이 바벨론에서 돌아온 다음에도 이어졌다. 주전 2세기경에는 일주일에 두 번 금식하는 관례가 생겼다. 전승에 따르면 모세가 목요일에 시내산에 올라가서 월요일에 내려왔다고 한다. 그래서 월요일과 목요일에 금식을 했다. 누가복음에 바리새인과 세리의 기도가 나오는데, 바리새인이 이레에 두 번씩 금식한다고 한 것이 월요일과 목요일의 금식이다.

예수님이 혼인 잔치를 비유로 답했다. 혼인집 손님들이 신랑과 함께 있을 때는 금식을 하지 않는다는 것이다. 신랑을 빼앗길 날이 있는데 그때 금식한다고 했다. 예수님의 제자들이 금식을 하지 않는 이유가 신랑과 함께 있는 혼인집 손님이기 때문이면 예수님이 신랑이다.

이스라엘은 혼인 잔치를 일주일씩 했다. 혼인 잔치가 한창 무르익는데 난데없이 이방 족속이 쳐들어올 수 있다. 포로로 잡혀가지 않더라도 신랑이 징집될 가능성은 있다. 그러면 잔치는 끝이다. 하지만 그런 일이 일어날 가능성이 얼마나 될까?

그런데 예수님이 신랑을 빼앗길 날이 이른다고 했다. 운수가 사나우면 신랑을 빼앗길 수 있는 것이 아니라 조만간 신랑을 빼앗긴다. 예수님이 장차 받을 고난을 떠올리게 한다. 그때는 금식하게 된다. 하지만 지금은 신랑과 함께 있으니 금식할 이유가 없다.

하나님이 모세한테 성막을 만들라고 할 적에 "내가 그들 중에 거할 성소를 지으라"라고 했다. 예수님의 성육신에도 같은 표현이 나온다. 예수님은 말씀이 육신이 되어 우리 가운데 거하신 분이다. 구약시대에 하나님이 장막을 치고 이스라엘 가운데 거했던 것처럼 신약시대에는 하나님 말씀이 육신이 되어 우리 가운데 거한다. 말 그대로 임마누엘이다. 하나님이 성막을 지으라고 하신 이유가 임마누엘을 설명하기 위해서다.

사람들이 금식을 한 것은 무너진 성전 때문인데 성전이 예수님의 그림자다. 성전의 완성인 예수님이 오셨으면 성전은 의미가 없다. 더 이상 금식할 이유가 없다. 결국 본문은 금식을 하는 것이 옳으냐, 그르냐의 얘기가 아니라 예수님이 누구인지 아느냐에 대한 얘기다.

예수님 말씀이 계속 이어진다. 그러나 신랑을 빼앗길 날이 이르는데 그날에는 금식해야 한다는 것이다. 일차적으로 예수님이 받을 고난을 떠올리게 하지만 그것이 전부일 수 없다. 예수님은 사흘 만에 부활했다. 설마 그 사흘 동안 금식하라는 뜻일까?

신랑을 빼앗긴 집이 있다고 하자. 혼인 잔치 중에 이방 족속이 쳐들어왔다며 신랑을 징집해 가버렸다. 잔치가 엉망이 되었다. 그런데 한 달 후에 신랑이 돌아왔다. 그러면 이전보다 더 큰 기쁨으로 잔치를 즐길 수 있을 것이다.

신랑을 빼앗길 날이 이른다는 얘기는 예수님의 고난을 시작으로 다시 오실 때까지의 전 기간을 말한다. 그때에는 금식을 해야 한다. 그러면 지금 우리는 금식 중인 사람들이다. 예수님이 다시 오실 때까지 금식해야 한다.

그런데 그다음이 이상하다. 난데없이 생베 조각을 낡은 옷에 붙이는 자가 없다, 새 포도주를 낡은 가죽 부대에 넣으면 안 된다 같은 전혀 다른 말을 한다. "그러나 신랑을 빼앗길 날이 이르리니 그날에는 금식할 것이니라"라고 했으면 금식을 어떻게 해야 하는지 말해야 하는 것 아닐까?

이스라엘은 주전 2세기부터 정기적으로 금식을 했다. 그들은 자기들이 사는 세상을 문제 삼았다. 예수님 말씀은 그게 아니다. 열심히 금식해서 세상이 바뀌기를 바랄 것이 아니라 우리가 바뀌어야 한다는 것이다. 생베 조각을 낡은 옷에 붙이는 자가 없고 새 포도주를 낡은 가죽 부대에 넣는 자가 없다는 말이 그래서 나왔다. "신랑을 빼앗기면 금식을 해야 한다. 새 포도주를 넣을 수 있도록 새 부대를 준비하는 것이 바로 금식이다."라고 하신 셈이다.

사람들은 늘 환경을 고쳐 달라고 기도한다. "하나님, 이 문제는 이렇게 해주시고 저 문제는 저렇게 해주십시오."가 간절한 기도 제목이다. 그런데 하나님은 우리한테 변하라고 하신다. 하나님이 원하시는 변화는 세상의 변화가 아니라 우리의 변화다.

예전에 인터넷에서 재미있는 기사를 읽은 적이 있다. 왕년의 인기 배우였던 엄앵란 씨가 자기 말동무는 강아지뿐이라면서 강아지한테 전 재산을 상속하겠다고 한 것이다. 진담이었는지 농담이었는지 모르지만 진담이라고 하자. 그러면 유언장도 그렇게 작성할 것이다. 그렇다고 해서 그 강아지의 팔자가 당장 바뀌는 것이 아니다. 엄앵란 씨가 죽기 전에는 아무 일도 일어나지 않는다. 유산을 상속 받으려면 유언을 남긴 사람이 죽어야 한다.

하나님 나라는 반대다. 상속 받을 자가 죽어야 한다. 상속 받을 자가 죽기 전에 하늘 기업을 상속 받는 수는 없다. 그때까지는 약속에 대한 소망만 있다. 자기는 죽지 않은 채 하나님 나라를 이어받으려고 하는 것은 낡은 부대에 새 포도주를 넣으려는 격이다.

애초에 질문을 한 사람들이 예수님 말씀을 알아들었는지 모른다. 하지만 우리는 알아들어야 한다. 예수님이 신랑인 것을 알면 금식하며 기다려야 한다. 새 포도주를 위해서 새 부대를 준비하는 것이 우리의 금식이다.

2:23-28〉 안식일에 예수께서 밀밭 사이로 지나가실새 그의 제자들이 길을 열며 이삭을 자르니 …(중략)… 이러므로 인자는 안식일에도 주인이니라

예수님 일행이 밀밭 사이로 지나가게 되었다. 마침 안식일이었다. 제자들이 길을 열면서 이삭을 잘랐고 바리새인들이 그것을 지적하며 어떻게 안식일을 범하느냐고 했다.

이때 예수님이 다윗의 일화를 얘기했다. 다윗이 사울의 압제를 피해서 도망 다닐 때의 일이다. 당시 대제사장은 아히멜렉이었다. 다윗이 먹을 것이 있는지 묻자, 아히멜렉이 진설병뿐이라고 했다. 안식일마다 새 진설병으로 바꾸면 물려낸 진설병은 제사장들 몫이었다. 그런데 다윗이 제사장도 아니면서 그것을 먹었다.

예수님이 얘기한 아비아달은 아히멜렉의 아들이다. 그도 역시 아히멜렉과 더불어 제사장으로 사역했다. 다윗 시대에는 그가 대제사장이었다. 우리는 "다윗이 도망 다니던 시절에는 아히멜렉이 대제사장 아니었나?"라는 생각을 할 수 있어도 당시 사람들은 아비아달 대제사장이라는 말을 어색하지 않게 들었을 것이다.

다윗이 진설병을 먹은 날이 안식일이라는 말은 성경에 없다. 안식일에 물려낸 진설병이 있었으니 안식일일 확률이 높지만 아닐 수도 있다. 어쨌든 다윗의 일화는 안식일에 국한되는 원칙이 아니라 신앙 일반에 대한 얘기다. 아히멜렉도 이런 사실을 알았다. 제사장도 아니면서 어떻게 진설병을 달라고 하느냐고 하지 않고 순순히 내줬다. 그런 경우에는 얼마든지 진설병을 먹을 수 있다고 인정한 것이다.

예전에 주일성수에 대한 강의를 한 적이 있다. 우리는 안식일을 지키지 않고 주일을 지키지만 안식일을 완성한 날이 주일이기 때문에 취지는 같다. 한 분이 말했다. “사람이 안식일을 위해서 있는 것이 아니라 안식일이 사람을 위해서 있는 것이니까 각자 알아서 하면 되는 것 아닌가요?”

어떤 일이 사람을 위한 일인지 누가 정할까? 자기가 알아서 정하면 될까? 컴퓨터 게임을 좋아하는 사람은 하루 종일 컴퓨터 게임을 하고, 잠을 좋아하는 사람은 하루 종일 잠을 자고, 쇼핑을 좋아하는 사람은 하루 종일 쇼핑을 하면 주일을 제대로 보낸 것일까? 그래서 “이러므로 인자는 안식일에도 주인이니라”로 이어진다. 안식일을 어떻게 보내야 사람을 위한 날로 보내는 것인지 우리가 정하지 않고 예수님이 정하신다.

성경에는 안식년도 나오고 희년도 나온다. 안식년에는 농사를 짓지 않는다. 땅을 쉬게 하는 것이다. 안식년을 일곱 번 계수한 다음 해가 희년이다. 희년이면 종으로 팔린 자는 자유를 얻고 팔린 땅도 원래 주인한테 돌아간다. 전부 안식일의 의미를 강조하는 것이다. 하나님이 지으신 세상으로 하여금 하나님이 지으신 세상이 되게 하는 것이 안식일을 지키는 것이다.

그러면 안식일에 가장 중요한 일은 하나님의 마음을 가지고 사는 일이다. 하나님의 뜻을 펴는 것이 곧 안식일을 지키는 것이다. 이런 사실을 모르면 자기들끼리 규칙을 정해서 그것을 지키기에 급급하게 된다.

〈광수생각〉이라는 만화로 유명한 박광수 씨가 미국을 횡단한 적이 있다. 뉴욕에서 샌프란시스코까지 친구와 교대로 꼬박 보름 동안 운전했다. 무려

5,600km다. 그런 거리를 횡단한 소감이 간단했다. 운전한 기억밖에 없다는 것이다.

바리새인들처럼 안식일을 지키면 그렇게 될 수 있다. 안식일을 기억하여 거룩히 지키라는 계명에 따라 열심히 안식일을 지켰는데, 안식일을 지킨 기억만 있고 하나님을 만난 기억이 없으면 어떻게 할까?

남의 얘기 할 것 없다. 우리가 주일을 어떻게 지키고 있는지 확인해야 한다. 주일은 우리가 만든 규칙을 지키는 날이 아니다. 하나님이 지으신 본래의 세상을 생각하는 날이고, 하나님과 삶을 공유하는 것을 연습하는 날이다.

그런데 유대인이 안식일을 지키는 모습을 한심하게 생각하면서 정작 우리는 주일을 방종할 수 있다. 자기가 정한 한두 가지 규칙을 지키면 그것으로 충분한 줄 안다. 우리가 유대인을 답답하게 여기는 것처럼 유대인들이 우리를 한심하게 생각할 수 있다.

주일은 말 그대로 주의 날이다. 예수님이 우리 삶의 주인이고 이 세상의 주인임을 드러내는 날이다. 주일을 보낼수록 우리 신앙이 점점 더 완성되어야 한다. 주일은 그것을 확인하는 날이다.

3장 무르익는 사역(2)

3:1-6〉 예수께서 다시 회당에 들어가시니 한쪽 손 마른 사람이 거기 있는지 라 사람들이 예수를 고발하려 하여 …(중략)… 바리새인들이 나가서 곧 헤롯당과 함께 어떻게 하여 예수를 죽일까 의논하니라

예수님이 가버나움 회당에서 귀신 들린 사람을 고쳐주셨다. 열병을 앓는 시몬의 장모도 고쳐주셨다. 요한복음에는 베데스다 연못에서 38년 된 병자를 고쳐주는 내용도 나온다. 본문에서는 한쪽 손 마른 사람을 고쳐주신다. 전부 안식일에 행한 일이다.

예수님이 안식일에만 병자를 고쳐주신 것이 아니다. 바디매오를 고쳐주신 날이나 수로보니게 여인의 딸을 고쳐주신 날이 안식일이라는 얘기는 없다. 회당장 야이로의 딸을 살린 날, 나병환자를 고친 날도 그렇다.

그러면 대충 정리가 된다. 누군가 예수님을 찾아와서 병을 고친 날은 안식일이 아니어도 예수님이 먼저 찾아가서 병을 고쳐주신 날은 안식일이었다. 안식일이 어떤 날인지 알려주려고 일부러 그렇게 하셨음을 짐작할 수 있다.

예수님이 안식일에 회당에 갔다. 한쪽 손 마른 사람이 있었다. 바리새인들이 예수님을 고발할 생각으로 예수님이 그 사람을 고치는지 주시했다.

이스라엘이 헬라의 지배를 받던 시절, 안티오쿠스 4세라는 왕이 있었다. 그가 본격적으로 유대교 말살에 나선다. 율법을 지키지 못하게 하고 할례를 금지시켰다. 예루살렘 성전에 제우스 신상을 세우고 돼지고기를 제물로 드렸다.

많은 하시딤이 이에 항거하다가 목숨을 잃었다. 하시딤은 경건한 사람들이라는 뜻으로 율법에 상당히 열심이었다. 유대교 말살 정책을 자기들의 죄에 대한 하나님의 진노로 받아들였다. 그래서 참회하는 마음으로 더 열심히 율법을 지켰다. 예를 들면, 안식일은 금요일 일몰부터 토요일 일몰까지다. 그런데 더 잘 지키기 위해서 금요일 일몰 전 언제부터 토요일 일몰 후 언제까지로 안식일을 확대했다. 이처럼 율법의 둘레에 울타리를 친 것을 장로들의 전통이라고 한다. 율법을 지키지 말라는 법령이 내려진 상태에서 율법을 더 열심히 지키면 어떻게 될까? 무참하게 죽는 것 말고 다른 수가 없다. 그런데도 기꺼이 죽음을 택했다.

바리새인이 이런 하시딤의 정신을 이어받았다. 그런데 세월이 지나면서 율법 자체가 목적이 되었다. 율법을 지키는 이유가 무색하게 되었다. 이를

테면 안식일을 지키기 위해서 모든 항목마다 세세하게 규칙을 만들었다. 벽이 무너져서 사람이 깔리면 생사를 확인할 수 있을 만큼만 벽을 치울 수 있다. 그 사람이 살아 있으면 구해야 한다. 하지만 죽었으면 안식일이 끝날 때까지 방치했다. 손가락을 베였으면 붕대로 감을 수 있지만 약은 바를 수 없다. 상처가 악화되는 것을 방지할 수는 있지만 치료 행위를 하면 안 된다는 것이다.

본문에는 한쪽 손 마른 사람이 나온다. 위급한 환자가 아니다. 하지만 예수님은 고쳐주실 것이다. 바리새인들도 그 정도는 짐작한다. 그래서 고발할 단서를 잡으려고 예수님을 주시했다. 대체 이들의 머릿속에는 무엇이 들어 있을까?

안식일이 무슨 날일까? 요컨대 안식일은 아무것도 안 하고 가만히 있어야 백점인 날이 아니다. 하나님의 하나님 되심을 적극적으로 나타내는 날이다. 하나님이 지으신 세상이 왜곡되었으면 고쳐야 하고, 하나님의 백성이 하나님의 백성 된 모습을 상실했으면 바로잡아야 한다.

이 얘기를 우리한테 옮겨보자. 주일을 어떻게 지키면 될까? 주일은 죄를 안 지으면 되는 날이 아니다. 적극적으로 선을 행하는 날이어야 한다. 하나님 반대쪽으로 가지 않으면 되는 날이 아니라 하나님 쪽으로 가는 날이어야 한다.

예수님이 안식일에 선을 행하는 것과 악을 행하는 것, 생명을 구하는 것과 죽이는 것, 어느 것이 옳으냐고 물었다. 예수님의 물음은 이런 뜻이다. "너희들이 안식일을 지킨다고 하는데 하나님이 어떤 분이냐? 하나님이 선을 행하지 않고 악을 행하는 분이냐? 대체 어떤 일이 하나님 뜻에 맞는 일이냐? 생명을 구하는 일이 하나님 뜻에 맞는 일이냐, 생명을 죽이는 일이 하나님 뜻에 맞는 일이냐?" 바리새인들은 대답할 수 없었다. 안식일에는 어떤 일도 하지 말아야 한다고 하면 하나님은 선을 행하는 일, 생명을 살리는 일에도 관심 없는 분이 된다. 그렇다고 해서 선을 행하고 생명을 구하는 일을 해야 한다고 하면 자기들이 지키는 안식일 법이 잘못인 것을 인정하는 셈이다. 그래서 잠잠했다. 손이 오그라든 사람은 신체 장애자였지만 그들은 심성이 오그라든 영적 장애자였다.

예수님이 그들의 마음이 완악함을 탄식하시며 노하심으로 그들을 둘러보았다. 예수님한테서 가장 먼저 떠오르는 단어는 사랑일 것이다. 그렇다고 해서 예수님이 마냥 무골호인이었다는 얘기가 아니다. 노하기도 하셨다. 그토록 사랑 많으신 분이 노하셨다면 대체 어떤 일에 노하셨을까?

예수님이 바리새인들의 완악함에 노했다. 안식일에 선을 행하는 것이 옳다는 사실을 누가 모를까? 하지만 사실을 사실로 인정하는 것은 아무나 할 수 있는 일이 아니다. 그만한 용기가 있어야 한다. 사실을 사실로 인정하지 않는 것도 아무나 할 수 없다. 그만큼 뻔뻔스러워야 한다. 그것을 본문은 완악하다고 하는 것이다.

예수님도 바리새인들에게 더 이상 말씀을 하지 않았다. 그들에게 줄 것은 진노의 시선뿐이었다. 예수님이 손 마른 자한테 손을 내밀라고 했다. 그가 손을 내밀자, 곧 회복되었다. 그 순간 손이 회복된 사람은 기뻐 뛰면서 예수님께 감사했을 것이고 그 모습을 지켜본 사람들은 환호했을 것이다. 그런데 성경에는 그런 내용이 없다. 손이 회복된 사람이나 그 광경을 지켜본 사람들에 대한 얘기는 없고 바리새인들 얘기만 한다. 바리새인들이 회당을 나가서 헤롯당과 함께 어떻게 예수님을 죽일지 의논했다는 것이다.

안식일은 선을 행하는 날이고 생명을 구하는 날이다. 그들도 묵시적으로 동의했다. 동의하지 않았으면 길길이 날뛰었지, 잠잠했을 리가 없다. 그런데 예수님을 죽일 궁리를 했다. 그들은 안식일을 지키는 사람일까, 지키지 않는 사람일까?

바리새인은 종교 지도자였다. 율법에 남다른 열심이 있었다. 반면 헤롯당은 로마에 야합해서 정권을 잡은 사람들이다. 바리새인들이 보기에 도무지 상종 못할 부류다. 그런 헤롯당을 찾아갔다. 스스로 바리새인이기를 포기한 것이다. 예수님을 죽이는 일이 그만큼 중요했다.

이 내용을 우리한테 적용하면, 예수님을 높이기 위해서는 평소 원수로 지내던 이웃도 찾아갈 수 있어야 한다는 뜻이 된다. 아무나 할 수 있는 일이 아니다. 성격 좋은 사람이 할 수 있는 일이 아니라 신앙이 무엇인지 아는 사람이 할 수 있다. 이런 사실을 감안하면 교인끼리 불화하는 것은 상당한 불신앙이다. 그것이 누구를 편드는 일인지 몰라서 그렇다. 하나님을 기쁘시게 해드리지 못하는 것도 송구스러운데 마귀 새끼가 좋아할 일을 할 까닭이 없다.

신앙은 자기가 있는 곳을 하나님 나라로 선포하느냐, 이 세상 나라로 선포하느냐의 싸움이다. 바리새인들이 헤롯당과 손잡는다는 얘기는 더 이상 바리새인이기를 포기한다는 뜻이다. 그렇게 해서라도 예수님을 해칠 수만 있으면 바랄 게 없다는 사람들을 무슨 수로 감당할까? 마찬가지다. 예수님을 높이기 위해서라면 자기 자신은 전혀 문제 삼지 않는 사람을 사탄은 절대 감당하지 못한다.

어쨌든 이렇게 해서 바리새인들의 정체가 드러났다. 그들은 안식일에 회당을 떠나는 자들이었고 안식일에 사람 죽일 궁리를 하는 자들이었다. 지금까지는 그 사실을 아는 사람이 아무도 없었을 것이다. 어쩌면 바리새인들 스스로도 몰랐을 것이다. 자기들 입으로 늘 하나님을 말하고 계명을 말했으니 그것이 자기들 수준인 줄 알았을 것이다. 그런데 그들이야말로 안식일을 범하는 사람들이었다.

그러면 중립은 없을까? 선도 행하지 않고 악도 행하지 않으면 어떻게 될까? 생명을 구하지도 않고 죽이지도 않을 수 있지 않은가?

예루살렘에서 여리고로 내려가다가 강도를 만난 사람이 있었다. 소유는 다 빼앗기고 거의 죽을 지경이 되었다. 제사장과 레위인은 그냥 지나쳤고 사마리아 사람이 도와줬다. 제사장과 레위인이 무슨 잘못을 했을까? 특별히 악행을 저지르지는 않았다. 자기들이 행할 수 있는 선을 행하지 않은 것뿐이다.

상당히 무서운 얘기다. 우리의 모든 행위가 신앙에 대한 고백이 아니면 불신앙에 대한 고백이라는 뜻이다. 우리가 매순간 신앙을 고백하지 않으면 우리도 모르는 사이에 불신앙을 고백하게 된다. 힘써 하나님을 편들지 않으면 어느 사이에 세상을 편들게 된다. 그래서 예수님이 묻는다. "안식일에 선을 행하는 것과 악을 행하는 것, 생명을 구하는 것과 죽이는 것, 어느 것이 옳으냐?"

바리새인들은 대답하지 못했다. 자기들이 틀렸기 때문에 대답을 못한 것이 아니다. 앞으로도 고칠 마음이 없기 때문이다. 하지만 우리는 대답해야 한다. 주일은 선을 행하는 날이고 생명을 구하는 날이다. 그 일이 마냥 귀하고 복되기 때문에 다른 일을 할 틈이 없는 날이다.

3:7-12〉 예수께서 제자들과 함께 바다로 물러가시니 갈릴리에서 큰 무리가 따르며 유대와 예루살렘과 이두매와 요단강 건너편과 …(중략)… 예수께서 자기를 나타내지 말라고 많이 경고하시니라

바리새인과 헤롯당이 예수님을 죽이려고 공모하면 예수님은 무엇을 해야 할까? 그런 상황에서 제자들과 바다에 갔다. 왜 갔을까? 앞에서 제자들을 부른 곳이 바다였고 13절 이하에서 열두 제자를 세우는 내용이 나온다. 제자를 세울 구상을 하러 가신 모양이다.

바리새인들이 헤롯당을 찾아가서 예수님을 죽일 논의를 한 것과 예수님이 제자를 세울 구상을 하는 것 사이에 무슨 상관이 있을까? 제자를 세우면 바리새인들의 흉계를 물리칠 수 있을까? 그런 말이 아니다. 각자 할 일을 한 것이다. 바리새인들은 바리새인들이 할 일을 하고 예수님은 예수님이 할 일을 했다.

예수님은 하나님 나라 때문에 오셨다. 바리새인들이 죽이려 든다는 이유로 그 일을 멈출 수 없다. 이제 열두 제자를 세우면 그들을 통해서 하나님 나라가 더 클로즈업 될 것이다.

하지만 차분하게 그런 구상을 할 여건이 주어지지 않았다. 사방에서 사람들이 몰려왔다. 갈릴리에서 큰 무리가 예수님을 따랐다. 유대와 예루살렘과 이두매와 요단강 건너편과 두로와 시돈 근처에서도 많은 무리가 찾아왔다. 유대와 예루살렘, 이두매는 갈릴리 남쪽이고, 요단강 건너편은 동쪽, 두로와 시돈은 북쪽이다. 서쪽이 빠진 이유는 그 쪽이 지중해이기 때문이다.

그래서 어떻게 되었을까? 하나님 나라가 그만큼 넓어졌을까? 하나님 뜻이 더 잘 이루어졌을까? 그렇지 않다. 예수님이 이 땅에 오신 이유와 상관없이 단지 사람만 많이 모였다. 사람들이 주일마다 예배당으로 몰려드는 이유는 얼른 예배 마치고 집에 가기 위해서라고 한다. 그런 사람들을 보면서 하나님 나라가 모이고 흩어진다고 할 수는 없다.

예수님이 공생애 사역을 시작한 후 지금까지 어떤 내용이 있었나? 가버나움 회당에서 귀신 들린 사람을 고쳤다. 그날 예수님은 베드로의 집에 머물렀는데 저물 무렵에 많은 사람이 찾아왔다. 예수님이 나병환자를 고친 다음에도 사방에서 찾아왔다. 예수님이 중풍병자를 고쳤을 적에는 거기 있던 사람들이 다 놀라 하나님께 영광을 돌렸다.

우리가 알 수 있는 내용은 이것이 전부다. 예수님의 행적을 본 사람들이 어디 가서 무슨 말을 했는지 성경에 나와 있지 않다. 하지만 상상할 수는 있다. 가는 곳마다 예수님 소문을 냈을 것이다. 급기야 갈릴리에서 200km 떨어진 이두매에서도 예수님을 찾아왔다.

본문은 그 내용을 "…많은 무리가 그가 하신 큰일을 듣고 나아오는지라"

라고 한다. 사람들이 모인 이유는 예수님이 하신 큰일을 들었기 때문이다. 그러면 그 일이 예수님께도 큰일이었을까?

이때 예수님은 무리가 에워싸 미는 것을 피하기 위해서 제자들한테 작은 배를 준비하게 했다. 사람들한테 얘기하기 위해서 거리를 확보한 것이다.

그다음이 이상하다. 예수님이 어떤 내용을 가르쳤는지가 없다. 사람들이 몰려들자, 예수님이 배를 대기하게 했다는 내용이 전부다. 그렇다고 해서 병을 고쳐주시지 않았을 것이라고 생각할 수도 없다. 11-12절에 더러운 귀신들이 쫓겨 갔다는 얘기가 나온다. 설마 예수님이 "병에 걸린 사람은 그대로 있고 귀신들만 나갈지어다"라고 하지는 않았을 것 아닌가? 지금까지 병을 고쳐주신 것처럼 이때도 병을 고쳐주셨을 것이다. 그런데 그런 말은 없고 더러운 귀신들이 예수님을 알아봤다는 내용이 고작이다.

그들은 예수님이 행하신 큰일을 듣고 모인 사람들이다. 그런데 예수님께는 그 일이 큰일이 아니었다. 예수님께는 바리새인들이 예수님을 죽일 모의를 하는 순간에도 신경 써야 할 중요한 일이 따로 있었다. 그래서 그들을 가르쳤다. 하지만 아무 반응이 없었다. 가르치기 전이나 가르친 다음이나 똑같았다. 죄다 마이동풍에 우이독경이었다. 그래서 성경은 아예 입을 다물고 만다. 그들의 병에 대해서도 얘기하지 않고 예수님의 가르침에 대한 그들의 반응도 얘기하지 않는다. 아이들이 산타클로스를 기다리지만 산타클로스에게 관심이 없는 것처럼 그들은 예수님께 왔으면서도 예수님께 관심이 없었다.

오히려 더러운 귀신들이 예수님을 알아보고는 하나님의 아들이라고 엎드려 부르짖었다. 신앙을 고백했다는 말이 아니다. 두려움에 떨며 탄식한 것이다. 예수님을 하나님의 아들이라고 했지만 예수님과 관계를 맺을 마음은 없었다. 그래서 그들을 단속했다. 예수님이 하나님의 아들이라는 사실이 귀신을 통해서 드러나면 안 되는 모양이다.

하나님은 우리가 하나님을 알기를 원하실까, 알리기를 원하실까? 이런 질문은 말이 되지 않는다. 둘 다 해야 한다. 우리는 하나님을 아는 것에도 힘써야 하고 하나님을 알리는 것에도 힘써야 한다. 하나님을 아는 것이 중요한 만큼 알리는 것도 중요하고, 하나님을 알리는 것이 중요한 만큼 아는 것도 중요하다.

그러면 어떻게 하는 것이 아는 것일까? 귀신들도 예수님이 하나님의 아들인 것을 알았다. 하지만 히브리인들의 사고방식을 기준으로 하면 아는 것이 아니다. 그들은 체험을 통해서 아는 것만 아는 것으로 인정했다. 지식은 사색을 통해서 얻어지지 않고 체험을 통해서 얻어진다. 창세기에 아담이 하와와 동침하매 하와가 임신하여 가인을 낳았다는 기록이 있다. 그때 '동침하다'에 해당하는 단어 '야다'가 '알다'라는 뜻이다. 아담이 하와를 알았더니 둘 사이에서 생명이 태어났다. 이 정도가 되어야 안다고 한다. 안다는 말은 쉽게 쓸 수 있는 말이 아니다.

귀신들은 예수님과 아무것도 공유하기를 원하지 않는다. 단지 예수님이 하나님의 아들이라는 사실만 인식했다. 예수님의 이름은 그런 식으로 전달되는 것이 아니다. 예수님과 더불어 삶을 나누면서 전달해야 하고 하나님 나라의 확장과 함께 전달해야 한다. 그래서 자기를 나타내지 못하게 했다.

그러면 얘기가 어떻게 될까? 예수님을 찾아온 숱한 사람들은 예수님이 누구인지 관심이 없었다. 병만 고치면 그것으로 족했다. 반면 귀신들은 예수님이 하나님의 아들인 것을 알았다. 하지만 그뿐이다. 예수님과 더불어 하나님 나라를 설계하고 그 나라에 편입될 마음은 없었다. 예수님이 두렵기만 했다.

결국 본문은 예수님께 왔지만 하나님 나라에는 관심이 없는 사람들과 예수님을 부르면서도 예수님을 영접할 마음은 없는 귀신들을 소개한다. 예수님은 생명이 위협받는 긴박한 순간에도 하나님 나라만 생각하고 있는데 예수님 주변에서 그런 모습만 보였다.

남의 얘기가 아니다. 몸은 교회에 있는데 하나님 나라에 관심 없는 사람들과 입으로는 예수님을 시인하지만 삶으로는 시인하지 않는 사람들이 있기 때문이다. 자기 문제가 해결되면 그것이 곧 하나님 나라인 줄 아는 사람들, 정상적인 신앙생활을 오히려 부담으로 여기는 사람들이 얼마든지 있다.

그래서 13-19절에서 열두 제자를 세우는 내용이 나온다. 예수님이 그들과 더불어 하나님 나라를 설계할 것이다. 하나님 나라는 아무나 선포할 수 있는 나라가 아니다. 예수님과 더불어 삶을 공유하는 사람만 선포할 수 있다. 그 나라를 선포하는 사람이라야 그 나라 백성이다. 예수님은 지금도 그런 사람을 찾고 계시다.

3:13-19〉 또 산에 오르사 자기가 원하는 자들을 부르시니 나아온지라 이에 열둘을 세우셨으니 …(중략)… 알패오의 아들 야고보와 및 다대오와 가나나

인 시몬이며 또 가룟 유다니 이는 예수를 판 자더라

앞에서 예수님 주변에 몰려든 큰 무리가 죄다 엑스트라였음을 확인했다. 본문은 다르다. 숫자는 많지 않지만 전부 이름이 소개된다. 앞에서는 자기 필요에 의해 예수님을 찾아온 무리였다. 본문은 반대다. 예수님이 원하는 자들을 부르시자, 그들이 나아왔다고 한다. 무리와 제자의 차이가 여기에 있다. 무리는 원하면 될 수 있지만 제자는 원한다고 해서 되는 것이 아니다.

14a절에서 "이에 열둘을 세우셨으니"라고 할 때의 '세우셨으니'는 '에포이에센'을 번역한 말이다. 〈70인역〉에서는 하나님의 창조 사역을 설명하는 말로 쓰였다. 천지를 창조할 때 하나님이 하신 일과 열두 제자를 세울 때 예수님이 하신 일이 같은 일이다. 우리는 어쩌다 예수님을 구주로 고백하게 된 사람들이 아니다. 하나님이 천지를 창조하신 사건만큼이나 놀라운 일이 우리 안에 일어난 것이다.

어떤 사람이 세상에 있는 수두룩한 종교 중에 하나를 택했는데 그것이 마침 기독교였다고 하자. 그런 경우에는 신앙생활을 어떻게 하든지 그 사람 마음대로다. 종교의 가치도 스스로 정하면 된다. 하지만 예수님이 불렀으면 얘기가 달라진다. 예수님이 무엇을 원하시는지가 기준이다. 무리와 제자의 차이가 여기서 갈린다. 무리는 자기가 기준이지만 제자는 예수님이 기준이다.

예수님이 열두 제자를 세우신 이유는 자기와 함께 있게 하시고 또 보내사 전도도 하며 귀신을 내쫓는 권능도 가지게 하려는 것이었다. 우리한테 그대로 적용된다. 우리는 예수님과 함께 있기도 해야 하고 세상에 나가기도 해야 한다. 혹시 우리가 전도도 하지 못하고 귀신을 내쫓는 권능도 없다면 예수님과 함께 있는 시간이 없기 때문이다. 포도나무 가지가 열매를 맺지 못하는 이유는 줄기에 붙어 있지 않기 때문인 것과 같다.

장자가 낮잠을 자다 나비가 되는 꿈을 꾸었다. 잠에서 깬 다음에 말한다. "내가 나비의 꿈을 꾼 것일까, 나비가 내 꿈을 꾼 것일까?" 여기에서 유래한 말이 호접몽(胡蝶夢)이다. 자아와 외물은 본래 하나라는 뜻으로 쓰인다.

우리한테 그런 일이 있어야 한다. 예수님이 우리 안에 계시고 우리가 예수님 안에 있어서 우리가 우리인지 예수님인지 구분이 안 되어야 한다. 우리는 더 이상 우리로 존재하지 않는다.

또 전도도 해야 한다. 전도지 들고 나가라는 소리가 아니다. 친구들을 교회에 데려오라는 얘기도 아니다. 예배에 참석하는 것이 예수 믿는 전부일 수 없는 것처럼 친구한테 교회 가자고 하는 것이 전도의 전부가 아니다.

예수님이 말씀하신 전도는 이 세상 역사의 주인이 하나님임을 선포하는 것이다. 하나님 나라가 시작되었음을 알리는 것이 전도다. 우리가 만나는 사람마다 그 나라를 준비하게 해야 한다. 우리가 이 세상을 살면서 감당해야 할 가장 중요한 일이 있다면 하나님 나라를 확장하는 일이다. 우리가 가는 곳마다 하나님의 나라가 선포되어야 한다. 그것이 전도(傳道)다. 말 그대로 도(道)를 전(傳)하는 것이다. 세상을 사는 길을 전해야 한다.

또 귀신을 쫓아내는 권능도 있어야 한다. 권능에 해당하는 헬라어 '엑수시아'가 성경 다른 곳에서는 권세로 번역되기도 했다. 권능을 받는다는 얘기는 능력을 소유한다는 뜻이 아니다. 하나님 외에 누구에게 능력이 있겠는가? 우리한테는 능력이 아니라 능력을 사용할 권세가 주어진다. 귀신을 내쫓는 권능을 가지게 한다는 얘기는 제자들한테 귀신을 쫓아낼 능력을 '등기 이전' 해준다는 뜻이 아니라 '사용권'을 준다는 뜻이다. 어떤 사람한테 능력이 있다면 그 능력을 자랑할 수 있다. 하지만 권세라면 권세를 주신 분을 의지해야 한다. 그런 권세는 사용하는 사람에 따라서 능력의 정도가 다르게 나타날 것이다.

전도가 하나님이 이 세상의 주인임을 선포하는 것이라고 했다. 그러면 귀신을 내쫓는 것은 하나님이 이 세상의 주인임을 거부하는 세력을 축출하는 것에 해당한다.

하나님 나라를 거부하는 세력을 멀리 가서 찾을 것 없다. 바로 자기 자신이기 때문이다. 예수를 믿으면 가장 먼저 직면하는 문제가 하나님으로 주인 삼기를 거부하는 옛 습관이다. 신앙생활을 적당히 타협하려는 마음이 우리가 가장 먼저 척결해야 할 대상이다. 우리한테는 그것을 내쫓을 수 있는 권능이 있다. 그 권능은 주님과 함께 있을수록 강해지고 사용할수록 강해진다.

본문에는 예수님과 함께 있기도 하고 전도도 하며 귀신을 내쫓는 권능도 받은 열두 명의 이름이 나온다. 특히 시몬은 열심당원이었다. 열심당은 로마 정권에 대해서 무력 항쟁을 하던 집단이다. 요인을 암살하는 것이 주 임무였다. 암살 대상은 로마의 고위 관료와 로마의 앞잡이가 된 유대인이다.

열심당원 출신인 시몬과 세리로 일하던 마태가 예수님 안에서 만났다. 둘이 어떻게 지냈을까? 예수님이 제자들을 둘씩 짝지어 파송한 적이 있다. 마침 시몬과 마태가 짝이었으면 어떻게 되었을까? 둘이 같은 짝이 될 확률은 1/66이다. 예수님이 일부러 둘을 짝지을 수도 있다. 그러면 차라리 예수님 제자를 안 하고 말지, 저런 인간하고는 같이 일 못한다고 아우성을 부렸을까? 만일 그렇다면 예수님의 제자가 되는 것이 무슨 뜻인지 모르는 탓이다. 몸은 예수님과 함께 있었지만 실제로는 함께 있어본 적이 없는 것이다.

우리는 심심풀이로 예배당에 모인 사람들이 아니다. 예수님이 우리를 '에포이에센'하셨다. 하나님이 태초에 천지를 창조한 것처럼 우리 영혼을 새롭게 지어 만드셨다. 우리가 얻은 구원이 그만큼 귀하다. 우리 신앙도 마땅히 귀한 줄 알아야 한다. 신앙을 귀하게 여기는 만큼 귀한 인생을 살게 될 것이다. 제자로 부름받았으면서 무리로 살 수는 없다.

3:20-30〉 집에 들어가시니 무리가 다시 모이므로 식사할 겨를도 없는지라 예수의 친족들이 듣고 그를 붙들러 나오니 …(중략)… 이는 그들이 말하기를 더러운 귀신이 들렸다 함이러라

배경이 집으로 바뀐다. 예수님을 따라서 많은 무리가 몰려들었고 예수님은 밥 먹을 겨를도 없었다. 그런데 본문은 그렇게 모여든 무리와 예수님 사이에 어떤 일이 있었는지는 얘기하지 않고 다른 얘기를 한다. 예수님이 미쳤다는 소문을 들은 예수님 친족들이 예수님을 붙들러 왔다는 것이다. 하나님 나라를 위한 열심이 세상 사람들한테는 미친 것으로 보일 수 있다.

주말에 친구들과 1박2일로 놀러가는 경우를 생각해 보자. 한창 분위기가 무르익는데 다음날 교회 가야 한다며 먼저 일어서는 것을 친구들이 이해할까? 혼기 찬 딸이 있다. 어머니가 인맥을 동원해서 맞선 자리를 알아본다. 그런데 믿는 남자가 아니면 만나지 않겠다고 하는 것을 안 믿는 부모가 이해할까? 이런 정상적인 신앙생활도 불신자한테는 미친 짓으로 보인다. 하물며 예수님일까?

그런데 본문은 친족들이 예수님을 붙들러 왔다는 얘기에 이어 예루살렘에서 내려온 서기관 얘기를 한다. 서기관은 앞에서도 등장했다. 하지만 본문의 서기관은 예루살렘에서 내려왔다. 예루살렘에서도 예수님의 행적을 주시한다는 뜻이다.

그들한테는 예수님이 귀신을 쫓아낸 일이 가장 심각했다. 어쩌면 귀신 들린 사람이 예수님을 하나님의 아들이라고 했다는 말을 듣고 사실을 조사하기 위해서 특사를 파견한 것일 수 있다.

귀신을 쫓아내는 것은 영에 속한 일이다. 종교 지도자라면 당연히 그 일을 설명할 수 있어야 한다. 하지만 그 설명이 자기들의 권위를 침해해서는 안 된다. 그래서 예수님이 바알세불을 지핀 것으로 결론을 내렸다. 귀신의 왕을 힘입어서 귀신을 쫓아냈다는 것이다. 귀신도 예수님을 알아봤는데 정작 종교 지도자라고 하는 사람들이 이런 말을 했다.

그러면 무시하면 되는 것 아닐까? 그런 말 같지 않은 말에 일일이 응답할 필요는 없다. 그런데 예수님이 그들을 불러서 말씀하신다. 사탄이 사탄을 쫓아내는 일이 어떻게 가능하냐는 것이다. 예수님이 귀신을 쫓아냈으면 예수님은 귀신 반대편이어야 한다.

출애굽 때 하나님이 이스라엘을 구원하기 위해서 바로를 박살내는 일부터 하셨다. 사탄의 억압 아래 있는 자들을 빼내려면 먼저 사탄을 결박해야 한다. 예수님이 그런 일을 했다. 예수님과 사탄이 같은 편이 아닌 것은 IQ 두 자리라도 알 수 있다. 그런데 한사코 같은 편으로 묶으려는 의도가 무엇일까? 정말로 사탄과 같은 편이 누구라는 얘기일까?

이어서 예수님이 '아멘'을 말씀하신다. '진실로'라는 뜻이다. 28절의 "내가 진실로 너희에게 이르노니"를 헬라어로 하면 "아멘 레고 휘민"이다. 우리는 주로 하나님 말씀에 대한 반응으로 아멘을 말한다. 그런데 예수님은 먼저 '아멘'이라고 하고서 말씀을 시작한다. 우리가 지금까지 기도한 내용이 모두 사실이라는 뜻으로 아멘을 말한다면, 예수님은 이제부터 말하는 내용이 모두 사실이라는 뜻으로 아멘을 말한다. 그만큼 말씀에 무게를 싣는 것이다.

예수님이 사람의 모든 죄와 모든 모독하는 일은 사하심을 얻되 누구든지 성령을 모독하는 자는 영원히 사하심을 얻지 못하고 영원한 죄가 된다고 했다. 성령을 모독하는 것이 왜 그리 큰 죄일까?

영화 〈밀양〉에 여주인공 신애가 하나님에 대한 배신감으로 장로를 유혹하는 장면이 나온다. 장로로 하여금 자기를 범하게 하고는 장로 밑에 누운 자세로 하늘을 향해서 보이느냐고 조롱한다. 도올 김용옥은 모든 위대한 사람은 힘든 환경에서 태어난다고 하면서 예수가 유명해진 것도 사생아이기 때문이라고 했다. 신애나 김용옥이 지은 죄는 성부나 성자를 모독한 죄라서 용서받을 수 있지만 성령을 모독한 죄는 절대 용서받지 못한다는 것이 말이 될까?

30절에 "이는 그들이 말하기를 더러운 귀신이 들렸다 함이러라"라고 되어 있다. 예수님이 그런 엄중한 말씀을 하신 이유가 예수님을 귀신 들렸다고 했기 때문이다. 성령님을 통해 나타난 역사를 오히려 바알세불의 역사라고 모독했다.

앞에서 예수님이 안식일에 선을 행하는 것과 악을 행하는 것, 생명을 구하는 것과 죽이는 것 중에 어느 것이 옳은지 물었다. 이번에도 마찬가지다. 귀신을 쫓아낸 일이 선한 일일까, 악한 일일까? 귀신 들린 사람을 고친 일을 악한 일이라고 할 사람은 없다. 그런데 그 일을 한 사람을 악하다고 하는 것이 무슨 경우일까?

예수님이 귀신을 쫓아낸 것은 사탄과의 전쟁에서 승리했다는 뜻이다. 어둠 권세가 결박되고 하나님 나라가 시작되었다. 그런데 예수님이 귀신의 왕을 힘입어서 그런 것이라고 했다. 예수님에 대해서 무지한 때문이 아니다. 악의적으로 왜곡한 것이다.

C. S. 루이스의 〈나니아 연대기〉에 나니아 세계의 천국에 온 난쟁이들이 나온다. 그들은 불평밖에 할 줄 모른다. 눈앞에 연회가 베풀어져도 그것을 오물로 생각하고 아름다운 전원에 찬란한 빛이 쏟아지는데도 어둠밖에 보지 못한다. 요컨대 천국을 누릴 실력이 없었다. 천국에 있으면서도 천국을 누릴 줄 모르는 사람들을 어떻게 해야 할까? 성령님에 의해서 하나님 나라가 이루어지는 것을 보면서도 사탄의 역사라고 하는 사람이라면 천국에 데려가도 그곳을 지옥이라고 할 것이다. 그래서 성령을 모독하는 자는 영원

히 사하심을 얻지 못한다.

3:31-35〉 그때에 예수의 어머니와 동생들이 와서 밖에 서서 사람을 보내어 예수를 부르니 무리가 예수를 둘러앉았다가 여짜오되 …(중략)… 보라 누구든지 하나님의 뜻대로 행하는 자가 내 형제요 자매요 어머니이니라

21절에서 예수님의 친족들이 예수님을 붙들러 나왔다고 했는데 본문에는 예수님의 어머니와 동생들이 예수님을 부른다는 내용이 나온다. 친족들이 예수님을 붙들러 나와서 그다음에 어떻게 되었는지가 없다. 자기들이 해결하지 못한 문제를 예수님 가족한테 일임한 듯싶다. 우리나라 식으로 얘기하면 문중 어른이 "대체 자식 교육을 어떻게 시켰기에 이 지경이 된 거냐? 네 자식이니 네가 책임지고 수습해라."라고 한 것이다.

예수님 주변에 많은 무리가 둘러앉아 있는데 어머니와 동생들이 찾아왔다. 누군가 예수님께 가족이 밖에서 찾는다고 전했다. 그러면 사람들한테 양해를 구하고 밖으로 나가야 하는 것 아닐까? 그런데 전혀 엉뚱한 반응을 보인다. 누가 자기 어머니이며 동생이냐는 것이다. 그러면서 둘러앉은 무리에게 자기 어머니와 동생들이 어떤 사람인지 설명한다.

하나님의 뜻대로 행하는 것이 중요하다는 사실을 부인할 사람은 없다. 아무리 그래도 그런 명분 앞에서는 혈연도 소용없는 것일까? 마리아가 예수님 어머니라는 사실도 무시되는 것일까?

혈연을 정하신 분이 하나님인데 그럴 수는 없다. 혈연을 무시하는 것이 아니라 하나님을 아버지로 해서 모두 형제자매가 되는 새로운 가족 공동체를 말씀하는 것이다. 교회가 이루어야 할 모습이 바로 그런 모습이다. 같은 신앙을 고백하면 그것으로 모두가 한 가족이다.

그러면 거기에 위배되는 사람이 누구일까? 예수님이 밖에서 기다리는 어머니와 동생들을 향해서 "저 사람들은 내 가족이 아니다"라고 한 것이 아니다. 예루살렘에서 내려온 서기관들을 가리켜서 "그들은 하나님의 가족이 아니다"라고 했다.

본문은 예수님 친족들이 예수님을 붙들러 나왔다는 내용 속에 예루살렘에서 온 서기관들을 말하는 것으로 하나님 나라 공동체를 설명한다. 그 나라에 가장 멀리 있는 사람들이 어떤 사람들이고 그 나라 백성은 어떤 특징이 있는지, 어떤 사람이 사탄과 같은 편이고 어떤 사람이 하나님과 같은 편인지 말하는 것이다. 예수님 주변에 모였다고 해서 그것으로 합격이 아니다.

아담, 하와의 범죄 이래 모든 사람이 자기 뜻대로 행한다. 무엇이 선이고 무엇이 악인지 자기들이 결정한다. 그런 세상을 살면서 하나님 뜻대로 행하면 당장 눈 밖에 난다. 미쳤다는 손가락질을 받을 수밖에 없다. 하지만 그런 손가락질이야말로 우리가 하나님의 백성이라는 증거다. 우리는 세상과 한 가족이 아니라 예수님과 한 가족이다.

4장 비유로 가르치시다

4:1-20〉 예수께서 다시 바닷가에서 가르치시니 큰 무리가 모여들거늘 예수께서 바다에 떠 있는 배에 올라앉으시고 …(중략)… 곧 말씀을 듣고 받아 삼십 배나 육십 배나 백 배의 결실을 하는 자니라

씨를 뿌린다. 어떤 씨는 길가에 떨어진다. 어떤 씨는 돌밭, 어떤 씨는 가시떨기, 어떤 씨는 좋은 땅에 떨어진다. 다른 곳에 떨어진 씨는 결실하지 못했지만 좋은 땅에 떨어진 씨는 삼십 배, 육십 배, 백 배로 결실했다.

예수님이 "들을 귀 있는 자는 들으라"라고 했다. 씨 뿌리는 비유를 이해하지 못하는 사람이 있었다는 뜻이다. 아닌 게 아니라 사람들이 열두 제자와 더불어 예수님께 와서 비유들에 대하여 물었다. 예수님이 설명을 해주시는데 그냥 설명을 해주시지 않는다. 먼저 엉뚱한 말씀을 하신다. "하나님 나라의 비밀을 너희에게는 주었으나 외인에게는 모든 것을 비유로 하나니 이는 그들로 보기는 보아도 알지 못하며 듣기는 들어도 깨닫지 못하게 하여 돌이켜 죄 사함을 얻지 못하게 하려 함이라"라고 했다.

여호와께서 이르시되 가서 이 백성에게 이르기를 너희가 듣기는 들어도 깨닫지 못할 것이요 보기는 보아도 알지 못하리라 하여 이 백성의 마음을 둔하게 하며 그들의 귀가 막히고 그들의 눈이 감기게 하라 염려하건대 그들이 눈으로 보고 귀로 듣고 마음으로 깨닫고 다시 돌아와 고침을 받을까 하노라 하시기로 내가 이르되 주여 어느 때까지니이까 하였더니 주께서 대답하시되 성읍들은 황폐하여 주민이 없으며 가옥들에는 사람이 없고 이 토지는 황폐하게 되며 여호와께서 사람들을 멀리 옮기셔서 이 땅 가운데에 황폐한 곳이 많을 때까지니라 그중에 십분의 일이 아직 남아 있을지라도 이것도 황폐하게 될 것이나 밤나무와 상수리나무가 베임을 당하여도 그 그루터기는 남아 있는 것 같이 거룩한 씨가 이 땅의 그루터기니라 하시더라(사 6:9-13)

이사야가 부르심을 받았다. 그런데 뭔가 이상하다. 백성들한테 말씀을 전하는데, 듣기는 들어도 깨닫지 못하고 보기는 보아도 알지 못한다고 전하라고 한다. 그들이 눈으로 보고 귀로 듣고 마음으로 깨달아서 고침을 받을까 염려된다는 것이다. 예수님이 이 부분을 인용했다.

아들이 매일 술에 취해서 들어온다. 어머니가 아무리 얘기해도 듣지 않는다. 보다 못해서 아버지한테 얘기한다. "당신이 야단 좀 쳐요." 그런데 화가

나기는 아버지도 마찬가지다. "놔둬요. 된통 당해봐야 정신을 차리지." 이 때 아버지가 바라는 것은 아들이 된통 당하는 것이 아니다. 그렇게 해서라도 정신을 차리는 것이다.

하나님 말씀도 그런 식이다. 이스라엘이 하나님 말씀 듣기를 한사코 거부하니 차라리 알아듣지 못하는 것이 낫다고 하신다. 이사야 선지자가 "주여 어느 때까지니이까"라고 묻자, "성읍들은 황폐하여 주민이 없으며 가옥들에는 사람이 없고 이 토지는 황폐하게 되며 여호와께서 사람들을 멀리 옮기셔서 이 땅 가운데에 황폐한 곳이 많을 때까지니라"라고 하셨다. 이스라엘이 망해서 포로로 끌려갈 때까지를 말한다. 그렇다고 해서 그것으로 끝이 아니다. 밤나무나 상수리나무가 베임을 당해도 그루터기는 남는 것처럼 거룩한 씨는 남는다고 했다.

주전 586년에 이스라엘이 바벨론에 망해서 포로로 끌려간다. 거듭되는 불순종으로 가나안 땅에서 살 자격을 박탈당한 것이다. 하지만 그것으로 끝난 것이 아니다. 나중에 고레스가 칙령을 반포한다. 이스라엘 백성은 고국으로 돌아가도 좋다는 것이다. 예수님 당시 사람들이 그 후손이다. 그러면 그 땅에 남은 거룩한 씨가 누구라는 얘기일까? 바로 자기들이다. 실제로는 교회지만 이스라엘은 자기들이라고 생각했다.

이스라엘에는 선민사상이 있다. 하나님 나라가 임한다면 그 나라는 당연히 자기들을 위한 나라여야 한다. 자기들도 물과 성령으로 거듭나야 그 나라에 초대받는 줄 몰랐다. 그런 생각이 있으면 예수님이 말씀하신 비유가 이해될 리가 없다.

앞에서 예수님의 가족이 어떤 사람인지 설명했다. 누구든지 하나님의 뜻대로 행하는 자가 예수님의 형제요 자매요 어머니라고 했다. 그러면 하나님의 뜻대로 행하는 사람은 어떤 사람일까? 본문에 답이 있다. 길가나 돌밭, 가시떨기가 아니라 좋은 땅에 해당하는 사람이다. 복음의 씨앗을 받아들여서 삼십 배, 육십 배, 백 배로 결실하는 사람이다.

씨를 뿌리는 사람이 어떤 곳에는 좋은 씨를 뿌리고 어떤 곳에는 나쁜 씨를 뿌린 것이 아니다. 씨에는 차등이 없다. 똑같은 씨를 뿌렸는데 밭의 상태에 따라 다른 결과가 나타난다.

어떤 씨는 길가에 뿌려진다. 말씀을 듣기는 했지만 그 말씀을 자기 것으로 받아들이지는 않는다. 그러면 새가 와서 먹어버린다. 15절은 그 내용을 "…사탄이 즉시 와서 그들에게 뿌려진 말씀을 빼앗는 것이요"라고 한다. 복음에 대한 태도를 결정할 시간이 늘 있는 것이 아니다. 사탄이 즉시 움직이기 때문이다. 지금 바로 순종하지 않으면 순종할 기회가 사라지고 만다. 길가에 떨어진 씨를 새가 와서 먹어버리는 것처럼 사탄은 그런 사람을 양식으로 삼는다. 세네카가 한 말이 있다. "인간은 항상 시간이 모자라다고 불평하면서 마치 시간이 무한정 있는 것처럼 행동한다."

돌밭에 뿌려진 씨도 있다. 곧 싹이 나오지만 뿌리가 깊지 못해서 금방 마르고 만다. 처음에는 복음을 받아들인 것 같았는데 사소한 어려움이 있으면 신앙을 포기한다. 복음이 자기한테 유리하게 보이면 받아들이지만 손해라고 판단되면 얼른 발을 뺀다. 예수 믿으면 복 받는다는 말에는 관심을 보이다가 십자가를 지라고 하면 도망간다. 바자회를 할 때는 떠들썩하게 모이다가 기도회를 하면 썰렁해지는 교회가 한둘이 아니다.

가시떨기에 뿌려진 씨도 있다. 처음에는 제대로 자라지만 가시떨기 때문에 더 이상 자라지 못한다. 세상의 염려와 재물의 유혹과 다른 욕심 때문에 신앙이 결실하지 못하는 경우다. 예수를 믿어야 하는 것은 알지만 자기한테도 인생 계획이 있다. 만사 제치고 예수만 믿다가 세상에서 낙오할 수는 없지 않은가? 하지만 우리는 양손에 떡을 쥔 사람들이 아니다. 하나님께 속할지 세상에 속할지, 가시떨기를 길이 보전할지 얼른 정리하고 좋은 땅이 될지 태도를 정해야 한다.

마지막으로 좋은 밭에 뿌려진 씨가 있다. 말씀을 듣고 받아 삼십 배, 육십 배, 백 배의 결실을 하는 사람에 해당한다. 좋은 밭이라고 해서 처음부터 좋은 밭이었을까? 처음에는 길가나 돌밭, 가시떨기 밭이었는데 갈아엎어진 것이다.

아무나 예수님의 형제자매, 어머니가 되는 것이 아니다. 하나님의 뜻대로 행하는 자라야 한다. 하나님 뜻대로 행하려면 밭을 갈아엎어야 한다. 자기의 본성 그대로는 절대 하나님의 뜻을 행할 수 없다.

본문에 나오는 밭이 몇 가지일까? 당연히 네 가지 아니냐 싶은데 그렇지 않다. 결실하는 밭과 결실하지 못하는 밭, 두 가지뿐이다. 하나님의 뜻대로 행하는 자가 예수님의 형제요 자매요 어머니라고 했으니 하나님의 뜻대로 행하지 않는 사유가 무엇인지 알 것 없다. 어쨌든 예수님의 가족이 아니다.

길가에 뿌려진 씨는 싹조차 나오지 못했다. 돌밭에 뿌려진 씨는 싹만 나왔다. 가시떨기에 뿌려진 씨는 제대로 자라지 못했다. 그러면 길가보다 돌

밭이 낫고, 돌밭보다 가시떨기 밭이 나을까? 결실하지 못하기는 매일반이다. 신앙과 불신앙 사이에서 자기가 왜 불신앙을 택할 수밖에 없었는지, 눈물 없이 못 들을 사연이 있어도 아무 소용없다.

예수님이 이런 말씀을 하시고는 "들을 귀 있는 자는 들으라"라고 했다. 이 말씀을 듣는 사람 중에 들을 귀가 없는 사람도 있었다는 뜻이다. 어떤 사람일까? 자기한테는 해당 사항이 없는 줄 아는 사람이다. 예수님 당시로 말하면 자기는 이미 하나님 나라 백성이라는 편견에 사로잡힌 사람이고, 지금으로 말하면 설교가 자기한테 주어지는 말씀이라는 사실을 생각하지 않는 사람이다.

씨 뿌리는 비유는 상당히 유명하다. 새 신자 빼고는 다 안다. 하지만 비유 내용을 알기만 하면 역시 들을 귀 없는 사람이다. 자기가 직접 좋은 땅이 되어야 한다. 자기가 하나님의 백성인 것을 삼십 배, 육십 배, 백 배의 결실로 확증해야 한다. 그런 사람이 들을 귀 있는 사람이다.

4:21-25〉 또 그들에게 이르시되 사람이 등불을 가져오는 것은 말 아래에나 평상 아래에 두려 함이냐 등경 위에 두려 함이 아니냐 …(중략)… 있는 자는 받을 것이요 없는 자는 그 있는 것까지도 빼앗기리라

등불을 켜서 됫박이나 평상 아래 두는 법은 없다. 그런데 22절이 아리송하다. "드러내려 하지 않고는 숨긴 것이 없고 나타내려 하지 않고는 감추인 것이 없느니라"가 무슨 뜻일까? 물건을 숨기는 이유는 감추기 위해서다. 그런데 반대로 말하고 있다. 숨긴 것은 드러내기 위해서이고 감추인 것은 나타내기 위해서라고 한다. 눈앞의 현상을 넘어 궁극의 목적을 말하는 것이다. 개구리가 움츠린 것이 멀리 도약하기 위해서인 것처럼 처음에 숨겨져서 사람들 눈에 잘 띄지 않는 것은 제대로 드러낼 때를 기다리느라 그렇다. 그처럼 하나님의 나라가 하나님의 때를 기다렸다.

지금까지 하나님의 나라가 제대로 보이지 않은 것은 본래 그렇기 때문이 아니다. 모두한테 밝히 선포될 순간을 기다렸기 때문이다. 등불을 켜서 됫박이나 평상 아래 둘 이유가 없는 것처럼 하나님의 나라도 마찬가지다. 모두한테 그 모습을 나타낸다.

이런 말씀을 하시면서 "들을 귀 있는 자는 들으라"라고 했다. 우리의 귀는 이때를 위해서 있다. 아리스토텔레스가 사람과 동물의 차이를 특이하게 구분했다. 모든 동물은 귀를 움직일 수 있는데 사람만 귀를 움직일 수 없다는 것이다. 또 플라톤은 사람이 직립보행을 한다는 사실에 착안했다. 동물은 내려다보지만 사람만 하늘을 올려다본다는 것이다. 둘의 얘기를 묶었으면 좋겠다. 우리는 움직일 수 없는 귀를 하늘에 고정해야 한다. 이 세상의 잡다한 소리에 신경 쓸 이유가 없다. 그래서 24절에서 우리가 무엇을 듣는가 스스로 삼가라고 한다. 우리의 헤아리는 그 헤아림으로 우리가 헤아림을 받는다는 것이다.

본문의 표현에 유의할 필요가 있다. "너희가 무엇을 듣는가 잘 분별하라"가 아니다. "너희가 무엇을 듣는가 스스로 삼가라"이다. 지금까지 들린 얘기는 전혀 귀담아들을 얘기가 아니라는 뜻이다.

지금까지 들린 얘기가 어떤 얘기일까? 앞에서 사람이 등불을 가져오는 것은 됫박이나 평상 아래 두려 함이 아니라 등경 위에 두려 함이라고 했다. 또 드러내려 하지 않고는 숨긴 것이 없고 나타내려 하지 않고는 감추인 것이 없다고 했다. 하나님의 나라는 등경 위에 있는 등불처럼 모습을 드러낸다. 하지만 지금까지는 숨겨져 있었고 감추어져 있었다. 그러면 사람들이 무슨 말을 했을까? 하나님의 나라가 어떤 나라인지 자기들 마음대로 얘기했을 것이다. 그런 얘기는 듣기를 삼가야 한다.

그런 얘기를 들으면 하나님의 나라가 어떤 나라인지 들은 대로 헤아리게 된다. 그러면 하나님의 나라를 잘못 알게 되는 것만 문제가 아니다. 자기가 헤아리는 그 헤아림을 자기가 받게 된다. 칼 바르트가 "당신이 그리스도를 어떻게 생각하는지 말해주면 당신이 누구인지 말해주겠다"라고 한 그대로다. 그리스도를 어떻게 생각하는지에 따라서 그리스도도 그 사람을 그렇게 생각할 것이다.

하나님의 나라에 대한 잘못된 정보가 전달되면 어떻게 될까? 자기 의사와 관계없이 하나님의 나라를 잘못 알게 되고, 그래서 불이익을 받는다면 억울하지 않을까? 그런 일은 없다. 사람은 아무 얘기나 듣지 않는다. 자기가 듣고 싶은 얘기를 골라서 듣는다. 관심 없는 얘기는 들어봐야 신경도 안 쓴다. 관심이 많을수록 신경도 많이 쓴다는 뜻이다. 그래서 "있는 자는 받을 것이요 없는 자는 그 있는 것까지도 빼앗기리라"라는 말로 이어진다.

하나님의 나라에 대해서 눈이 뜨인 사람은 하나님의 나라를 더 잘 알게 된다. 하지만 아예 눈을 감고 귀를 닫은 사람은 도무지 모른다. 그들한테 하나님의 나라는 자기들이 대접받는 나라일 뿐이다. 자기들은 누가 뭐래도 하나님의 백성이다. 그런데 예수님이 계속 엉뚱한 말을 하니 그냥 두고 볼 수가 없다. 십자가에 못 박아서라도 쓸데없는 말을 못하게 해야 한다.

4:26-29〉 또 이르시되 하나님의 나라는 사람이 씨를 땅에 뿌림과 같으니 그가 밤낮 자고 깨고 하는 중에 씨가 나서 자라되 …(중략)… 열매가 익으면 곧 낫을 대나니 이는 추수 때가 이르렀음이라

앞에서 예수님은 하나님의 나라가 분명히 드러난다고 했다. 단지 그 나라에 대한 사람들의 자세가 문제일 뿐이다. 본문에서는 하나님의 나라가 씨를 땅에 뿌림과 같다고 한다. 땅에 씨를 뿌리면 그 씨가 자란다. 처음에는 싹이 나오고 그다음에는 이삭이 패고 이어서 충실한 곡식이 영근다. 그러면 추수 때가 이르러 낫을 대게 된다. 하지만 씨를 뿌린 사람은 이 모든 과정을 알지 못한다. 밤낮 자고 깨고 하는 중에 이루어지기 때문이다.

태아의 경우로 생각해 보자. 정자와 난자가 만난다. 그것이 어떻게 해서 사람이 될까? 태아의 뼈가 어떻게 자라고 핏줄이 어떻게 생기고 눈, 코, 귀, 입이 어떻게 만들어질까? 태아는 아가미도 없는데 양수 속에서 질식하지도 않고 어떻게 지낼까? 우리는 모른다. 때가 되면 아이가 태어나는 것만 안다.

우리가 하나님의 나라를 알 수는 없다. 하지만 씨를 뿌리면 언젠가 추수할 날이 이르는 것처럼 이 땅에 하나님의 나라가 시작되었으면 언젠가 완성될 것이다. 하나님의 나라는 우리가 알지 못하는 사이에도 자라고 있다. 이 사실을 인정하면 가장 시급한 일은 그 나라 백성으로 편입되는 일이다.

유대인들 생각은 달랐다. 그들은 완성된 하나님 나라가 자기들 앞에 나타나기를 기대했다. 자기들이 하나님 나라 백성이 되어야 하는 줄은 모르고 하나님 나라 백성으로 대접받을 날을 기다렸다. 예수님이 들을 귀 있는 자는 들으라고 할 만하다.

우리한테 옮겨볼까? 사람들은 주로 신앙에 대한 보상에 관심을 갖는다. 하나님이 언제 응답하시느냐는 것이다. 하나님의 관심은 다르다. 응답은 분명하니 우리한테 있는 신앙을 점검하라고 하신다. 우리한테 정말로 신앙이 있으면 그 결과도 나타날 것이기 때문이다. 열매가 익어서 낫을 댈 날이 언제인지 안달복달할 이유가 없다. 씨가 제대로 심겼으면 그런 날이 있는 것은 확실하다. 나머지는 하나님이 알아서 하신다.

4:30-34〉 또 이르시되 우리가 하나님의 나라를 어떻게 비교하며 또 무슨 비유로 나타낼까 …(중략)… 비유가 아니면 말씀하지 아니하시고 다만 혼자 계실 때에 그 제자들에게 모든 것을 해석하시더라

유대인들이 아는 것 중에 가장 작은 것을 꼽으면 단연 겨자씨다. 겨자씨가 작은 것의 대표이다. 그런데 자라면 1.5m에서 3m에 이른다. 그런 겨자씨를 통해서 하나님의 나라를 설명한다. 하나님의 나라가 그처럼 몇 천 배, 몇 만 배로 성장한다는 것이다.

유대인들은 메시야가 와서 로마를 몰아낼 줄 알았다. 주변 모든 족속을 굴복시켜서 다윗 시대의 영광을 회복한 나라가 그들이 기대하는 하나님 나라였다. 하지만 성경이 말하는 하나님의 나라는 그런 나라가 아니다. 하나님의 통치가 실현되는 나라가 하나님의 나라다. 아버지의 이름이 거룩하게 되는 나라가 하나님의 나라다. 아버지의 뜻이 하늘에서 이루어진 것처럼 땅에서도 이루어지는 나라가 하나님의 나라다. 누군가 하나님 뜻대로 행하면 그 사람이 있는 곳까지 하나님의 나라다.

어떤 사람이 겨자씨 한 알을 땅에 심었다. 그것을 누가 알겠는가? 씨를 심은 사람도 자기가 어디에 심었는지 모를 것이다. 겨자씨를 심기 전이나 심은 다음이나 달라진 것이 없다. 그런데 그 씨가 발아한다. 나중에는 주변 모든 풀보다 커져서 공중의 새들이 와서 깃들이게 된다. 하나님의 나라는 그 시작과 끝이 이렇게 차이 난다. 시작은 아무런 표가 나지 않을 만큼 보잘것없지만 결국 주변 모든 것을 압도한다.

예수님이 "때가 찼고 하나님의 나라가 가까이 왔으니 회개하고 복음을 믿으라"라고 외쳤다. 비린내 풍기는 어부 몇 사람이 예수님을 따른다. 그것이 뭐 그리 대단한 일일까? 물론 귀신이 쫓겨 가는 일도 있었고 나병이 낫는 일도 있었다. 그렇다고 해서 하나님의 나라가 시작된 것일까?

어떻게 된 영문인지 교회가 욕을 먹는 것이 어제오늘의 일이 아니다. 돈 문제로 시끄럽기도 하고 여자 문제로 시끄럽기도 하다. 그래서 어떻게 되었을까? 하나님 나라가 망했을까? 주님이 다시 안 오시는가? 겨자씨 한 알을 땅에 심은 것처럼 겨자씨가 어디 있는지도 모르는 형국은 예수님 말씀하신 비유에서만 나타나지 않는다. 우리가 사는 세상도 그렇다. 이 세상이 하나님 나라를 삼킨 것 같다. 하지만 땅에 심긴 겨자씨가 조만간 모든 풀보다 크게 자란다. 겨자씨가 땅에 동화되어 없어지는 일은 절대 일어나지 않는다.

겨자씨를 새들이 깃들일 만큼 자라게 하는 일을 우리가 하지 않는다. 우리가 할 일은 하나님 나라가 그렇다는 것을 아는 일이고, 그런 하나님 나라가 예수님에 의해 시작된 것을 아는 일이다. 그 나라에 우리의 소망이 있다. 예수님이 이 땅에 오신 이유가 하나님 나라 때문이었으니 우리가 이 세상을 사는 이유 또한 그래야 한다. 우리가 그 나라 백성이다.

4:35-41〉 그날 저물 때에 제자들에게 이르시되 우리가 저편으로 건너가자 하시니 그들이 무리를 떠나 …(중략)… 그들이 심히 두려워하여 서로 말하되 그가 누구이기에 바람과 바다도 순종하는가 하였더라

제자들이 예수님을 모시고 가다가 풍랑을 만났다. 물결이 배에 들어와 위태한 지경인데 예수님은 주무시기만 한다. 제자들이 예수님을 깨웠다. 자기들이 죽게 된 것을 돌보지 않느냐는 것이다. 잠에서 깬 예수님이 바람을 꾸짖으며 바다더러 잠잠하라고 했다. 그러자 바람이 그쳐서 잔잔하게 되었다.

그러면 된 것 같은데 그게 아니다. 예수님이 제자들을 꾸짖었다. "진작 깨우지 않고 뭐 했느냐? 이런 일은 내가 전공이다."라고 하지 않고 "어찌하여 이렇게 무서워하느냐 너희가 어찌 믿음이 없느냐"라고 했다. 예수님을 깨운 것이 칭찬 들을 일이 아니라 야단맞을 일이었다.

갈릴리호수는 해수면보다 200m 낮다. 또 북쪽에 해발 2,814m의 헤르몬 산이 있다. 기압 차 때문에 늘 바람이 분다. 산에서 내려오는 찬 공기와 호수의 따뜻한 공기가 만나서 돌풍이 이는 경우도 왕왕 있다.

그래도 석연치 않다. 예수님을 모신 배가 왜 풍랑을 만날까? 다른 배는 몰라도 그 배는 풍랑을 만나지 말아야 하는 것 아닐까? 성경에는 그런 말이 없다. 예수님을 모신 배라고 해서 풍랑을 만나지 않는 것이 아니다.

요즘 말로 바꿔볼까? 어떤 사람이 교회에 다니기 시작했다. 그러면 뭔가 좋은 일이 생기기를 기대할 것이다. 그런데 그런 일이 없다. 교회 다니기 전에 골치 아프던 일은 교회 다닌 후에도 여전히 골치 아프다. 그러면 예수를 믿는 유익이 무엇일까?

36절에 힌트가 있다. "그들이 무리를 떠나 예수를 배에 계신 그대로 모시고 가매 다른 배들도 함께 하더니"라고 했다. 예수님을 태운 배만 갈릴리를 건너는 것이 아니었다. 다른 배들도 있었다. 그런데 성경은 예수님을 모신 배만 얘기한다. 예수님을 모시지 않은 배에 대해서는 "다른 배들도 있었다고 하더라" 하는 정도로 간단하게 넘어간다. 예수를 믿었다고 해서 풍랑이 피해가지는 않는다. 그 대신 하나님의 관심을 받는다. 풍랑을 만났을 때 우리가 어떻게 반응하는지 하나님께서 보고 계시다.

사실 제자들이 이해는 된다. 예수님 말씀 안 듣고 딴짓을 하다 풍랑을 만난 것이 아니다. 저편으로 건너가자는 예수님 말씀에 순종했다가 풍랑을 만났다. 요나의 경우는 불순종하다가 풍랑을 만났으니 자업자득이지만 제자들은 그게 아니다. 게다가 자기들의 처지를 아는지 모르는지 예수님은 곤히 주무신다. 우왕좌왕하다가 예수님을 깨웠다.

예수님이 잠에서 깨어 바람을 꾸짖었다. 그러자 바람이 그치고 바다가 잔잔해졌다. 그것이 전부가 아니다. 이어서 제자들을 꾸짖었다. 제자들은 풍랑과 싸우느라 수고했다는 위로를 들은 것이 아니라 책망을 들었다.

나는 집이 제주도이고 대학은 서울에서 다녔다. 방학을 해서 집에 갈 때마다 광주를 거쳐 완도에서 배를 탔다. 대학 2학년 여름방학 때로 기억한다. 바람이 제법 심했다. 파도도 거셌다. 배가 상당히 요동쳤다. 그래서 어떻게 했을까? 무서워서 벌벌 떨었을까? 무섭기는 고사하고 오히려 재미있었다. 마치 놀이기구를 탄 것 같았다. 대체 무슨 차이일까? 제자들은 믿음이 없었지만 나는 믿음이 좋아서 그런 것이 아니다. 배의 크기가 달랐다.

1985년에 팔레스타인이 상당히 가물었다. 갈릴리호수 수면도 낮아졌다. 서쪽의 막달라 지역은 바닥이 드러났다. 1986년 1월 24일에 모셸 루판과 루비 형제가 진흙에 파묻힌 배를 발견했다. 조사 결과 예수님 시대의 배로 드러났다. 폭 2.4m, 길이 7.8m로 열 명 정도 탈 수 있는 크기였다.

제자들이 탄 배가 그런 배였다. 그런데 나는 카페리를 탔다. 제자들도 나처럼 카페리를 탔으면 무서워하지 않았을 것이다. 제자들을 향한 예수님의 꾸짖음은 "너희한테는 내가 카페리만도 못해 보이느냐?"라는 뜻이 된다.

예전에 설교 중에 이런 말을 한 적이 있다. "우리는 예수님을 본받아야 하는 사람들입니다. 그런데 예수님이 하신 일은 우리가 할 수 없는 일이 대부분입니다. 우리는 나병도 고칠 수 없고 오병이어 기적도 일으킬 수 없습니다. 죽은 사람도 살릴 수 없습니다. 하지만 남을 용서하는 일은 할 수 있습니다. 우리가 남을 용서하지 않는다면 우리가 할 수 있는 유일한 일을 포기하는 셈입니다."

이 말을 제자들한테 적용할 수 있다. 큰 광풍이 일어나서 물결이 거세게 일어나는데 예수님은 주무시고 계시다. 그러면 예수님 옆에 누워서 같이 자는 것이 믿음이다. 물로 포도주를 만드는 것도 못하고 중풍병자를 고치는 것도 못하지만 그 정도는 할 수 있지 않을까? 배가 심하게 요동치니 멀미를 할 수는 있을 것이다. 그러면 멀미를 하면 된다. 배가 침몰해서 죽으면 어떻게 하느냐고 묻고 싶은가? 예수님과 동행하는데 죽는다고 해서 대수일까? 예수님과 함께 죽어야 할 상황이면 죽으면 그만이다.

가르쳐주지 않은 문제를 시험에 내는 법은 없다. 하물며 가르쳐주지 않은 문제를 틀렸다고 야단치는 법은 더더욱 없다. 예수님이 제자들한테 믿음이 없다고 책망하려면 믿음이 생겼을 것으로 기대할 만한 일이 선행되어야 한다. 예수님이 제자들을 부르자마자 다짜고짜 믿음을 요구하신 것이 아니다. "너희들, 배와 그물을 버리고 나를 따르기로 했느냐? 잘했다. 그런데 믿음은 어디 있느냐?"라고 하지 않았다. 상당 기간 제자들과 시간을 보냈다. 예수님이 가는 곳마다 하나님 나라를 말씀했고, 그에 대한 표징으로 귀신을 쫓아내고 병자를 고쳤다. 이 땅에 하나님 나라가 시작된 것을 보여주신 것이다. 그러니 풍랑이 아무리 거세다고 해도 그것이 전부다. 제자들이 겁에 질려서 한 말처럼 정말로 자기들이 다 죽게 되었다면 하나님 나라가 문을 닫기라도 한단 말인가?

"예수님만 깨우면 풍랑을 이길 수 있다. 이까짓 풍랑은 예수님 앞에서 아무것도 아니다."라는 생각이라도 있었으면 그나마 나았을 수 있다. 예수님을 든든한 히든카드로만 여겼어도 풍랑을 무서워하지 않았을 것이다. 자기들끼리 풍랑과 싸우다가 힘이 부치면 예수님께 부탁하면 되는데 뭐가 걱정인가? 결국 제자들의 문제는 쓰지 말았어야 할 히든카드를 쓴 것이 아니다. 자기들과 함께 있는 예수님이 누군지 몰랐다.

본문을 시작하는 말이 "그날 저물 때에 제자들에게 이르시되 우리가 저편으로 건너가자 하시니"였다. 예수님 말씀이 이루어지지 않는 법도 있을까? 그 일은 반드시 이루어진다. 풍랑이나 파도 따위가 방해하지 못한다. 믿음이 없는 사람은 무서워 떨고 아우성치면서 건너편에 이를 것이고 믿음이 있는 사람은 거센 풍랑을 즐기면서 건너편에 이를 것이다. 그 믿음은 예수님이 누구인지 아는 것에 좌우된다.

본문은 제자들이 "그가 누구이기에 바람과 바다도 순종하는가"라고 말하는 것으로 끝난다. 바다와 바람이 예수님께 순종하는 것이 놀랄 일일까? 그보다 더 놀랄 일이 있다. 바람과 바다도 순종하는 그분께 우리가 순종하지 않는 것이다. 혹시 성경에 "저가 누구이기에 바람과 바다도 순종하는 분께 순종하지 아니하는가"라는 구절이 있으면 어떻게 할까? 그런 일만큼은 없어야 한다. 우리가 믿는 예수님은 천하 만물을 주관하는 분이다. 예수님을 믿는다고 해서 풍랑이 피해 가지는 않는다. 하지만 예수님 말씀이 이루어지는 것은 분명하다. 우리는 그 예수님을 주인으로 고백하는 사람들이다.

5장 예수님을 만난 사람들

5:1-20〉 예수께서 바다 건너편 거라사인의 지방에 이르러 배에서 나오시매 곧 더러운 귀신 들린 사람이 …(중략)… 그가 가서 예수께서 자기에게 어떻게 큰일 행하셨는지를 데가볼리에 전파하니 모든 사람이 놀랍게 여기더라

앞의 내용을 확인할 필요가 있다. 4:35에 "그날 저물 때에 제자들에게 이르시되 우리가 저편으로 건너가자 하시니"라고 되어 있다. 날이 저물면 밖에 있다가도 집에 들어가는데 예수님은 저물 무렵에 다른 일을 벌였다. 뱃길도 순탄하지 않았다. 건너편에 도착한 시간이 한밤중이었을 것이다.

귀신 들린 사람이 무덤 사이에서 나와 예수님을 만났다. 무덤은 시신들이 있는 곳이다. 생명은 없고 죽음만 있는 곳이다. 예수님이 가버나움 회당에서 귀신을 쫓아낸 적이 있다. 회당에 있는 귀신은 쫓아내는 것이 맞다. 하지만 이런 곳에 있는 귀신도 쫓아내야 할까?

그 사람이 달려와 절하며 "지극히 높으신 하나님의 아들 예수여 나와 당신이 무슨 상관이 있나이까"라고 했다. 달려와 절하는 것은 예수님을 높이는 행위인데 말로는 예수님과 아무런 관계도 맺고 싶어 하지 않는다. 예수님께 달려와 무릎을 꿇는 것은 귀신의 속박에서 벗어나고 싶은 소망 때문이다. 하지만 그 사람 안에 있는 또 하나의 인격은 예수님의 간섭을 배격하고 싶어 한다. 한 육신에 두 인격이 있으면 어떻게 해야 할까? 어느 쪽이 진짜일까?

어린 시절, 집에서 밀감 과수원을 했다. 수확 철이면 밀감을 따서 창고에 보관한다. 그러면 창고에는 향긋한 밀감 향이 가득할 것 같은데 그렇지 않다. 밀감 썩은 내가 진동한다. 썩은 것은 한 상자에 하나 꼴도 안 되는데 마치 다 썩은 것처럼 냄새가 난다.

귀신 들린 사람이 그런 격이다. 무덤 사이에서 밤낮 소리 지르며 돌로 자기 몸을 해치는 모습은 누가 봐도 정상이 아니다. 그 안에는 예수님을 보고 달려와 절하는 또 하나의 인격이 있었지만 마을 사람들은 그것을 분간하지 못했다. 그를 억제하기 위해서 고랑과 쇠사슬로 묶어 놓았다. 하지만 번번이 쇠사슬을 끊고 고랑을 깨뜨리는 바람에 아무도 제어할 수 없게 되었다.

예수님은 그렇게 보지 않았다. 창고에 아무리 밀감 썩은 내가 진동해도 썩은 것 몇 개만 골라내면 나머지는 다 정상인 것처럼 귀신 들린 사람도 그렇게 봤다. 그래서 풍랑 이는 갈릴리를 건넜다.

귀신 들린 사람이 예수님께 달려왔다. 마을 사람들이 묶어 놓은 고랑과 쇠사슬은 스스로 풀었지만 귀신의 올무는 풀지 못했다. 그한테는 예수님이 유일한 소망이었다. 하지만 그의 안에 있는 귀신은 예수님을 반기지 않았다. 예수님이 지극히 높으신 하나님의 아들인 것은 알면서 그 예수님과 상관없고 싶어 한다. 그러면 누구와 상관이 있다는 뜻일까?

"나와 당신이 무슨 상관이 있나이까"를 원문 그대로 옮기면 "나와 당신이 공유하는 것이 무엇이 있습니까"이다. 당신은 당신 일 하고 나는 내 일 하면 되니 서로 신경 쓰지 말고 남남으로 살자는 것이다. 아마 그것이 귀신의 유일한 요망 사항일 것이다. 예수님과 공유하는 것이 없으니 예수님과 상관없이 사는 것 말고는 달리 바랄 것이 없다.

예수님은 마귀의 일을 멸하러 오신 분이다. 그런 요망 사항이 이루어질 리 만무하다. 하나님의 형상으로 지음받은 사람 안에 귀신이 역사하는 것을 차마 두고 볼 수가 없다. 그래서 귀신이 자기를 괴롭히지 말아 달라고 사정한다. 예수님이 이미 그 사람에게서 나오라고 했기 때문이다.

그 귀신 이름이 특이하다. 이름이 군대라고 했다. '레기온'을 번역한 말인데, 레기온은 약 6천 명으로 구성된 로마 군대 편성 단위이다. 그들이 예수님께 자기들을 그 지방에서 내보내지 말아달라고 부탁했다. 마침 근처에 돼지 떼가 있었다. 자기들을 돼지 떼에게로 들어가게 해달라고 했다. 예수님이 허락하시자 돼지 떼에게로 들어갔고, 돼지 떼는 전부 바다에 빠져서 몰사했다.

얼핏 보면 예수님이 귀신들의 부탁을 들어주신 것 같다. 하지만 돼지 떼가 몰사했으니 그렇지 않다. 그들은 그 지방에 남고 싶어 했지만 이내 사라져야 했다. 참혹하게 죽은 돼지 떼가 귀신 들린 사람이 지금까지 얼마나 피폐한 삶을 살았는지 보여준다.

귀신 들렸던 사람은 얼마 전까지만 해도 사람 몰골이 아니었다. 그런데 이제는 옷을 입고 정신이 온전하여 앉았다. 옷을 입은 것은 단정한 자기 삶의 자리로 돌아온 외적 증거이다. 정신이 온전하여졌다는 얘기는 잃어버렸던 자기를 찾았다는 얘기다. 또 앉아 있는 것은 무덤 사이를 방황하던 삶을 멈춘 것을 말한다. 이렇게 해서 잃어버렸던 한 영혼이 돌아왔다.

이런 해피엔딩이 해피엔딩으로 끝나지 않았다. 마을 사람들이 예수님께 마을에서 떠나기를 간구했다. 귀신 들렸던 사람이 온전해진 것이 문제가 아니다. 돼지 떼가 몰사한 것이 문제다.

그들의 입장을 이해할 수 있을 것도 같다. 귀신 들린 사람을 고친 것은 참 귀한 일이다. 하지만 자기들이 입은 피해는 어떻게 한단 말인가? 군대 귀신을 몰살시킬 만큼 능력이 있는 예수님 멱살을 붙잡고 항의할 수는 없다. 그래서 마을을 떠나달라고 했다. 무엇이 잘못일까?

성경에 없는 상상을 해보자. 마을 사람들이 예수님을 환대했으면 그다음에 어떤 내용으로 이어졌을까? "정말 감사합니다. 그동안 몹시 안타까웠는데 선생님 은혜가 참으로 큽니다."라고 했으면 어떻게 되었을까? "알았다. 일단 오늘은 돼지 떼가 몰사했지만 다음에는 양 떼가 몰사하고 다음에는 소 떼가 몰사할 차례다. 전부 알거지가 될 각오해라."라고 했을까? 그렇게 생각되지는 않는다. 뭔가 제대로 된 해피엔딩이 있었을 것이다.

그들한테는 그런 분별이 없었다. "돼지들이 죽었다. 저 사람이 우리 마을에 있으면 남아나는 것이 없겠다."라는 생각뿐이었다. 애초에 그들은 군대 귀신 들린 사람을 고랑과 쇠사슬로 묶어 놓았다. 인격이 있는 사람으로 대접하지 않은 것이다. 자기들의 생활이 침해받지 않는 것이 중요했으니 다른 사람 사정은 안중에 없었다. 예수님으로 인해서 평지풍파가 일어나는 것은 더더욱 원하지 않았다.

중세 유럽의 세비야에 예수님이 오셨다. 병자를 고치고 죽은 소녀를 살리고 갖가지 기적을 일으켰다. 이를 본 심문관이 부하를 시켜서 예수님을 옥에 가둔다. 밤이 되자, 몰래 찾아가서 묻는다. "정말 예수님 맞습니까?" 예수님은 대답이 없다. 심문관이 말한다. "여기서 이러시면 안 됩니다. 다 잘 되고 있는데 불쑥 나타나면 어떻게 합니까? 자, 얼른 가십시오. 그리고 다시 오지 마십시오." 도스토예프스키의 〈카라마조프가의 형제들〉에 나오는 내용이다.

거라사 지방에 그런 일이 있었다. 예수님이 없어도 되니까 자기들의 삶을 방해하지 말라는 것이다. 대체 누가 진짜 귀신 들린 사람일까? 귀신 들린 사람은 귀신을 쫓아내면 된다. 그런데 자기 스스로 예수님과 상관없기를 택하는 사람은 어떻게 해야 할까? 예수님과 상관없고 싶어 하는 것은 귀신의 정체성인데 자기한테서 귀신의 정체성이 나타나기를 바라는 사람을 어떻게 하면 좋을까?

불신자를 꼬집는 말이 아니다. 예수를 믿기만 하고 따르지는 않는 사람들, 예수를 구세주로 고백하면서도 삶을 공유하기는 꺼리는 사람들, 예수를 믿는다고 하면서 단 한 걸음도 진도가 안 나가는 사람들을 어떻게 하면 좋으냐는 말이다.

사람은 자기가 체험하지 않은 것은 모른다. 자기가 체험한 것이 전부인 줄 안다. 예수님이 마을에서 떠난 다음에 사람들은 놀란 가슴을 쓸어내렸을 것이다. 큰일 날 뻔했는데 이만하길 다행이라고 생각했을 것이다. 자기들이 얼마나 귀한 기회를 발로 찼는지 알 재간이 없다. 예수님을 자기들 삶 가운데 모시는 것이 얼마나 복된 삶인지 살아보지 않은 사람은 모른다.

적어도 신자라면 삶 가운데서 예수님과 관계 맺기를 꺼리는 일이 없어야 한다. "예수님, 죄송합니다. 이것만 이해해 주십시오."라고 하는 대신 세상을 향하여 "세상아! 네가 나와 무슨 상관이 있느냐?"라고 해야 한다. 그때마다 어둠 권세를 박살낸 통쾌감을 맛볼 수 있을 것이다. 하나님의 백성이 누릴 수 있는 특권이다.

5:21-43〉 **예수께서 배를 타시고 다시 맞은편으로 건너가시니 큰 무리가 그에게로 모이거늘 …(중략)… 예수께서 이 일을 아무도 알지 못하게 하라고 그들을 많이 경계하시고 이에 소녀에게 먹을 것을 주라 하시니라**

예수님이 거라사 지방으로 출발한 시간이 저물 때였다. 중간에 풍랑과 싸웠으니 한밤중에 도착했을 것이다. 거기서 군대 귀신 들린 사람을 고치고 돌아왔다. 그러자 큰 무리가 예수님께 모여들었다는 얘기로 본문이 시작한다. 날이 밝았다는 뜻이다. 예수님이 꼬박 철야근무를 한 셈이다. 그러면 쉴 만도 한데 그런 여유가 주어지지 않았다. 회당장 야이로가 예수님께 엎드려 간청했다. 어린 딸이 죽게 되었으니 같이 가달라는 것이다.

이렇게 해서 야이로가 예수님을 모시고 집으로 간다. 예수님께 모인 큰 무리도 서로 에워싸 밀면서 예수님을 따랐다. 야이로의 마음은 한시가 급하다. 얼른 가서 딸을 보여드려야 한다.

그런데 성경은 다른 얘기를 한다. 열두 해 혈루증을 앓는 여자가 있었다. 그가 무리 가운데 끼어 예수님 옷에 손을 댔다. 예수님 옷에 손을 대기만 해도 나을 것으로 생각했다. 아닌 게 아니라 그의 혈루 근원이 곧 마르고 병이 나았다. 그 여자가 원하는 대로 된 것이다.

지금까지 예수님이 고친 병자는 한둘이 아니다. 하지만 혈루증은 여느 병과 다르다. 감기 기운이 있어서 몸이 안 좋다는 말은 초면인 사람한테도 할 수 있지만 생리통이 심하다는 말은 아무한테나 못 한다. 혈루증은 부인병이다. 공개적으로 말할 수 있는 병이 아니다. 그 여자는 살그머니 예수님 옷을 만지는 것이 최선이었을 것이다.

그것이 전부가 아니다. 혈루증은 율법에 의해서 부정하다고 규정된 병이다. 병을 앓는 사람만 부정한 게 아니다. 그 사람이 누웠던 침상이나 앉았던 자리도 부정하고 그런 곳에 접촉한 사람도 부정하게 된다.

그 여자는 열두 해를 부정한 몸으로 살았다. 그러던 중에 예수님 소문을 들었다. 예수님을 따르는 숱한 무리들 틈바구니에 끼어 예수님 옷에 손을 댔다. 순간 혈루 근원이 마르고 병이 나은 것을 느꼈다.

우리한테는 전혀 이상하게 들리지 않지만 사실은 이상해야 한다. 감기에 걸린 사람과 건강한 사람이 같이 있을 때, 건강한 사람의 영향으로 감기 환자가 낫는 수가 있을까? 건강한 사람한테 감기가 옮을 수는 있어도 감기 환자한테 건강이 옮을 수는 없다. 혈루증은 부정한 병이다. 그 병을 앓는 사람과 접촉하면 부정하게 된다. 그러니 예수님이 부정해져야 한다. 그런데 정반대의 일이 일어났다.

> 너는 내가 네게 한 모든 명령대로 아론과 그의 아들들에게 그같이 하여 이레 동안 위임식을 행하되 매일 수송아지 하나로 속죄하기 위하여 속죄제를 드리며 또 제단을 위하여 속죄하여 깨끗하게 하고 그것에 기름을 부어 거룩하게 하라 너는 이레 동안 제단을 위하여 속죄하여 거룩하게 하라 그리하면 지극히 거룩한 제단이 되리니 제단에 접촉하는 모든 것이 거룩하리라(출 29:35-37)

제사장 위임식을 설명하는 내용이다. 제사장 위임식 중에 제단을 위해서 속죄하는 절차가 있다. 이레 동안 제단을 위해서 속죄하여 거룩하게 하면 제단에 접촉하는 모든 것이 거룩하게 된다.

제단은 희생 제사를 드리는 곳이다. 본래 사람이 죽어야 하는데 사람 대신 짐승이 죽어서 불타는 곳이다. 우리를 위한 주님의 십자가 사역을 보여 준다. 우리 대신 주님이 형벌을 받았다.

부정한 것과 정한 것이 접촉하면 정한 것이 부정하게 된다. 하지만 제단만은 예외다. 제단에 신비한 힘이 있어서가 아니라 주님의 사역을 예표하기 때문이다. 혈루증을 앓는 여자가 예수님 옷에 손을 대자, 병이 나았다는 얘기가 그렇다. 그동안 부정한 여자였는데 정하게 되었다. 본문이 말하는 내용은 "여자의 믿음이 얼마나 대단했는가?"가 아니다. "예수님이 정결의 근원이다"이다.

어쨌든 여자는 병이 나은 것으로 만족할 수 있다. 하지만 예수님은 만족하지 못했다. 그래서 여자를 찾았다. 난처해진 것은 여자다. 꼼짝없이 자기를 공개해야 했다. 33절에 "여자가 자기에게 이루어진 일을 알고 두려워하여 떨며 와서 그 앞에 엎드려 모든 사실을 여쭈니"라고 되어 있다. 여자가 왜 두려워하여 떨었을까? 공개적으로 치료를 부탁하지 않은 것이 떳떳한 일은 아니지만 병이 나은 마당에 두려울 일이 뭐가 있겠는가? 예수님이 나무란다고 해도 "죄송합니다"라고 하면 되지 않을까?

그런 말이 아니다. 예수님께 손을 대는 것으로 병은 나았지만 예수님은 어떻게 될까? 그래서 두려워하여 떨었다. 이제 불호령이 내려지면 혈루증을 돌려받을지도 모른다. 그런데 전혀 다른 말씀을 하신다. "딸아 네 믿음이 너를 구원하였으니 평안히 가라 네 병에서 놓여 건강할지어다"라고 했다. 이 말씀이 없었으면 평생 죄책감에 시달렸을 것이다. 자기 때문에 경건한 랍비가 부정하게 되었다고 생각할 것이기 때문이다. 그런데 그럴 우려가 사라졌다.

답답한 것은 야이로다. 지금 이럴 때가 아니지 않은가? 이렇게 꾸물대다 딸이 잘못되면 어떻게 한단 말인가? 그 여자가 아무리 딱해도 어차피 만성질환이다. 게다가 치료까지 된 마당에 미주알고주알 얘기할 이유가 뭐란 말인가?

아니나 다를까 염려하던 사태가 벌어지고 말았다. 딸이 죽었다는 비보가 전해진 것이다. 딸을 살릴 수 있다는 실낱같은 희망이 물거품이 되고 말았다. 그런데 예수님이 태연하게 말씀하신다. 두려워하지 말고 믿기만 하라는 것이다. 야이로가 무엇을 두려워하고 있다는 말일까? 야이로는 딸이 죽었다는 소식을 들은 사람이다. 슬퍼하지 말고 믿기만 하라거나 절망하지 말고 믿기만 하라는 말은 자연스럽지만 두려워하지 말고 믿기만 하라는 말은 자연스럽지 않다.

두려움은 믿음의 반대다. 특히 구약성경에서는 두려워하지 말라는 얘기가 주로 하나님의 임재와 함께 쓰였다(창 15:1, 21:17, 26:24, 46:3).

35절에 "아직 예수께서 말씀하실 때에 회당장의 집에서 사람들이 와서 회당장에게 이르되…"라고 되어 있다. 예수님이 무슨 말씀을 하실 때일까? 두려워 떠는 여자한테 "네 믿음이 너를 구원하였으니 평안히 가라"라는 말씀을 하실 때다. 예수님이 그런 말씀을 하는 중에 회당장의 집에서 사람들이 와서 딸이 죽었다는 소식을 전했다. 그 말을 들은 야이로는 방금 두려워 떨던 여자가 믿음으로 구원을 확인하는 것을 보았다.

야이로는 딸을 살릴 수 있다는 믿음으로 예수님과 가는 중이었다. 그런데 혈루증 앓는 여자 때문에 지체되었고, 급기야 딸이 죽었다는 소식을 들었다. 혈루증 앓는 여자가 야이로의 믿음을 빼앗는 장애 요소일 수 있다. 하지만 그 여자는 "네 믿음이 너를 구원하였으니 평안히 가라"라는 말을 들은 여자다. 그 여자를 통해서 야이로의 믿음이 업그레이드 될 수도 있다.

야이로한테도 믿음이 있었다. 그런데 예수님이 다시 믿음을 말씀하신다. 야이로한테 있는 믿음은 예수님이 오시면 딸을 고칠 수 있다는 믿음이었다. 하지만 예수님은 더 큰 믿음을 요구하신다. 야이로가 더 큰 믿음을 가질 수 있는 매개가 혈루증 앓던 여자다.

야이로의 집에서는 이미 장례식이 진행 중이었다. 사람들이 울며 통곡하고 있었다. 이스라엘에서는 장례가 나면 곡하는 사람을 고용하곤 했다. 예수님이 그들한테 왜 우느냐면서 아이가 죽은 것이 아니라 잔다고 했다. 그 말을 들은 사람들이 비웃었다. 그 사람들이 어떤 사람들일까? 한심한 사람들이 아니라 정상인 사람들이다. 죽은 것을 뻔히 아는데 엉뚱한 말을 하니 비웃을 수밖에 없다. 어쨌든 우리가 알 수 있는 사실이 있다. 정상적인 사람은 믿음 없는 사람이다. 믿음 있는 사람이 되려면 정상이 아니라야 한다.

예수님이 그들을 뒤로 하고 아이한테 갔다. 서슴없이 아이의 손을 잡고 '달리다굼'이라고 하셨다. "소녀야 일어나라"라는 뜻이다. 그러자 소녀가 곧 일어나서 걸었는데 나이가 열두 살이었다고 한다.

당시 열두 살이면 결혼을 할 수 있는 나이였다. 앞에서 열두 해 혈루증을 앓은 여자가 나왔는데 이번에는 나이가 열두 살이다. 성경에는 12가 유난히 자주 나온다. 이스라엘이 열두 지파였고 예수님 제자도 열두 명이었다. 12는 충만을 뜻한다. 열두 해 혈루증을 앓았다는 얘기는 12년 동안 죽어 있었다는 뜻이다. 살아도 산 것이 아니었다. 그 여인은 부정한 삶을 충분히 경험했다. 반면 야이로의 딸은 열두 살의 나이에 죽었다가 살아났다. 어쩌면 성경은 혈루증이 나은 여자와 야이로의 딸을 통해서 이 세상에 가득한 것이 죽음이라는 사실을 말하고 있는 것 같기도 하다.

한 가지 이상한 사실이 있다. 예수님이 아이의 손을 잡고 "소녀야 일어나라"라고 했다. 아이의 손을 잡았으면 "아이야 일어나라"라고 해야 하는 것 아닐까? 아이는 '파이디온'을 번역한 말인데 자녀를 친근하게 부르는 호칭이다. 반면 소녀는 '코라시온'인데 혼인 적령기의 여자를 이른다. 아닌 게 아니라 나이가 열두 살이라고 했다. 집에서 어리광이나 부리는 계집아이가 아니라 한 가정을 꾸려서 새 생명을 낳을 수 있는 어엿한 여성이다. 아이로 죽었는데 소녀로 살아났다. 마치 우리가 옛사람이 죽고 새사람으로 살아난 것과 같다.

요컨대 예수님은 생명을 줄 수 있는 분이다. 죽음과 잠을 동일시하는 분이다. 그런 예수님이 야이로의 딸을 살린 다음에 먹을 것을 주라고 하셨다. 당시 상황을 생각하면 납득은 된다. 야이로의 딸은 몇 날 며칠 사경을 헤맸을 것이다. 다시 살아나기는 했지만 기력까지 회복한 것은 아니다. 먹을 것을 줘서 기력을 회복하게 해야 한다. 그렇다고 해서 예수님이 그런 것까지 챙겨야 할까? 아무래도 오지랖이 너무 넓은 것 같다.

벳새다 광야에 스무 살 넘은 남자만 오천 명이 모였다. 예수님이 그들을 가르치는 중에 날이 저물었다. 제자들이 먹을 것을 걱정한다. 무리를 보내어 촌과 마을로 가서 사 먹게 하자는 것이다. 그때 예수님이 "너희가 먹을 것을 주라"라고 하셨다. 흔히 오병이어 기적이라고 하는데 6장에 나온다. 본문에서 먹을 것을 주라는 얘기가 그런 얘기다. 그래서 6장에서는 제자들이 먹을 것을 나눠준다.

생명을 주는 일은 예수님밖에 못한다. 하지만 예수님으로 인해서 생명을 얻은 사람을 돌보는 일은 우리가 할 수 있다. 우리가 할 일은 세상에서 통용되는 논리로 예수님 말씀에 토를 다는 일이 아니다. 예수님께서 하신 일에 연결된 일이다. 우리는 예수님의 사역에 동역자로 부름받은 사람들이다. 우리의 가장 큰 자랑이다.

6장 초대받은 사람들

6:1-6〉 예수께서 거기를 떠나사 고향으로 가시니 제자들도 따르니라 안식일이 되어 회당에서 가르치시니 …(중략)… 그들이 믿지 않음을 이상히 여기셨더라 이에 모든 촌에 두루 다니시며 가르치시더라

예수님이 고향에 갔다. 그동안 예수님이 가는 곳마다 숱한 인파가 따랐다. 그러면 고향에서는 더 인기가 있어야 하는 것 아닐까? 그런데 오히려 배척했다. 사람들이 예수님을 아는 것이 문제였다. 그들이 아는 예수님은 절대 특별한 사람이 아니었다. 그 형제들과 누이동생들이 자기들과 함께 사는 것만 봐도 분명하다. 그런 예수님한테 어떻게 남다른 지혜와 권능이 있단 말인가? 어딘가 잘못되었을 것이다.

고등학교 동창이 부친상을 당해서 문상을 간 적이 있다. 밥을 먹기 전에 기도를 했더니 앞에 앉은 동창이 말했다.

"넌 체하지 않겠다. 그지?"

"나도 가끔 체하는데, 왜?"

"기도하고 밥 먹는데도 체하냐? 그럼 기도는 왜 해?"

기도하고 밥 먹어도 체할 수 있다는 것이 무슨 뜻일까? 신앙은 아무짝에도 쓸모없는 것이라는 뜻일 수도 있고, 신앙은 그런 식으로 써먹는 것이 아니라는 뜻일 수도 있다.

예수님의 고향 사람들이 예수님을 배척한 이유가 여기에 있다. 메시야는 특별해야 한다는 것이다. 그래서 예수님은 아무 권능도 행하실 수 없어 다만 소수의 병자에게 안수하여 고치실 뿐이었고 그들이 믿지 않음을 이상히 여겼다. 결국 그들의 믿음대로 된 셈이다. 그들은 자기들의 분별력을 자랑스럽게 여겼을 수도 있다. 불신앙은 참 자연스럽다. 이 말을 명심해야 한다. 불신앙에는 언제나 타당한 이유가 있다.

예수님이 권능을 행하실 수 없었다는 얘기는 능력에 대한 얘기가 아니다. 그런 상태에서 권능을 행하면 회개를 면제해주는 것이 되기 때문이다. 예수님이 권능을 행하는 것은 하나님 나라를 설명하기 위한 것이다. 예수님으로 인해서 시작된 하나님 나라를 인정하지 않는 사람을 위해서 쓸 권능은 없다. 고향 사람들이 예수님한테 "너의 지혜와 권능이 어디서 말미암은 것이냐?"라고 물었다면 예수님은 "너희의 완고한 마음은 어디서 왔느냐?"라고 물었을 것이다.

그들의 완고한 마음이 어디서 왔을까? 밖에서 오지 않았다. 그들한테 있는 선입견 때문이다. 그들한테는 "메시야는 이래야 한다"라는 생각이 있었다. 거기에서 벗어나면 절대 메시야일 수 없다.

산타클로스는 4세기 초 소아시아 미라 지방의 성직자였던 성 니콜라스에게 기원을 둔다. 그가 사는 마을에 가난한 세 자매가 있었다. 니콜라스가 밤중에 세 자매가 사는 집 창문을 통해서 부모한테 물려받은 유산을 던져주었다고 한다. 그런데 18세기부터 산타클로스라는 영어식 이름으로 바뀌었다. 1822년 성탄절 이브에 미국의 신학자 클레멘트 무어가 〈성 니콜라스의 방문〉이라는 시에서 순록이 끄는 썰매를 탄 산타클로스를 묘사했다. 그때부터 산타클로스가 순록이 끄는 썰매를 타고 다니는 것으로 되었다. 당시 산타클로스는 키가 크고 날렵한 모습이었다. 그런데 토마스 나스트라는 만화가가 잡지에 성탄절 삽화를 그리면서 뚱뚱한 모습으로 그렸다. 그때부터 산타클로스가 뚱뚱해졌다. 1930년대에는 산타클로스가 코카콜라 광고에 등장한다. 그때부터 빨간 옷을 입었다. 이제는 진짜 산타클로스가 와도 아무도 알아보지 못할 것이다.

산타클로스를 알아보지 못하는 것은 별로 중요하지 않다. 하지만 예수님을 알아보지 못하는 것은 곤란하다. 신앙의 가치가 무엇이고, 우리가 신앙의 이름으로 무엇을 기대해야 하는지를 오해하면 안 된다.

세상 사람들한테는 우리가 자기들과 똑같아 보일 것이다. 그리고 우리는 그 사실이 불만일 수 있다. 천국 백성 대접을 이 세상에서 받고 싶은 욕심이 있을 수 있다. 우리한테 불만이 있다면 우리가 믿는 기독교가 잘못된 때문이 아니다. 우리의 잘못된 기대 때문이다. 예수님의 고향 사람들이 이 사실을 몰랐다.

이제는 우리 차례다. 혹시 예수님이 잘못되었다면 우리 역시 예수님을 배척해야 한다. 그게 아니면 우리의 잘못된 기대를 배척해야 한다. 우리는 둘 중의 하나를 배척해야 하는 사람들이다. 당부하건대 신앙의 이름으로 신앙 아닌 것을 기대하지는 말자. 신앙이 무엇인지 우리가 정하는 것이 아니다. 예수님이 우리의 유일한 기준이다.

6:7-13〉 열두 제자를 부르사 둘씩 둘씩 보내시며 더러운 귀신을 제어하는 권능을 주시고 명하시되 …(중략)… 제자들이 나가서 회개하라 전파하고 많은 귀신을 쫓아내며 많은 병자에게 기름을 발라 고치더라

예수님은 하나님 나라 때문에 이 땅에 오셨다. 가는 곳마다 귀신을 쫓아내고 병자를 고치고 사람들을 가르친 이유가 하나님 나라를 설명하기 위한 것이다. 그 일은 예수님 혼자한테만 주어진 일이 아니다.

본문은 그 일을 위해서 제자들을 보내는 내용이다. 제자들이 둘씩 짝지어 예수님이 한 일을 그대로 하게 된다. 신자가 어떤 사람인가 하면, 예수님이 한 일을 하는 사람이다.

신자는 혼자 있어도 신자다. 꼭 두 명이 있어야 예수님이 하던 일을 따라 할 책임이 생기는 것이 아니다. 그런데 예수님이 두 명씩 보냈다.

우선 2가 증인의 수라는 사실을 떠올릴 수 있다. 두 명 이상이 같은 증언을 해야 법적 효력을 갖는다. 또 현실적인 필요를 생각할 수 있다. 혼자 하는 것보다는 아무래도 둘이 하는 게 낫다. 하지만 더 중요한 이유가 있다. 신앙은 공동체 안에서 나타나야 하기 때문이다. 자기 딴에는 아무리 신앙 열심을 부린다고 해도 옆 사람과 화합하지 못하면 무효다. 둘씩 짝을 지어 복음을 전하면 복음이 전파되는 효과만 있는 것이 아니다. 서로의 신앙도 그만큼 자란다. 둘이 함께 있는 모습이 곧 복음에 대한 증거가 된다.

예수님 말씀은 크게 세 가지다. 우선 지팡이 외에는 아무것도 가지지 말라고 했다. 양식이나 배낭, 전대의 돈도 가지지 말라고 했다. 신을 신는 것은 허락되지만 두 벌 옷도 입으면 안 된다.

출애굽 직전에 하나님이 유월절 의식을 제정했다. 우선 좌우 문설주와 인방에 양의 피를 바른다. 또 무교병과 쓴 나물과 함께 양 고기를 먹는데, 허리에 띠를 띠고 발에 신을 신고 손에 지팡이를 잡고 급히 먹는다. 흡사 군인이 전투식량을 먹는 것 같다. 이제 곧 홍해를 건너야 하기 때문이다. 당시 이스라엘한테 홍해를 건너는 일보다 더 급한 일이 어디 있겠는가?

본문에서 같은 내용을 볼 수 있다. 하나님 나라를 선포하는 일이 어느 만큼 시급하고 중요한가 하면, 지금 바로 떠나야 할 만큼 시급하고 중요하다. 이것저것 준비물을 챙길 겨를이 없다. 홍해를 건너는 일이 시급하다면 홍해를 건너게 하는 일 역시 시급하다.

아무리 그래도 그렇지, 달랑 지팡이 하나 들고 아무런 준비 없이 나섰다가 굶으면 어떻게 할까? 토저 목사가 그의 책 〈예수 방향으로 가라〉에서 어떤 스토아 철학자 얘기를 소개한다. "선한 삶을 살려는 사람은 삶의 가능성과 죽음의 가능성을 저울질해서는 안 된다. 자기가 옳은 일을 하고 있는가, 그른 일을 하고 있는가 하는 것만 생각하면 된다. 다시 말해서, 선한 쪽에 서서 일하는가 아니면 악한 쪽에 서서 일하는가 하는 것만 생각하면 된다."

스토아 철학은 기독교 신앙과 무관하다. 그런데도 이 정도는 안다. 하물며 주님을 따른다는 우리는 말할 것도 없다. 진정으로 주님을 따르려는 사람은 "주님을 따를 경우에 당할 수 있는 불이익이 어떤 것인가?"를 생각하면 안 된다. 오히려 "주님의 뜻이면 결과에 개의치 않고 따르게 해주옵소서"라고 기도해야 한다.

요즘은 자본주의 시대다. 돈이 모든 것의 기준이다. 하나님의 일도 돈이 있어야 한다는 말을 공공연하게 한다. 그러니 "지팡이 외에는 아무것도 가지지 마라. 신만 신고 두 벌 옷도 입지 마라."라는 말에는 아무도 귀를 기울이지 않는다. "큰일을 하려면 큰 능력이 필요하다. 남보다 높은 지위에 올라야 주님을 위해서 할 수 있는 일도 많아진다."라는 말이 훨씬 인기 있다. 그러면 어떻게 해야 할까? 세상이 달라졌으니 다른 말을 해야 할까? 예수님이 타임머신을 타고 이 시대에 오면 뭐라고 하실까? "이천 년 전에 했던 말은 취소한다. 너희는 세상이 주는 모든 것을 받아 누려라. 그리고 그것을 토대로 복음을 전파해라."라고 하실까?

또 어디서든지 누구의 집에 들어가거든 그곳을 떠나기까지 거기 유하라고 했다. 우리나라도 옛날에는 "이리 오너라. 지나가는 사람인데 하룻밤 묵고 가잔다고 여쭤라."라고 하는 것이 가능했다. 그런 경우에 그 집 형편에 따라 받는 대접이 달라진다. 사랑채에서 잘 수도 있고 헛간에서 잘 수도 있다. 제대로 된 아침상을 대접받을 수도 있고 감자 한 톨로 허기만 면할 수도 있다.

누구의 집에 들어가든지 거기 유하라는 얘기는 더 좋은 집을 찾아 기웃거리지 말라는 뜻이다. 하나님의 일은 세상에서 만족을 얻기 위한 것이 아니다. 우리는 살아도 주를 위해서 살고 죽어도 주를 위해서 죽는다. 우리 삶의 이유가 하나님께 있다. 우리는 늘 하나님의 만족에 마음을 두는 사람들이다.

또 "어느 곳에서든지 너희를 영접하지 아니하고 너희 말을 듣지도 아니하거든 거기서 나갈 때에 발 아래 먼지를 떨어버려 그들에게 증거를 삼으라"라고 했다. 당시 유대인들이 이방 지역을 지나게 되면 혹시 남아 있을지 모를 부정 때문에 신발의 먼지를 떨곤 했다. "우리는 너희와 다르다. 너희한테 속한 것은 어떤 것이라도 용납할 수 없다."라는 뜻이다. 그렇다고 해서 제자들도 그래야 할까?

그런 얘기가 아니다. 복음을 거부하는 일의 심각성을 알리라는 뜻이다. "복음을 받아들이지 않으면 당신과 나는 아무 상관이 없게 됩니다. 당신 앞에는 심판이 기다리고 있습니다."라는 뜻이다. 그러면 해야 할 일이 뻔하다. 어떻게 해서든지 그런 일이 없도록 막아야 한다.

톨스토이가 인생을 대합실에서 기차를 기다리는 것에 비유했다. 다 함께 있지만 어떤 사람은 천국행 열차를 기다리고 어떤 사람은 지옥행 열차를 기다린다는 것이다. 그러니 자기가 지옥행 열차를 기다리는 것도 모르고 마냥 고집부리는 사람한테 흔쾌히 그렇게 하라고 할 수는 없다. 발 아래 먼지를 떠는 일은 절대 함부로 할 수 있는 일이 아니다. 피를 토하는 심정으로, 마지막 경고로 해야 한다. 우리의 간절한 소원이 있다면 그런 일만큼은 없기를 바라는 것이다.

본문은 "제자들이 나가서 회개하라 전파하고 많은 귀신을 쫓아내며 많은 병자에게 기름을 발라 고치더라"로 끝난다. 제자들이 맡은 일을 제대로 수행했다. 예수님이 하시던 일이 제자들에 의해서 재생산되었다. 제자들이 예수님의 아바타인 셈이다.

예수님이 하신 말씀 중에 "아버지께서 나를 보내신 것 같이 나도 너희를 보내노라"라는 말씀이 있다. 하나님이 예수님을 보낸 것과 예수님이 우리를 보낸 것이 같은 원리다. 우리가 이 세상에 존재하는 것이 그만큼 엄청난 사건이다. 예수님을 통해서 하나님을 볼 수 있는 것처럼 우리를 통해서 예수님을 볼 수 있어야 한다.

본문은 바로 그 일을 위해서 제자들을 보냈다는 기록이다. 우리한테 가라는 명령이기도 하다. 우리 삶의 원리가 여기에 있다. 우리는 예수님의 아바타로 이 세상에 존재한다.

6:14-29〉 이에 예수의 이름이 드러난지라 헤롯왕이 듣고 이르되 이는 세례 요한이 죽은 자 가운데서 살아났도다 …(중략)… 요한의 제자들이 듣고 와서 시체를 가져다가 장사하니라

앞에서 제자들을 파송하는 내용이 나왔다. 그 결과로 예수의 이름이 드러났다. 혹시 우리 주변에서 예수의 이름이 드러나지 않으면 우리가 보냄받은 삶을 살지 않기 때문이다.

그 소문을 들은 헤롯이 세례 요한이 살아났다고 생각했다. 이라크에 만다교라는 소수 종교가 있다. 세례 요한을 메시야로 믿는 종교다. 아브라함이나 모세는 물론이고 예수님도 거짓 선지자라고 한다. 지금도 그런 종교가 있을 정도면 세례 요한 당시에는 실로 엄청났을 것이다. 헤롯조차 요한을 의롭고 거룩한 사람으로 알았다. 그런 세례 요한이 죽었다.

그런 상황에서 제자들이 복음을 전했다. 바른말을 하면 죽을 수도 있다. 세례 요한처럼 영향력 있는 사람을 죽일 정도면 전혀 이름이 알려지지 않은 제자들은 말할 것도 없다.

성경에는 상당히 많은 헤롯이 등장한다. 가장 유명한 헤롯은 예수님 탄생 당시에 두 살 이하의 사내아이를 다 죽인 헤롯이다. 흔히 헤롯 대왕이라고 한다.

본문에 나오는 헤롯은 헤롯 대왕의 아들인 헤롯 안디바다. 헤롯 대왕은 이스라엘 전체를 통치했지만 헤롯 대왕이 죽은 다음에는 그의 아들들한테 영토가 분할되었다. 헤롯 대왕에게는 모두 10명의 아내가 있었으니 자녀도 많았는데 헤롯 빌립이 둘이었다. 한 사람은 헤롯 빌립 1세, 다른 사람은 헤롯 빌립 2세라고 한다. 헤롯 빌립 1세는 아무런 공직이 없었고 헤롯 빌립 2세는 이두래와 드라고닛 지방의 분봉왕이었다.

헤롯 안디바가 헤롯 빌립 1세의 아내였던 헤로디아를 아내로 맞았다. 어쩌면 헤로디아는 그 결혼을 신분 상승 기회로 여겼을 수 있다. 아무런 공직도 없는 헤롯 빌립 1세보다는 분봉왕인 헤롯 안디바가 훨씬 매력적으로 보였을 것이다.

세례 요한이 그 결혼의 부당함을 지적하다가 옥에 갇혔다. 헤로디아는 당장 요한을 죽이고 싶었다. 하지만 헤롯 안디바는 생각이 달랐다. 세례 요한을 죽이는 일은 아무래도 조심스럽다. 그래서 옥에 가뒀다. 요한의 말을 들을 때에 크게 번민하면서도 달갑게 들었다. 요한이 하는 말이 옳다는 것은 알았다는 뜻이다.

설교 중에 마음이 찔리면 은혜 받았다는 사람이 있다. 정말로 그럴까? 헤롯한테도 그런 일이 있었다. 은혜가 정말로 은혜일 수 있으려면 은혜를 받은 만큼 신앙이 자라야 한다. 하나님은 우리의 생각을 통해 영광 받는 것이 아니라 우리의 체험을 통해 영광 받으신다. 하나님을 생각하는 시간으로만 따지면 사탄이 우리보다 훨씬 많다.

그러던 차에 헤롯의 생일이 되었다. 헤롯이 대신들과 천부장들과 갈릴리의 귀인들과 더불어 잔치를 베풀었다. 성경의 표현이 참 얄궂다. "마침 기회가 좋은 날이 왔으니…(21절)"라고 한다. 누구한테 기회가 좋은 날일까?

우리는 이어지는 내용을 알고 있다. 헤로디아의 딸이 춤을 춰서 흥을 돋우면 헤롯이 소원을 물을 것이다. 〈요세푸스〉에 따르면 그 딸의 이름이 살로메라고 한다. 원하는 것은 무엇이든지 들어주겠다는 말에 살로메가 어머니 헤로디아한테 조언을 구하고, 헤로디아는 세례 요한의 목을 달라고 하라는 가슴 섬뜩한 말을 한다. 헤롯이 후회했지만 많은 사람 앞에서 약속했기 때문에 그 말을 들어준다. 이렇게 해서 세례 요한이 죽는다. 그러면 누구한테 기회가 좋은 날일까? 헤로디아는 전부터 요한을 원수로 여겨 죽이려고 했지만 헤롯이 반대하는 바람에 그렇게 하지 못했다. 그런데 드디어 죽이게 되었으니 헤로디아한테 기회가 좋은 날인 셈이다.

헤롯한테도 얼마든지 기회가 좋은 날일 수 있었다. 헤롯은 세례 요한이 옳은 사람인 것을 알면서도 옥에 가뒀다. 살로메의 청을 거절했으면 그것으로 세례 요한에 대한 자기 마음을 나타낼 수 있었다. 그런데 그 기회를 포기하니 오히려 헤로디아한테 기회가 좋은 날이 되고 말았다. 명심해야 한다. 우리가 신앙을 고백할 기회를 포기하면 그때마다 불신앙을 고백하게 된다. 하나님 나라를 확장할 기회를 포기하면 그때마다 세상 나라가 확장된다.

본문을 통해서 두 가지 사실을 알 수 있다. 하나는 이 세상은 진리를 좋아하지 않는다는 사실이다. 세례 요한이 바른말을 했더니 옥에 갇혔고, 급기야 죽임을 당했다. 헤롯 안디바와 헤로디아의 결혼을 축복해줬더라면 그런 일이 없었을 것이다. 아니, 그냥 가만히 있기만 해도 아무 일 없었다. 그런데 옳고 그른 것을 바로 말했더니 돌아오는 것이 냉혹한 죽음이었다. 또 하나는 사람은 옳고 그른 것은 알기만 하고 행하기는 죄를 행한다는 사실이다. 흔히 하는 말로 사람은 죄의 종이다. 헤롯의 행태를 보면 이런 사실이 잘 나타난다. 세례 요한을 죽이는 것이 옳지 않다는 것을 알면서도 어쩔 도리가 없었다. 이 세상 왕이 하는 짓이 그렇다.

앞에서 생명을 찾은 여인들을 봤다. 열두 해 혈루증을 앓던 여인은 구원을 얻었고, 죽었던 야이로의 딸도 생명을 다시 찾았다. 그런데 살로메는 죽음의 하수인 노릇을 한다. 헤롯한테 그런 분별이 있을 리 없다. 살로메의 춤이 흡족할 뿐이다.

헤로디아가 살로메한테 세례 요한의 머리를 구하라고 한 얘기는 도무지 딸을 키우는 어머니가 할 수 있는 얘기가 아니다. 하지만 우리가 궁금하게 여겨야 할 내용은 "어머니가 어떻게 딸한테 그런 말을 할 수 있는가?"가 아니다. 이 세상에 속한 사람들이 하나님의 나라를 멸하기 위해서 이렇게까지 발악한다면 우리는 하나님의 나라를 세우기 위해서 어느 만한 노력을 기울여야 하는가 하는 것이다.

세례 요한은 예수님의 앞길을 예비하는 일을 맡은 사람이다. 그런 그가 권력자의 죄를 지적했다가 죽는다. 예수님은 이 세상 모두의 죄를 지적했다. 예수님도 죽을 것이다. 세례 요한의 죽음이 예수님의 사역이 어떻게 될 것인지 암시한다. 그것이 전부가 아니다. 제자들은 어떻게 될까? 세례 요한이 예수님의 앞길을 예비한 사람이라면 제자들은 예수님을 따르는 사람들이다. 세례 요한을 죽이고 예수님을 죽인 세상이 제자들을 대접할 리 만무하다. 제자들도 역시 같은 길을 갈 것이다. 우리가 그런 세상을 살고 있다.

"그럼 세상에서 예수를 믿은 보람은 무엇입니까?"라고 묻고 싶은가? 이 세상에서 예수를 믿은 보람은 물론 있다. 하지만 그 보람이 헤롯의 왕궁에 초대되는 것과 같은 일로 나타나지는 않는다. 그곳에 초대된 사람들은 대신들과 천부장들과 귀인들이다. 그런 자리에 아무나 참석할 수는 없다. 세상에 속한 사람이면 누구나 가고 싶어 할 자리다. 그런 곳에서 하나님께 속한 사람이 죽었다. 그것이 헤롯 왕궁의 잔치다.

다른 잔치도 있다. 본문에 이어지는 내용이 오병이어 사건이다. 굶주린 백성들이 빈 들에서 하나님이 베푸신 만찬에 참여한다. 제자들은 굶주린 무리에게 부지런히 떡과 고기를 나눠준다. 그것이 예수를 믿는 보람이다. 예수를 믿으면 우리를 통해서 생명 양식이 전달되는 일이 일어난다.

6:30-44〉 사도들이 예수께 모여 자기들이 행한 것과 가르친 것을 낱낱이 고하니 이르시되 너희는 따로 한적한 곳에 가서 잠깐 쉬어라 하시니 …(중략)… 떡을 먹은 남자는 오천 명이었더라

7-13절에 예수님이 제자들을 보내는 내용이 나왔다. 제자들이 가는 곳마다 회개하라 전파하고 많은 귀신을 쫓아내며 많은 병자에게 기름을 발라 고쳤다. 예수님이 하시던 일을 제자들이 한 것이다. 본문은 거기에 이어지는 내용이다. 중간에 있는 14-29절은 제자들이 보냄받은 상황에 대한 설명이다.

7절이 "열두 제자를 부르사 둘씩 둘씩 보내시며…"로 시작했다. 그런데 본문은 "사도들이 예수께 모여…"로 시작한다. 제자가 사도로 바뀌었다. 사도는 보냄을 받았다는 뜻이다. 예수님이 부르면 제자인데 보냄을 받으면 사도다. 사도들이 돌아와서 자기들이 어떤 일을 했고 무엇을 가르쳤는지 낱낱이 고했다. 저마다 흥분된 얼굴로 승전보를 알렸을 것이다.

예수님이 그런 제자들한테 휴식을 말씀하신다. 배를 타고 한적한 곳으로 자리를 옮기게 했다. 하지만 사람들이 그냥 두지 않았다. 배에 탄 예수님

일행을 도보로 따라왔다. 오히려 배보다 앞서 갔다. 그들이 예수님께 오자, 예수님은 목자 없는 양 같음으로 인하여 불쌍히 여겨서 여러 가지로 가르쳤다.

날이 저물기 시작했다. 제자들이 사람들을 보내서 각자 끼니를 해결하게 하자고 했다. 당연한 생각이다. 그런데 예수님이 제자들한테 먹을 것을 주라고 하셨다. 제자들로서는 기가 막힐 노릇이다. "우리가 어디 가서 이백 데나리온의 떡을 사다 먹이리이까"라는 말이 나오는 것이 정상이다.

예수님이 지금까지 행한 기적은 한두 가지가 아니다. 귀신 들린 사람을 고쳤고 나병환자도 고쳤고 중풍병자도 고쳤다. 그 모든 기적에서 제자들은 단지 구경꾼이었다. 그런데 오병이어 기적은 다르다. 제자들이 주체가 된다. 예수님이 "너희가 먹을 것을 주라"라고 한 것처럼 제자들이 직접 먹을 것을 준다.

예수님이 사람들을 백 명씩, 혹은 오십 명씩 떼를 지어 앉게 한다. '떼를 짓는다'는 얘기는 '쉼포시온'을 번역한 말인데 주로 잔치에 모이는 것을 말한다. 또 '앉게 하다'는 '아나클리노'를 번역한 말로 유대인들의 식사 자세를 말한다.

지난 시간에는 헤롯 왕궁의 잔치가 배경이었다. 대신들과 천부장들과 귀인들이 거기 참여했다. 그들은 호화롭게 꾸며진 곳에서 산해진미를 즐겼을 것이다. 그리고 하나님의 사람 세례 요한을 죽였다. 본문은 광야다. 보리떡과 물고기는 가난한 사람들의 주식이었다. 헤롯의 잔치에 비하면 초라하기 그지없다. 하지만 그들은 메시야가 베푸는 잔치를 맛보게 된다.

예수님이 사람들을 앉게 한 다음 떡 다섯 개와 물고기 두 마리를 가지고 하늘을 우러러 축사했다. 그리고 떡을 떼어 제자들에게 주어 사람들에게 나누어 주게 하고 물고기도 그렇게 했다.

그러면 기적이 어느 시점에 일어나야 할까? 제자들이 예수님께 떡을 받아서 사람들한테 나눠 주기 직전까지는 일어나면 안 된다. 예수님께 떡을 받자마자 거기 있는 사람들이 다 배불리 먹을 만큼 떡이 늘어나면 나눠 주기는 고사하고 깔려 죽고 말 것이다. 제자들이 예수님께 받을 적에는 떡에서 떼어낸 조각이었다. 아직 기적이 일어나지 않았다. 기적은 사람들한테 나눠 줄 때 일어났다. 아무리 나눠 줘도 떡 조각이 없어지지 않는 것이다. 지금까지는 예수님이 행하시는 기적을 구경만 했는데 이번에는 직접 기적을 행사하는 셈이다.

교회가 무엇을 하는 곳일까? 이 말은 교인이 무엇을 하는 사람이냐는 질문과 같은 뜻이다.

예수님이 베드로의 신앙 고백을 토대로 교회를 세우겠다고 하셨다. 그렇다고 해서 그 즉시 교회가 세워진 것이 아니다. 교회는 예수님이 승천하신 다음에 시작되었다. 즉 교회는 예수님께서 이 땅에서 하시던 일을 대신 하는 곳이다. 마찬가지로 교인은 예수님께서 이 땅에 계실 때 하시던 일을 맡아서 하는 사람이다.

내가 너희에게 전한 것은 주께 받은 것이니 곧 주 예수께서 잡히시던 밤에 떡을 가지사 축사하시고 떼어 이르시되 이것은 너희를 위하는 내 몸이니 이것을 행하여 나를 기념하라 하시고 식후에 또한 그와 같이 잔을 가지시고 이르시되 이 잔은 내 피로 세운 새 언약이니 이것을 행하여 마실 때마다 나를 기념하라 하셨으니 너희가 이 떡을 먹으며 이 잔을 마실 때마다 주의 죽으심을 그가 오실 때까지 전하는 것이니라(고전 11:23-26)

예수님이 떡을 가지고 축사한 다음에 "이것은 너희를 위하는 내 몸이라"라고 하면서 제자들에게 떼어 주셨다. 본문 41절에서도 축사했다는 얘기가 나온다. 예수님이 떡 다섯 개와 물고기 두 마리를 놓고 하늘을 우러러 축사한 다음에 그것을 떼어 제자들에게 주셨다.

오병이어 기적은 "한 사람밖에 못 먹을 양으로 얼마나 많은 사람이 먹었느냐?"에 대한 얘기가 아니다. 성찬식의 모형이다. "예수님이 우리의 생명 양식이다. 예수님이 우리를 위하여 자기의 몸을 주셨다."라는 뜻이다. 그 일을 예수님이 직접 하지 않고 제자들한테 하게 했다. 예수님이 떡을 떼어 제자들에게 주었고, 제자들이 다시 그 떡을 떼어 사람들에게 나누어 주었다. 예수님께서 제자들에게 하신 일을 제자들이 세상에서 한다는 뜻이다. 예수님이 제자들한테 그런 일을 맡기셨다.

감신대 교수를 역임한 에드워드 포이트라스 목사는 박대인이라는 우리나라 이름으로 더 알려져 있다. 그가 쓴 〈한국의 가을〉에 이런 내용이 나온다. "몇 년 전 미국 뉴욕에서의 일이다. 어느 빌딩의 모퉁이를 돌다가 그만 뒤로 넘어졌다. 그때 나도 모르는 사이에 "아이쿠!" 소리가 튀어나왔다. 나는 걸으면서 거의 한국인이 되어버린 나의 습관을 생각했다." 미국 사람이

미끄러져 넘어지는 순간에 "Oops"나 "Oh my goodness"라고 하지 않고 "아이쿠"라고 했으니 무의식까지 한국 사람이 되었다는 뜻이다.

우리한테 이런 모습이 있어야 한다. 신앙이 있다는 얘기는 예수님께서 보내신 삶을 산다는 뜻이고, 이 세상에 예수님을 나눠 주는 사람으로 산다는 뜻이다. 무의식중에도 신앙이 나와야 한다.

하나님께서 예수님을 이 세상에 보내셨던 것처럼 예수님은 우리를 보내셨다. 우리는 예수님을 대신해서 이 세상에 존재한다. 예수님께서 우리를 위하여 하신 일을 우리가 세상을 위해서 해야 한다. 우리는 예수님께 받을 것만 있는 사람들이 아니라 이 세상에 줄 것도 있는 사람들이다.

6:45-56〉 예수께서 즉시 제자들을 재촉하사 자기가 무리를 보내는 동안에 배 타고 앞서 건너편 벳새다로 가게 하시고 …(중략)… 예수께 그의 옷가에라도 손을 대게 하시기를 간구하니 손을 대는 자는 다 성함을 얻으니라

오병이어 기적이 일어났을 때 사람들이 전부 흥분했을 것이다. 예수님은 정말 대단하신 분이다. 그런 분위기에 가장 달뜬 사람은 당연히 제자들이다. 예수님을 따른 것이 생각할수록 잘한 일이다.

그런데 예수님이 제자들을 재촉해서 다른 곳으로 보낸다. 제자들은 무척 서운했을 것이다. 미련이 잔뜩 남아 떨어지지 않는 발걸음으로 배에 올랐을 것이다. 예수님은 무리를 보내고는 기도하러 산에 가셨다. 그러는 중에 날이 저물었다.

밤 사경쯤 되었다. 제자들이 거스르는 바람 때문에 힘겹게 노를 젓고 있었다. 유대인들은 밤을 넷으로 나눈다. 저녁 6시에서 9시, 9시에서 12시, 12시에서 3시, 3시에서 6시다. 사경은 새벽 3시에서 6시 사이를 말한다.

47절에서 "저물매 배는 바다 가운데 있고…"라고 했는데 48절에서는 밤 사경이다. 시간이 상당히 지났다. 제자들이 저녁 6시에 배를 탔고, 그때 시간이 새벽 4시라면 무려 10시간을 바람에 시달린 것이다. 예수님은 철야 기도를 했고 제자들은 철야로 바람에 시달렸다.

제자들의 신세가 고달프기 그지없다. 방금 전까지 오병이어 기적으로 환호하는 무리를 보면서 배와 그물을 버리고 예수님을 따른 보람을 느꼈을 것이다. 그런데 예수님이 사람들을 보내버렸다. 그것이 전부가 아니다. 순풍에 돛을 달고 건너편에 도착해도 서운한데 밤새도록 바람에 시달리는 신세가 되었다.

예수님이 그것을 아시고는 바다 위를 걸어 오셨다. 그런데 성경의 표현이 이상하다. "…바다 위로 걸어서 그들에게 오사 지나가려고 하시매(48b절)"라고 했다. 마치 제자들을 지나쳐 가시려는 것처럼 표현했는데 그럴 수는 없다. 예수님은 분명히 제자들한테 오셨다. 그런데도 지나가려는 것처럼 서술한 것은 하나님의 현현을 이렇게 묘사하기 때문이다.

여호와께서 구름 가운데에 강림하사 그와 함께 거기 서서 여호와의 이름을 선포하실새 여호와께서 그의 앞으로 지나시며 선포하시되 여호와라 여호와라 자비롭고 은혜롭고 노하기를 더디하고 인자와 진실이 많은 하나님이라(출 34:5-6)

여호와께서 이르시되 너는 나가서 여호와 앞에서 산에 서라 하시더니 여호와께서 지나가시는데 여호와 앞에 크고 강한 바람이 산을 가르고 바위를 부수나 바람 가운데에 여호와께서 계시지 아니하며 (왕상 19:11)

예수님이 바다 위를 걸어서 제자들한테 오셨다. 제자들은 하나님이 자기네한테 오시는 것을 본 것이다. 그런데 하나님의 영광을 찬미한 것이 아니라 유령인 줄 알고 소리를 질렀다. 예수님이 "안심하라 내니 두려워하지 말라" 하시고 배에 올라 제자들한테 가시니 바람이 그쳤다.

예수님이 오병이어 기적을 행했을 때 제자들은 자기들 앞길에 레드카펫이 깔려 있다고 생각했을 것이다. 그런데 잠깐 사이에 상황이 돌변했다. 밤새 바람에 시달리는 처지가 되었다. "예수만 믿으면 무조건 만사가 형통하게 되는 줄 아느냐? 그렇지 않다. 예수를 믿는 것은 영적인 문제다. 너희가 사는 세상은 여전히 거칠고 험하다."라는 뜻이다.

그리고 예수님은 바다 위를 걸었다. 세상이 아무리 거칠고 험해도 예수님 발아래 있다. 아우구스티누스가 한 말이 있다. "예수님은 파도를 밟고 오셨다. 그와 같이 예수님은 인생에 넘치는 모든 혼란을 발아래 밟아버렸다. 크리스천이여! 무엇을 걱정하는가?"

우리한테 무슨 걱정이 있는가? 왜 오병이어 기적이 성경에만 있고 우리 인생에는 나타나지 않는지 걱정인가? 오병이어 기적은 예수님이 이 세상을 위한 생명 양식이라는 사실을 알리기 위한 것이다. 그런데 떡에만 정신이 팔릴 수 있다. 예수님이 아무리 하늘에 속한 말씀을 하셔도 관심이 땅에 매여 있으면 별 도리가 없다.

예수님이 물 위를 걸을 수 있는 분이라는 사실을 누가 모를까? 하지만 그것보다 발등에 떨어진 불이 급하다. 우리가 세상에서 직면하는 현실 문제를 도와주서야 할 것 아닌가? 예수를 믿으면 병이 낫는다, 애가 원하는 대학에 들어간다, 장사를 하면 대박난다고 하는 말이 훨씬 반갑다.

신앙은 그렇게 따지는 것이 아니다. 예수를 믿는다는 이유로 세상에서 받는 특혜는 아무것도 없다. 그러면 예수는 왜 믿을까? 어차피 세상 살기 힘들면 예수를 믿는 것과 예수를 믿지 않는 것 사이에 어떤 차이가 있을까?

제자들이 그 차이를 몰랐던 것 같다. 51절에 "배에 올라 그들에게 가시니 바람이 그치는지라 제자들이 마음에 심히 놀라니"라고 되어 있다. 이때의 배는 타이타닉처럼 큰 배가 아니다. 길이가 10m도 안 되는 작은 배였다. 예수님이 배에 오르기만 해도 제자들한테 간 것이 된다. 그런데도 굳이 "배에 올라 그들에게 가시니"라고 해서 예수님이 제자들한테 가까이 간 것을 강조한다. 그러자 바람이 그쳤다. 하지만 제자들의 놀란 가슴은 진정되지 않았다. 그 이유를 "이는 그들이 그 떡 떼시던 일을 깨닫지 못하고 도리어 그 마음이 둔하여졌음이러라"라고 설명한다.

예수님이 떡을 떼신 것은 자신의 몸을 생명 양식으로 주신다는 뜻이다. 하지만 제자들은 몰랐다. 그러면 남는 것은 떡뿐이다. "예수님은 얼마든지 떡을 만들 수 있는 분이다"라는 사실만 알았다. 그런데 갑자기 물 위를 걸어오니 놀랄 수밖에 없다. 지금까지 바람에 시달리다가 예수님이 배에 오르자 바람이 그쳤는데 그것도 모른다.

사람이 물 위를 걸을 수는 없다. 그런데 예수님이 물 위를 걸었다. 예수님은 자연 질서에 종속된 분이 아니라 자연 질서를 만드신 분이다. 예수님이 물 위를 걸었다는 사실이 우리한테는 놀라운 일이 아니지만 제자들한테는 놀라운 일이었다.

그러는 중에 배가 게네사렛 땅에 이르렀다. 사람들이 사방에서 모여들었다. 병든 자를 침상째 메고 오기도 했다. 성경은 그 얘기를 "아무 데나 예수께서 들어가시는 지방이나 도시나 마을에서 병자를 시장에 두고 예수께 그의 옷가에라도 손을 대게 하시기를 간구하니 손을 대는 자는 다 성함을 얻으니라"라고 한다. 당시 예수님 인기는 말 그대로 하늘을 찌를 정도였다.

이 내용을 놓고 "예수님 옷가에 손만 대면 무슨 병이든지 낫는다. 문제가 있으면 믿음을 가지고 예수님께 매달려라."라고 하면 안 된다. 그것은 마치 오병이어 기적을 놓고 "우리한테 있는 것이 아무리 보잘것없어도 그것을 예수님께 드리면 기적이 일어난다."라고 하는 것과 같다.

본문을 아무리 읽어도 이 사람들이 예수님이 누구인지 알아차렸다는 암시는 없다. 예수님이 그들을 가르쳤다는 말도 없고 설교를 했다는 말도 없다. 그들은 단지 원하는 것을 얻었을 뿐이다.

본문에는 두 가지 내용이 있다. 45-52절은 예수님이 물 위를 걸으셨다는 내용이고 53-56절은 게네사렛 땅에서 많은 사람들이 예수님을 통해서 병을 고쳤다는 내용이다. 전혀 관계없는 내용이 시간 순서대로 배열된 것이 아니다. 게네사렛 사람들을 통해서 제자들의 실상을 지적하는 것이다. 게네사렛 사람들은 예수님이 누구인지도 몰랐고 관심도 없었다. 병이 나은 것에 만족해서 자기 곳으로 돌아갔다. 예수님 옷가에 손을 대는 것만 바랐지, 더 이상은 기대하지 않았다.

칼릴 지브란이 쓴 〈사람의 아들 예수〉라는 책이 있다. 예수님과 같은 시대를 살았던 사람들을 통해서 예수님을 증언하는 내용이다. 성경에 나오는 사람도 있고 가상의 사람도 있다. 예수님의 제자 요한, 대제사장 안나스, 가버나움의 제사장, 바벨론의 천문학자, 마리아의 어머니 안나, 본디오 빌라도, 로마의 파수대장, 예수님의 형제 야고보 등이 자기가 체험한 예수님을 얘기한다. 가룟 유다가 이런 의문을 표한다. "그분이 왕으로 죽을 수 있었다면 왜 왕으로 살지는 못했을까?"

칼릴 지브란의 상상처럼 가룟 유다가 그런 고민을 했을 것도 같다. 왕으로 죽는 것보다 왕으로 사는 것이 훨씬 좋은데 왜 그렇게 안 했을까? 우리한테도 같은 아쉬움이 있을 수 있다. 자기 몸을 생명 양식으로 주시는 예수님보다는 무한 리필 되는 떡을 공급해주시는 예수님이 더 좋을 수 있다. 예수님과 인생을 공유하는 것보다 예수님 옷가에 살짝 손을 대서 필요한 것을 얻는 것이 훨씬 낫다. "예수님이 이 세상의 주인입니다. 우리는 그분 뜻에 맞게 살아야 합니다."라는 메시지보다 "예수를 잘 믿으면 병이 낫습니다."라는 메시지가 더 반가울 수 있다. 예수님은 우리를 다시 빚어 만들기 원하시는데 우리는 예수님을 우리 입맛대로 빚어 만들고 싶어 한다.

진지하게 고민해 보자. 우리한테 필요한 것이 예수님일까, 예수님의 능력일까? "예수님도 필요하지만 예수님의 능력으로 우리를 도와주면 더 좋지 않습니까?"라고 하는 것은 곤란하다. 둘 중 하나만 택하자. 예수님은 이 세상에 떡을 주기 위해 오시지 않고 자신을 주기 위해 오셨다. 육체의 질병을 고쳐주러 오시지 않고 우리의 전 인격을 완전하게 하기 위해서 오셨다. 예수님 옷가에 손을 대는 것으로는 모자라다. 예수님을 소유해야 한다.

7장 아둔한 사람들

7:1-23〉 바리새인들과 또 서기관 중 몇이 예루살렘에서 와서 예수께 모여들었다가 그의 제자 중 몇 사람이 …(중략)… 이 모든 악한 것이 다 속에서 나와서 사람을 더럽게 하느니라

예수님의 제자 중 몇 사람이 씻지 않은 손으로 떡을 먹었다. 그것을 본 바리새인들과 서기관들이 묻는다. "당신의 제자들은 어떻게 된 영문이냐? 혹시 당신이 장로들의 전통을 무시하라고 가르친 것 아니냐?"

뭐라고 답해야 할까? "사람의 입으로 들어가는 것이 사람을 더럽히는 것이 아니라 사람의 입에서 나오는 것이 사람을 더럽히는데 그것이 무슨 상관이냐?"라고 하면 된다. 그런데 상당히 격하게 반응하신다. 일찍이 이사야 선지자가 "이 백성이 입술로는 나를 공경하되 마음은 내게서 멀도다 사람의 계명으로 교훈을 삼아 가르치니 나를 헛되이 경배하는도다"라고 말한 것처럼 하나님의 계명은 버리고 오히려 사람의 전통을 지킨다는 것이다.

〈이사야〉에 그런 말씀이 있는 것은 맞다. 그렇다고 해서 장로들의 전통을 지키는 것이 그 말씀에 해당할까? 성경 어디에도 떡을 먹기 전에 손을 씻으면 안 된다는 말씀은 없다. 그것이 왜 하나님의 계명은 버리고 사람의 전통을 지키는 것일까?

예수님이 고르반 제도를 예로 들었다. 고르반은 하나님께 드렸다는 뜻이다. 어떤 사람이 자기 재산에 고르반을 선언하면 그 재산은 하나님께 바친 것이 된다. 더 이상 자기 것이 아니다. 자기 마음대로 사용하지 못할 뿐더러 하나님의 것으로 귀하게 여겨야 한다.

제도 자체에는 아무 문제없다. 하지만 사람은 좋은 제도를 이용해서도 죄를 짓는다. 채무자가 돈을 갚지 않는 경우를 생각해 보자. 채무자의 형편을 보니 받기 틀린 것 같다. 그러면 고르반을 선언한다. 어차피 못 받을 돈으로 하나님께 생색내는 것이다. 채무자는 그때부터 하나님께 빚진 것이 된다. 굶어 죽을 각오로 결국 빚을 갚았다. 그 소식을 들은 빚쟁이가 고르반을 취소한다. 10% 정도의 벌금만 내면 얼마든지 가능하다. 부모한테도 그렇게 하는 사람이 있었다. 자기 재산에 고르반을 선언했다가 부모가 돌아간 다음에 취소하는 것이다.

10절에 "모세는 네 부모를 공경하라 하고 또 아버지나 어머니를 모욕하는 자는 죽임을 당하리라 하였거늘"이라고 되어 있다. 네 부모를 공경하라는 말씀은 십계명에 있다. 아버지나 어머니를 모욕하는 자는 죽임을 당한다는 말씀도 출 21:17에 있다. 둘 다 하나님이 주신 계명이다. 반면에 고르반은 사람이 만든 제도다.

고르반 제도에는 하나님의 계명을 범하는 폐단이 있는 것이 맞다. 하지만 떡을 먹을 때 손을 씻어야 한다는 말은 경우가 다르지 않을까? 그것 때문에 하나님의 계명이 침해되는 일은 없을 것 같은데 예수님 말씀은 그게 아니다. 그것이 고르반 제도의 폐해와 같다고 한다.

성경은 율법이 우리를 그리스도께로 인도하는 초등 교사라고 한다. 로마 사람들은 그리스 문화를 동경했다. 교양인 대접을 받으려면 그리스어를 할 줄 알아야 했다. 자녀한테 그리스어를 가르치는 가장 좋은 방법은 그리스 출신 노예를 두는 방법이다. 초등 교사는 취학 연령 전의 주인집 자녀를 가르치는 노예를 말한다. 율법이 그런 기능을 한다. 초등 교사를 통해서 정규 교육을 받을 기초를 닦는 것처럼 율법을 통해서 그리스도에 이르게 된다.

그러면 유대인들은 어떻게 된 영문일까? 그들은 율법을 지키기 위한 시행 세칙까지 만들었다. 그런데 예수님이 그들을 책망한다. "너희는 정말 대단하구나. 하나님 말씀을 이처럼 철저히 지키니 진정 복 받아 마땅하구나."라고 하지 않고 "너희가 입술로는 하나님을 섬기는 것처럼 하면서 속마음은 딴판이구나."라고 했다.

공부를 열심히 해야 한다는 율법이 있다고 하자. 그 율법을 지키기 위한 시행 세칙을 만든다. "책상은 항상 깨끗하게 정돈한다", "의자에 앉을 때는 허리를 90도로 유지한다", "암기할 때는 쓰면서 암기한다" 같은 것들이다. 이 모든 시행 세칙을 지키면 당연히 성적이 올라야 한다. 그런데 유대인들은 그렇지 않았다. 시행 세칙은 열심히 지켰는데 성적이 떨어졌다. 책상 정돈 안 한 학생, 꾸부정한 자세로 앉은 학생, 쓰면서 암기하지 않는 학생을 지적하느라 공부할 틈이 없었다.

바리새인과 세리의 기도에서 그런 예가 단적으로 나타난다. 바리새인은 토색, 불의, 간음을 하지 않았다. 세리들처럼 동족의 피를 빼는 일도 하지 않았다. 이레에 두 번씩 금식하고 소득의 십일조를 드렸다. 전부 칭찬 들을 일은 될망정 책망 들을 일은 아니다. 그런데 세리만도 못하다는 말을 들었다. 의로움은 있었는데 그 의로움이 남을 멸시하는 데 쓰였기 때문이다.

바리새인들과 서기관들이 "어찌하여 당신의 제자들은 장로들의 전통을 준행하지 아니하고 부정한 손으로 떡을 먹나이까"라고 했다. 부정한 손으로 떡을 먹는 것을 안타깝게 여긴 것이 아니다. 장로들의 전통을 지키지 않는 것을 문제 삼았다. 자기들은 지키는데 왜 안 지키느냐는 것이다.

그들이 지금 이 말을 듣는다고 가정해 보자. 아마 절대 동의하지 않을 것이다. "그렇구나. 우리가 잘못했구나."라고 하는 것이 아니라 "무슨 소리냐? 우리가 없는 말을 했느냐? 떡을 먹기 전에는 당연히 손을 씻어야 하는 것 아니냐?"라고 할 것이다.

예수님이 예수님인 이유는 우리보다 의롭기 때문이 아니라 우리 죄를 사해주셨기 때문이다. 그러면 우리가 크리스천인 이유는 무엇일까? 남보다 잘났기 때문이 아니다. 우리의 존재가 남한테 도움이 되기 때문이다. 우리를 통해서 다른 사람이 예수님을 만날 수 있기 때문이다.

우리는 떡을 먹기 전에 손을 씻는 것이 얼마나 심각한 문제인지 모른다.

어쨌든 당시 유대인들이 지키는 관습이었다. 그런데 예수님이 입으로 들어가는 것이 사람을 더럽게 하는 것이 아니라 입에서 나오는 것이 사람을 더럽게 한다고 했다. 우리가 믿는 기독교는 손을 씻는 종교가 아니라 마음을 씻는 종교이기 때문이다. 사람이 하나님 앞에 부정하다는 사실에 대해서는 당시 종교 지도자들도 예수님과 생각이 같았다. 단, 부정의 이유에 대해서는 생각이 달랐다. 부정의 이유가 다르면 부정을 씻는 방법도 다를 수밖에 없다.

유대인들은 율법을 자기 치장용으로 변질시켰다. 율법을 지켜서 하나님께 가까이 간 것이 아니라 "나는 율법을 지키는데 너는 왜 안 지키느냐?"라는 구별만 일삼았다. 율법을 지켰다는 자랑이 그들한테 있는 신앙의 전부였다.

신앙은 상대 평가가 아닌 절대 평가다. 우리는 언제나 하나님 앞에 선 자기 모습에 민감해야 한다. 그런데 신앙이 어설프면 상대 평가로 따지게 된다. 세상에서는 모든 것을 상대 평가로 따지기 때문이다.

신앙을 절대 평가로 따지면 떡을 먹기 전에 손을 씻는 행위도 하나님 앞에서의 정결이라는 차원에서 행할 것이다. 행여 손을 씻지 않고 떡을 먹는 사람이 있으면 얼른 물이라도 떠올 것이다. 하지만 신앙을 상대 평가로 따지면 그렇게 할 이유가 없다. 일일이 검사를 해서라도 손을 씻지 않은 사람을 찾아내야 한다. "하나님, 쟤 보래요."라고 말하는 것으로 자기의 의로움을 확인할 것이다.

혹시 이런 설명이 어려운가? 무슨 말을 하는지 모르겠다고 할 사람은 없을 것이다. 그런데 17절에 "무리를 떠나 집으로 들어가시니 제자들이 그 비유를 묻자온대"라고 되어 있다. 제자들이 예수님 말씀을 알아듣지 못했다.

바리새인들이나 서기관들이 알아듣지 못한 것은 그리 의아하지 않다. 어차피 회개할 사람들도 아니다. 그러면 제자들은 어떻게 된 영문일까? 예수님이 우리 속사람을 고치러 왔다는 사실을 모르기는 제자들도 마찬가지였다.

8장에 베드로의 신앙 고백이 나온다. 그것으로 끝나지 않는다. 예수님이 고난받을 것을 말씀하시자 베드로가 만류했다가 호된 질책을 받는다. 베드로 혼자만의 문제였을까? 제자들도 같은 마음이었을 것이다. 그리스도가 왜 고난을 받는단 말인가? 도무지 말이 안 된다. 그런 마음이 있었으니 예수님 말씀을 못 알아들을 만도 하다.

예수님이 우리 속사람을 고치러 오셨다는 사실을 받아들이는 것이 그만큼 어려운 모양이다. 우리는 어떤가? 예수님이 우리 속사람을 고치러 오셨다는 사실은 알기만 하고 관심은 외양에 있지 않은가? 음식을 먹을 때마다 손을 씻고 시장에서 돌아오면 물을 뿌리고 잔과 주발과 놋그릇을 씻는 것처럼 자기한테 익숙한 한두 가지 종교 행위로 신앙 책임을 다한 양 착각해서 그것을 근거로 보상을 기대하는 것은 아닌가?

결혼은 두 사람이 같은 방향을 바라보는 것이라고 한다. 우리가 그리스도의 신부라면 우리 역시 그리스도와 같은 방향을 바라보아야 한다. 그리스도께서는 우리 속사람을 고치기 위해서 오셨다. 고작해야 손이나 씻는 것으로 다른 사람과 우리를 비교할 틈이 없다. 스스로 우리 마음을 살펴야 한다. 그리스도의 관심이 곧 우리의 관심이다.

7:24-30〉 예수께서 일어나사 거기를 떠나 두로 지방으로 가서 한 집에 들어가 아무도 모르게 하시려 하나 숨길 수 없더라 …(중략)… 여자가 집에 돌아가 본즉 아이가 침상에 누웠고 귀신이 나갔더라

"예수께서 일어나사 거기를 떠나…"라고 했다. '거기'가 어디일까? 앞에서 장로들의 전통 논쟁을 확인했다. 이어서 본문이 시작된다. "예수께서 일어나사 거기를 떠나…"에서 '일어나사'라는 말을 생각해 보자. 어딘가를 가려면 일어나야 하는 것이 당연하다. "예수께서 거기를 떠나"라고 해도 되는데 "예수께서 일어나사 거기를 떠나"라고 해서, 일어났다는 사실을 강조한다. 무엇이 더럽고 무엇이 깨끗한지 논쟁하는 자리에서 일어났다는 뜻이다. 바로 그런 곳을 떠났다.

이때 예수님이 가신 곳이 두로 지방이다. 유대인들에게는 더러운 이방 땅이다. 예수님이 한 집에 들어가서 아무도 모르게 하려고 했지만 숨길 수 없었다. 예수님 소문이 두로 지방까지 난 상태였다.

헬라인이고 수로보니게 족속인 여자가 자기 딸에게서 귀신을 쫓아주기를 간구했다. 지금까지 예수님은 도움을 청하는 사람을 물리친 적이 없다. 그런데 매몰차게 거절한다. 자녀의 떡을 취하여 개들에게 던지는 것이 마땅하지 않다는 것이다. 그러자 여자가 상 아래 개들도 아이들이 먹던 부스러기를 먹는다고 했다. 귀신 들린 딸을 고칠 수만 있다면 그런 모욕은 얼마든지 감수할 수 있다는 뜻일까?

그러면 예수님 말씀은 어떻게 된 영문일까? 예수님이 "이 말을 하였으니 돌아가라 귀신이 네 딸에게서 나갔느니라"라고 했다. 여자의 대답에 합격 판정을 내렸다. 자녀의 떡을 개한테 주는 것이 옳지 않다고 한 것이 합격 판정을 유도하기 위한 말이었던 셈이다. 딸을 위해서 자존심을 어느 만큼 죽일 수 있는지 확인하신 것일까? 꼭 자존심을 뭉갠 다음에 고쳐주어야 하는 이유라도 있을까?

유대인들한테는 선민의식이 있다. 자기들은 이방인과 다르다고 생각했다. 자기들을 위해 장차 메시야가 올 것이다. 즉 메시야는 유대인을 위한 메시야다.

"자녀로 먼저 배불리 먹게 할지니 자녀의 떡을 취하여 개들에게 던짐이 마땅치 아니하니라"도 그런 배경에서 하신 말씀이다. 그런데 여자가 "주여 옳소이다마는 상 아래 개들도 아이들이 먹던 부스러기를 먹나이다"라고 했다. 마가복음에서 예수님을 주라고 한 사람은 이 여자가 유일하다. 나중에 베드로가 "주는 그리도시니이다"라는 신앙 고백을 하지만 베드로가 말한 주는 you인데 이 여자가 말한 주는 Lord이다. 여자는 예수님이 누구인지 제대로 알았다.

유대인이 아니라서 자격이 없다고 하자. 하지만 메시야는 자격을 따지는 분이 아니다. 예수님이 정말로 메시야라면 자기한테 자격이 없는 것이 전혀 문제가 안 된다. 여자가 이 사실을 알았다. 결국 개들도 아이들이 먹던 부스러기를 먹는다는 얘기는 귀신 들린 딸을 고치기 위해서 자존심을 포기한 말이 아니다. 개도 주인한테 먹을 것을 얻는다는 사실에 초점을 둔 말이다.

우리는 주님의 상에서 떨어지는 부스러기 은혜도 과분한 것을 인정한다.

하지만 개들도 아이들이 먹던 부스러기를 먹는다는 말은 마음에 들지 않는다. 누구는 자녀가 되어서 상에서 떡을 먹고 누구는 개가 되어서 상 아래에서 부스러기를 먹는단 말인가? 그 부스러기가 보통 부스러기가 아닌 것은 알지만 서운한 마음은 어쩔 수 없다.

그러면 따져보자. 개들도 아이들이 먹던 부스러기를 먹는다는 얘기는 자격 없는 자들한테 임하는 은혜를 말한다. 여자가 그런 은혜를 구했다. 자기가 자격 없는 것은 알지만 주님은 자격을 따지는 분이 아니지 않느냐는 것이다. 그러면 자격 있는 사람은 누구일까? 상 위의 떡을 배불리 먹는 자녀가 존재하기는 할까?

예수님 말씀 중에 "나는 의인을 부르러 온 것이 아니라 죄인을 부르러 왔노라"라는 말씀이 있다. 의인은 누구이고 죄인은 누구일까? 이 세상에는 의인도 있고 죄인도 있는데 예수님은 그중에서 죄인을 부르러 왔다는 뜻이 아니다. 의인은 없다. 자기가 의인인 줄로 착각하는 사람이 있을 뿐이다.

마찬가지다. 상 위에 있는 떡을 먹는 자녀도 있고 상 아래 떨어진 부스러기를 먹는 개도 있는 것이 아니다. 상 위에 있는 떡을 먹는 자녀는 없다. 유대인들이 그렇게 착각하는 것뿐이다.

앞에서 장로들의 전통 이야기가 나왔다. 유대인들은 스스로 자격을 만들려고 했다. 하나님으로부터 주어지는 것이 어떤 것인지 몰랐기 때문이다. 괜히 자기들끼리 도토리 키 재기만 했다. 그래서 주님이 수로보니게 여자를 만났다. 마틴 루터는 이 여자한테서 복음을 보았다고 했다. 도무지 소망할 수 없는 것을 소망해서 그것을 얻었다. 우리가 바로 그런 사람들이다.

7:31-37〉 예수께서 다시 두로 지방에서 나와 시돈을 지나고 데가볼리 지방을 통과하여 갈릴리호수에 이르시매 …(중략)… 그가 모든 것을 잘하였도다 못 듣는 사람도 듣게 하고 말 못하는 사람도 말하게 한다 하니라

예수님이 갈릴리에 이르렀다. 사람들이 귀먹고 말 더듬는 자를 데리고 와서 안수해주시기를 구했다. 그런데 예수님이 바로 고쳐주시지 않고 그 사람을 따로 데리고 무리를 떠났다.

두로 지방에 계실 때 예수님은 아무도 모르게 하려고 했지만 그렇게 되지 않았다. 메시야 사역 때문에 이 땅에 오신 예수님이 사람을 피한 데에는 뭔가 사연이 있을 것이다. 6:53-56에서 게네사렛 지방의 많은 사람들이 예수님께 와서 병을 고친 것을 확인했다. 그 사람들이 어떤 사람들일까? 예수님을 만난 사람들일까, 예수님을 만나지 못한 사람들일까?

예수님은 메시야다. 예수님을 통해서 병이 나을 수 있다. 하지만 병이 나은 것이 하나님 나라 자체는 아니다. 하나님 나라를 보여주는 표적이다. 그런데 게네사렛 사람들은 병만 고치고 말았다. 예수님을 찾아온 이유가 그것이 전부였다. 예수님이 누구인지 궁금하지도 않았다.

"예수님, 여기 환자가 있습니다."

"알았다. 금방 고쳐주마."

"예수님, 여기 환자가 있습니다."

"알았다. 나한테 맡겨라."

"예수님, 여기 환자가 있습니다."

"알았다. 이런 일은 내가 전공이다."

이런 식으로 얘기가 진행되면 예수님이 이 세상에 오신 이유가 없어진다. 그래서 그 사람을 따로 데리고 무리를 떠났다. 손가락을 그의 양 귀에 넣고 침을 뱉어 그의 혀에 손을 대시고 탄식하시며 '에바다'라고 했다. 열리라는 뜻이다.

예수님이 말씀하시면 풍랑도 복종한다. 귀신도 복종하고 사망 권세도 복종한다. 수로보니게 여자의 딸을 고쳐줄 적에도 말씀만 했다. 그런데 이번에는 다르다. 손가락을 그의 양 귀에 넣고 침을 뱉어 그의 혀에 손을 댔다. 그런 동작이 그 사람한테 필요했다는 뜻이다.

그는 귀가 먹었다. 소리를 듣지 못한다. 예수님이 말씀하시면 병은 낫겠지만 무슨 일이 있었는지 모르게 된다. 그래서 일종의 수화를 하셨다. "여기에 이상이 있느냐? 그럼 여기를 치료하자. 이곳도 치료해야 하겠구나." 라고 하신 것이다. 그 사람은 그런 접촉을 통해서 자기 귀와 혀에 변화가 생기기를 기대했을 것이다.

예수님이 나사로 무덤 앞에서 울었다. 이제 곧 나사로가 살아날 텐데 왜 울었을까? 결국 나사로가 죽었기 때문에 운 것이 아니다. 사망이 왕 노릇하는 세상을 살아야 하는 우리의 현실이 안타까웠기 때문이다.

예수님이 탄식하신 이유도 마찬가지다. 이런 일이 있다는 사실이 안타까운 것이다. 죄와 질병에 시달리며 살아야 하는 인생을 보니 탄식이 안 나올 수 없었다. 대체 어쩌다 귀가 있어도 듣지 못하고 입이 있어도 말하지 못하게 되었단 말인가?

윌리엄 폴 영이 그가 쓴 〈오두막〉에서 하나님의 아들이 인간이 된 것을 날아다니는 것이 본성인 새가 땅에 붙어서 걷기로 결정한 것에 비유한다. 새가 새이기를 포기하지 않은 채 자신의 삶을 의미심장하게 변화시킨 것이다. 새가 날지 않고 땅에서 사는 것처럼 예수님은 본성적으로 완전한 하나님이지만 완전한 인간으로 살았다. 예수님은 우리의 연약함을 아신다. 우리가 겪는 모든 아픔, 슬픔, 고통, 좌절, 낙망, 실패, 눈물, 한숨을 다 아신다. 그래서 탄식하셨다.

이어서 '에바다'라고 했다. 그러자 귀가 열리고 혀가 맺힌 것이 곧 풀려 말이 분명해졌다. 그 사람은 얼마 전까지만 해도 귀가 먹고 말을 더듬는 사람이었다. 말을 더듬는다는 얘기는 헬라어 '모길랄로스'를 번역한 말이다.

> 그때에 맹인의 눈이 밝을 것이며 못 듣는 사람의 귀가 열릴 것이며 그때에 저는 자는 사슴 같이 뛸 것이며 말 못하는 자의 혀는 노래하리니 이는 광야에서 물이 솟겠고 사막에서 시내가 흐를 것임이라(사 35:5-6)

이사야가 장차 올 구원의 날을 예언하면서, 그날이 오면 말 못하는 자의 혀가 노래한다고 했다. 〈70인역〉에서 말 못하는 자를 '모길랄로스'로 번역했다. 마가가 바로 그 단어를 썼다. "그 옛날 이사야 선지자가 그날이 오면 말 못하는 자가 노래한다고 하지 않았느냐? 봐라! 그런 일이 일어났다."라는 뜻이다. 이사야의 예언이 성취되었으면 귀가 먹고 말을 더듬던 사람이 치유된 것이 문제가 아니다. 하나님의 나라가 선포되었다. 이제부터 새로운 시대다.

이사야가 주의 옷자락이 성전에 가득한 환상을 본 적이 있다. 스랍들이 만군의 여호와의 영광을 찬양한다. 그리고 주의 목소리가 들린다. "내가 누구를 보내며 누가 우리를 위하여 갈꼬?" 그 소리에 이사야가 "내가 여기 있나이다. 나를 보내소서."라고 했다. 그러면 하나님이 이사야한테 가서 전할 메시지를 주셔야 한다. 그런데 그 내용이 당혹스럽다.

> 여호와께서 이르시되 가서 이 백성에게 이르기를 너희가 듣기는 들어도 깨닫지 못할 것이요 보기는 보아도 알지 못하리라 하여 이 백성의 마음을 둔하게 하며 그들의 귀가 막히고 그들의 눈이 감기게 하라 염려하건대 그들이 눈으로 보고 귀로 듣고 마음으로 깨닫고 다시 돌아와 고침을 받을까 하노라 하시기로(사 6:9-10)

"가서 내 백성에게 말씀을 전해라. 워낙 고집불통이라서 잘 듣지 않을 거다. 그래도 어떻게 좀 해봐라."라고 하신 것이 아니다. "너희는 들어도 깨닫지 못하고 보아도 알지 못할 것이라고 해라. 행여 너희가 정신을 차려서 너희 행실을 고칠까 걱정된다고 전해라."라고 하셨다.

어떤 집 아이가 고 3인데 통 공부를 안 한다. 성적은 바닥인데 아무리 야단을 쳐도 말을 안 듣는다. 급기야 어머니가 폭탄선언을 한다. "그래, 잘됐다. 집에 돈 없으니까 제발 공부하지 마라. 네가 대학 가면 또 빚만 늘어난다." 하나님이 같은 말씀을 하신다. 정신 차리지 말고 그냥 망하라는 것이다.

내가 이르되 주여 어느 때까지니이까 하였더니 주께서 대답하시되 성읍들은 황폐하여 주민이 없으며 가옥들에는 사람이 없고 이 토지는 황폐하게 되며 여호와께서 사람들을 멀리 옮기셔서 이 땅 가운데에 황폐한 곳이 많을 때까지니라(사 6:11-12)

하나님 말씀에 이사야가 어느 때까지 그렇게 해야 하느냐고 묻는다. 그러자 사람들이 전부 다른 나라에 포로로 끌려가고 이 땅이 황폐하게 될 때까지 그렇다고 하셨다. 이스라엘에 구제 불능을 선언하신 것이다.

그러면 이사야가 무슨 낙으로 하나님 말씀을 전할까? 자기가 아무리 말씀을 전해도 이스라엘은 돌이키지 않을 것이다. 들어도 깨닫지 못하고 보아도 알지 못하니 방법이 없다. 그런 일을 왜 해야 할까? 그래서 "그때에 맹인의 눈이 밝을 것이며 못 듣는 사람의 귀가 열릴 것이며 그때에 저는 자는 사슴 같이 뛸 것이며 말 못하는 자의 혀는 노래하리니 이는 광야에서 물이 솟겠고 사막에서 시내가 흐를 것임이라"라고 했다.

이사야가 마지막이 아니다. 하나님이 이사야를 보내는 것으로 이스라엘에 최후통첩을 하신 것이 아니다. 구약시대 내내 선지자를 통해서 말씀하신 하나님이 언젠가 메시야를 보낼 것이다. 이스라엘이 지금은 들어도 깨닫지 못하고 보아도 알지 못하지만 이스라엘 역사가 그렇게 끝나지 않는다. 맹인이 보고 못 듣는 자가 듣고 말 못하는 자가 노래할 날이 있다. 이스라엘이 도저히 말귀를 알아듣지 못하니 하나님이 직접 그 일을 하실 것이다.

그리고 마가가 얘기한다. 드디어 그날이 왔다는 것이다. 귀먹고 말 더듬던 자가 예수님의 에바다 한마디에 귀가 열리고 혀가 맺힌 것이 풀려 말이 분명하게 되었다. 못 듣는 사람이 듣고 말 못하는 자가 말하는 일이 어떻게 가능할까? 자기가 노력해서 된 것이 아니다. 예수님이 하셨다. 구원은 자기가 깨달아서 얻는 것이 아니라 외부에서 주어지는 것이다.

그 사람을 고친 다음에 예수님은 사람들에게 아무에게도 이르지 말라고 했지만 소용없었다. 예수님 소문이 더욱 널리 전파되었다. 예수님의 행적을 본 사람들은 심히 놀라서 "그가 모든 것을 잘하였도다 못 듣는 사람도 듣게 하고 말 못하는 사람도 말하게 한다"라고 했다.

못 듣는 자를 듣게 하고 말 못하는 자가 말하게 했으니 감탄할 만하다. 도무지 일어날 수 없는 일이 일어난 것이다. 그런데 그런 얘기를 하면서 "그가 모든 것을 잘하였도다"라고 했다. '잘하였도다'는 헬라어 '칼로스'를 번역한 말이다. 하나님의 창조 사역을 연상하게 한다. 창 1:31a에 "하나님이 지으신 그 모든 것을 보시니 보시기에 심히 좋았더라"라고 되어 있다. 이때 '좋았더라'에 같은 단어가 쓰였다.

태초에 하나님이 천지를 창조했다. 그 모든 것이 하나님 보시기에 칼로스했다. 그런데 문제가 생겼다. 인간이 죄를 범했다. 아담, 하와 이래 모든 인간은 하나님에 대해서 죽었다. 들어도 깨닫지 못하고 보아도 알지 못하는 신세가 되었다. 예수님이 그것을 고치신다. 못 듣는 사람은 듣게 하고 말 못하는 사람은 말하게 하신다. 그것을 다시 칼로스하다고 한다. 지금 예수님이 하시는 일은 그 옛날 하나님이 하셨던 일과 같은 일이다.

아우구스티누스는 한때 마니교도였다. 그가 얘기했다. "마니교도는 말은 많이 하지만 벙어리다. 그들의 입에서는 하나님 말씀이 나오지 않는다." 우리는 어떤가? 하루 종일 말은 많이 하는데 그중에 하나님을 증거 하는 말이 몇 마디나 될까? 이 세상의 온갖 잡다한 소리는 들으면서 정작 하나님 말씀은 못 듣고 있지는 않은가? 못 듣는 자였다가 듣게 되었고 말 못하는 자였다가 말하게 된 사람들이 바로 우리들이다. 불신자가 하나님 말씀을 듣지 않고 하나님을 증거 하는 말을 하지 않는 것은 별수 없다. 하지만 우리는 달라야 한다. 우리는 마땅히 하나님 말씀을 들어야 하고 하나님을 높이는 말을 해야 한다. 예수님이 그 일 때문에 오셨다.

8장 뜻 모를 신앙 고백

8:1-10〉 그 무렵에 또 큰 무리가 있어 먹을 것이 없는지라 예수께서 제자들을 불러 이르시되 …(중략)… 예수께서 그들을 흩어 보내시고 곧 제자들과 함께 배에 오르사 달마누다 지방으로 가시니라

오병이어 기적이 있고 얼마나 지났을까? 또 큰 무리가 먹을 것이 없었다. 제자들은 이번에도 대책이 없었고, 예수님이 떡 일곱 개와 작은 생선 두어 마리로 거기 있는 사람을 다 먹였다. 모두 사천 명이 배불리 먹었고 남은 조각을 거둔 것이 일곱 광주리였다.

예수님이 행사한 기적에는 모두 독자적인 메시지가 있다. 그런데 본문은 오병이어 기적을 그대로 되풀이한다. 이미 오병이어 기적으로 예수님이 우리의 생명 양식임을 보여주셨는데 같은 기적이 또 필요할까?

본문은 “그 무렵에 또 큰 무리가 있어 먹을 것이 없는지라…”로 시작한다. ‘그 무렵’은 예수님이 귀먹고 말 더듬는 자를 고쳐주신 무렵이다. 그러면 ‘큰 무리’는 어떤 사람들일까? 유대인일까, 이방인일까?

오병이어 기적 때는 열두 바구니가 남았고 이번에는 일곱 광주리가 남았다. 바구니와 광주리가 우리말로는 차이가 없다. 영어로도 둘 다 basket이다. 그런데 원어는 다르다. 바구니는 ‘코피노스’이고 광주리는 ‘스퓌리스’다. 코피노스보다 스퓌리스가 더 크다. 유대인들은 코피노스를 썼고 헬라인들은 스퓌리스를 썼다.

오병이어 기적은 “예수께서 나오사 큰 무리를 보시고 그 목자 없는 양 같음으로 인하여 불쌍히 여기사 이에 여러 가지로 가르치시더라”로 시작했다. 무리를 불쌍히 여겨서 여러 가지로 가르치다 보니 날이 저물었고, 그렇게 해서 오병이어 기적이 시작되었다. 같은 내용이 본문에서 반복된다. 예수님이 무리를 불쌍히 여겼다. 예수님과 함께 있은 지 사흘이나 지났다. 사흘 동안 무엇을 했겠는가? 오병이어 기적 때처럼 불쌍히 여기는 마음으로 무리를 가르쳤을 것이다.

상황은 같은데 제자들의 반응이 다르다. 오병이어 기적 때는 제자들이 먼저 걱정했다. 그런데 본문에서는 예수님이 얘기를 꺼낸다. 그러자 제자들이 “이 광야 어디서 떡을 얻어 이 사람들로 배부르게 할 수 있으리이까”라고 한다.

뭔가 이상하다. “웬 내숭이십니까? 이 정도는 잠깐 기도하면 되는 일 아닙니까?”라고 하는 것이 어울린다. 그런데 오병이어 기적을 모르는 사람처럼 말한다. 이렇게 학습 효과가 없을 수 있을까? 오병이어 기적 때는 "우리가 가서 이백 데나리온의 떡을 사다 먹이리이까?"라는 말이라도 했는데 이번에는 그런 말도 없다. 그 자리에 있는 사람들이 이방인이기 때문이다. 제자들 생각에 예수님은 너무 오지랖이 넓어서 탈이다.

제자들의 냉담을 뒤로 하고 예수님이 무리를 땅에 앉게 하고는 떡 일곱 개를 가지고 축사했다. 오병이어 때와 똑같이 성찬식을 보여준다. 떡을 떼어 제자들로 하여금 무리에게 나누어 주게 했다. 이것도 똑같다. 또 작은 생선 두어 마리도 있어서 그것도 축복한 다음에 나누어 주게 했다. 오병이어 때는 떡과 물고기가 같이 있었는데 이번에는 시간 격차가 있다. 하마터면 물고기가 빠질 뻔했다.

요즘 환갑은 큰 행사가 아니지만 내가 어렸을 때는 마을 잔치를 했다. 환갑을 맞은 사람은 마을에서 가장 어른이게 마련이다. 동네 사람이 다 모여서 축하하는 것은 물론이고 걸인들도 밥을 얻어먹었다.

어떤 걸인이 마당 한구석에서 밥을 먹는 것을 누군가 봤다. 그러고는 큰 소리로 외친다. "여긴 왜 고기 없어? 고기 갖고 와!" 걸인이라고 해서 차별하면 안 된다. 다른 날도 아니고 잔칫날이다.

본문이 그런 식이다. 오병이어 기적 때 유대인들이 떡과 물고기를 먹었다. 이방인이라고 해서 떡만 먹을 수 없다. 그래서 작은 생선 두어 마리가 뒤늦게 등장한다.

환갑잔치에서 걸인이 밥을 얻어먹는 경우, 왜 고기가 없느냐는 말에 누군가 고기를 갖고 오면서 "거지한테 무슨 고기야?"라고 투덜거릴 수 있다. 7

절에서 "또 작은 생선 두어 마리가 있는지라 이에 축복하시고 명하사 이것도 나누어 주게 하시니"라고 했다. '이것도'를 강조해서 읽을 수 있지 않을까? 그때 제자들이 "이방인한테 고기도요?"라는 생각을 했을 수 있다.

제자들 생각은 상관없다. 오병이어 기적 때 유대인들이 배불리 먹은 것처럼 이방인들도 배불리 먹었다. 유대인들한테는 자기들이 유대인이라는 사실이 중요했겠지만 예수님께는 중요하지 않았다. 유대인이나 이방인이나 아무 차이가 없다.

유대인들로서는 서운할 수 있다. 그러면 자기들이 이방인과 다른 점이 무엇이란 말인가? 자기들은 아브라함의 후손이다. 난 지 팔 일만에 할례를 받았고 율법을 지킨다. 성전에서 제사도 드린다. 그런데도 이방인과 같은 대접을 받는 것이 말이 될까?

어떤 분이 푸념을 늘어놓았다. 자기는 꼬박꼬박 주일 지키고 십일조 하고 구역예배를 드려도 되는 일이 없고, 옆집은 교회 근처에도 가보지 않았는데 자기보다 잘된다는 것이었다. 그런 말을 하면서 대체 예수 믿는 보람이 무엇인지 모르겠다고 했다.

주일도 지키고 십일조도 하고 구역예배도 드린다는 얘기를 다른 말로 하면 할례도 받았고 율법도 지키고 제사도 지낸다는 얘기다. 자기한테는 그런 의로움이 있는데 왜 아무런 보상이 없느냐고 하면 뭐라고 해야 할까?

예수님은 유대인이 병들었을 때도 고쳐주셨고 이방인이 병들었을 때도 고쳐주셨다. 유대인이 굶주릴 때도 먹여주셨고 이방인이 굶주릴 때도 먹여주셨다. 메뉴도 같았다. 예수님이 유대인과 이방인을 똑같이 대하신다면 유대인들은 무엇으로 자기들을 구별해야 할까? "나는 아브라함의 후손이다. 할례를 받았다. 율법을 지킨다."로는 안 된다. 아브라함의 후손으로 태어나서 할례를 받고 율법을 지켜서 하나님의 백성으로 살고 있어야 한다. 어느 만큼 하나님의 백성다우냐가 곧 유대인 된 증거다.

우리한테 적용하면 "나는 주일에 교회 간다. 십일조도 한다. 봉사도 한다."라는 사실만으로는 부족하다. 그렇게 해서 신자답게 변모되어야 한다. "나는 믿습니다. 저 사람은 안 믿습니다." 하고, 다른 사람과 자기를 구별할 것이 아니라 "내가 전에는 그렇게 했는데 지금은 이렇게 한다." 하고, 자기의 이전과 지금을 구별해야 한다. 십자가를 기준으로 자기와 다른 사람을 구별할 것이 아니라 십자가를 통과하기 이전의 자신과 통과한 다음의 자신을 구별해야 한다.

8:11-13〉 바리새인들이 나와서 예수를 힐난하며 그를 시험하여 하늘로부터 오는 표적을 구하거늘 …(중략)… 이 세대에 표적을 주지 아니하리라 하시고 그들을 떠나 다시 배에 올라 건너편으로 가시니라

예수님은 지금까지 숱한 표적을 보이셨다. 전부 예수님이 메시야임을 보여주는 표적들이다. 그런데 무슨 표적이 또 필요할까? 어떤 표적을 보여주면 예수님을 메시야로 인정할까?

예수님이 마음속으로 깊이 탄식했다. 어찌하여 표적을 구하느냐면서 표적을 주지 않겠다고 했다. 표적을 보여주는 대신 그들을 떠나 배를 타고 건너편으로 가셨다. 그들 마음이 하나님에게서 멀리 있으니 예수님도 그들을 떠난 것이다.

만일 표적을 보여줬으면 어떻게 되었을까? 예수님이 귀신을 쫓아냈을 때도 귀신의 왕을 힘입어서 귀신을 쫓아낸다고 했다. 표적을 보여줘도 사탄의 장난이라고 우기면 그만이다. 표적이 문제가 아니라 예수님을 메시야로 인정할 마음이 없었다.

예수님의 뒷모습을 보면서 그들이 뭐라고 했을까? 아마 보여줄 표적이 없으니 도망간다고 했을 것이다. 왜 표적을 못 보여주느냐고 비아냥거렸을 수도 있다. 예수님이 자기들을 떠나는 것이 자기들한테 심판이라는 사실을 몰랐을 것이다.

바리새인들의 문제가 무엇일까? 그들의 메시야관(觀)이 잘못되었다. 자기들이 틀렸을 수 있다는 생각을 전혀 못했다.

8:14-21〉 제자들이 떡 가져오기를 잊었으매 배에 떡 한 개밖에 그들에게 없더라 예수께서 경고하여 이르시되 …(중략)… 이르되 일곱이니이다 이르시되 아직도 깨닫지 못하느냐 하시니라

"제자들이 떡 가져오기를 잊었으매…"라고 했다. 이런 말이 왜 나와야 할까? 방금 바리새인들이 하늘로부터 오는 표적을 구했다. 예수님은 탄식하시며 표적을 주지 않겠다고 했다. 그런 일이 있고서 배에 올랐다. 그러면 바리새인들에 대한 안타까움을 말해야 하는 것 아닐까?

어쩌면 "배에 떡 한 개밖에 없더라"라는 말도 진짜 떡이 아니라 예수님을 가리키는 것일 수 있다. 제자들한테 있던 떡 일곱 개는 사천 명을 먹이느라 다 썼다. 그들한테는 더 이상 떡이 없고 대신 생명의 떡이신 예수님이 있다. 그것을 "…배에 떡 한 개밖에 없더라"라고 한 것이 아닌가 싶다. 만일 그렇다면 그 떡이야말로 진짜 떡이다.

어쨌든 예수님이 바리새인들의 누룩과 헤롯의 누룩을 주의하라고 했다. 제자들은 자기들한테 떡이 없기 때문에 하시는 말씀이라고 수군거렸다. 예수님은 그런 말씀을 하신 적이 없는데 그렇게 받아들였다. 어떻게 된 영문일까?

누룩이라는 연결 고리가 있기는 하다. 예수님이 바리새인들의 누룩과 헤롯의 누룩을 주의하라고 하신 말씀은 바리새인들이나 헤롯당의 영향을 받지 말라는 뜻이다. 모름지기 그리스도인은 세상의 영향을 받으면 안 된다. 그런데 제자들은 누룩이라는 말을 듣자마자 떡을 떠올렸다. 제자들의 발상이 특이하지만 그것이 그들의 수준인 것을 어쩌겠는가?

앞에서 예수님께 표적을 구한 사람은 바리새인들이었다. 그런데 예수님이 바리새인들의 누룩과 헤롯의 누룩을 주의하라고 했다. 바리새인은 당시 종교 지도자들이었고 헤롯당은 로마와 손잡고 권력을 누리는 사람들이었다. 그들을 한통속으로 얘기한다. 이를테면 헤롯당은 "신앙이 뭡니까? 난 출세가 우선입니다."라는 사람이다. 그런 생각이 있으면 예수를 못 믿는다. 반면 바리새인은 "예수 잘 믿으면 세상에서 출세합니까?"라는 사람이다. 예수를 못 믿기는 마찬가지다.

그런데 말이 안 통한다. 제자들은 예수님이 자기네한테 떡이 없는 것을 지적하는 줄 알았다. 누룩이라는 말을 들으니 떡밖에 생각나는 것이 없는 것을 어떻게 할까?

그러면 예수님이 "내가 언제 떡을 얘기했느냐? 나는 바리새인과 헤롯의 누룩을 얘기했다. 바리새인과 헤롯의 누룩이 어떤 것이냐 하면…"이라고 해야 하지 않을까? 제자들이 잘못 알고 있는 것을 바로잡아줘야 한다. 그런데 "너희가 어찌 떡이 없음으로 수군거리느냐 아직도 알지 못하며 깨닫지 못하느냐 너희 마음이 둔하냐"라고 했다.

제자들이 떡이 없어서 수군거린 것은 예수님 말씀을 잘못 알아들었기 때문인데 예수님은 알아야 할 것을 몰라서 그렇다고 한다. 대체 무엇을 몰랐을까? 또 무엇을 알아야 할까?

앞에서 예수님이 귀가 있어도 듣지 못하고 입이 있어도 말하지 못하는 사람을 고쳐주셨다. 그런데 제자들한테 눈이 있어도 보지 못하고 귀가 있어도 듣지 못한다고 한다. 육신의 눈, 육신의 귀만 문제가 아니다. 영적인 눈, 영적인 귀도 문제다. 그러면 어떻게 해야 할까? 제자들도 안수해서 고쳐줘야 할까?

또 기억하지 못하느냐고 했는데 이 말씀은 신명기에 나온다.

> 옛날을 기억하라 역대의 연대를 생각하라 네 아버지에게 물으라 그가 네게 설명할 것이요 네 어른들에게 물으라 그들이 네게 말하리로다(신 32:7)

하나님께 순종할 수 있는 비결이 있다. 지금까지 어떤 일이 있었는지 떠올리는 것이다. 하나님이 자기들을 어떻게 인도했는지 알면 하나님 뜻대로 살 수 있다. 그래서 옛날을 기억하라는 것이다.

그 말씀을 예수님이 인용한다. 예수님 말씀을 잘못 알아들은 것은 기억해야 할 것을 기억하지 못했기 때문이다. 그러면서 떡 다섯 개로 오천 명에게 떼어 주고 거둔 것이 몇 바구니이고 떡 일곱 개로 사천 명에게 떼어 주고 거둔 것이 몇 광주리인지 묻는다.

제자들한테 어떤 깨달음을 촉구한 것일까? "나와 함께 있으면 떡은 얼마든지 무한 리필 되는데 왜 떡에 신경 쓰느냐?"가 아니다. "내가 너희를 위한 생명의 떡인데 너희의 관심은 대체 어디에 있는 것이냐?"라는 뜻이다.

예수님은 이 세상에 생명을 주러 오셨다. 유대인이나 이방인이나 차별이 없다. 바리새인들이 그런 예수님한테 하늘로부터 오는 표적을 구했다. 무슨 수를 써서라도 예수님이 메시야가 아니라는 사실을 밝히려고 했다. 예수님이 자기들이 기대한 메시야가 아니었기 때문이다. 그러면 제자들은 어떤가? 바리새인들이 한심한 것은 상관없다. 문제는 제자들이다. 예수님과 함께 있으면서도 예수님이 누구인지 몰랐다. 생명의 떡이신 예수님을 모시고 있으면서도 육신의 떡에만 관심이 있었다.

"아직도 깨닫지 못하느냐"라는 예수님 말씀에 제자들이 어떻게 대답했는지 성경에 나와 있지 않다. 당연히 깨닫지 않았겠느냐 싶을 수 있지만 이어지는 내용을 보면 그렇지 않다. 22-26절에는 예수님이 벳새다에서 맹인을 고치는 내용이 나오고 27-38절에는 빌립보 가이사랴에서 예수님이 제자들과 대화하는 내용이 나온다. 베드로가 그 유명한 신앙 고백을 한 것이 이때다. 신앙 고백이 신앙 고백으로 끝나지 않았다. 십자가를 질 것이라는 예수님을 만류했다가 "사탄아 내 뒤로 물러가라"라는 엄한 꾸중을 듣는다. 그때까지도 예수님을 세속적인 메시야로 알았다.

제자들은 그렇다 치고 우리는 어떤가? 제자들을 흉보는 것으로는 부족하다. 예수님이 이 세상에 왜 오셨는지 바로 알아야 한다. 우리는 예수님이 주신 생명으로 이 세상을 사는 사람들이다.

8:22-26〉 벳새다에 이르매 사람들이 맹인 한 사람을 데리고 예수께 나아와 손대시기를 구하거늘 …(중략)… 예수께서 그 사람을 집으로 보내시며 이르시되 마을에는 들어가지 말라 하시니라

예수님을 만나서 병이 나은 사람은 한둘이 아니다. 그런데 본문은 특이하다. 어떤 맹인이 있었는데 예수님이 한 번 안수한 것으로 치유가 제대로 이루어지지 않았다. 시력이 돌아오기는 했는데 완전하게 돌아오지 않은 것이다. 예수님이 다시 안수한 다음에야 모든 것을 밝히 보게 되었다.

마가복음은 지리적인 배경에 따라 세 부분으로 나눌 수 있다. 우선 갈릴리가 한 부분이고 갈릴리에서 예루살렘이 또 한 부분이다. 그리고 다른 한 부분은 예루살렘이다. 마가복음 시작부터 본문까지는 주로 갈릴리에서 있었던 일이다. 본문을 끝으로 예루살렘으로 가게 된다. 8:27부터 10장은 갈릴리에서 예루살렘에 가는 동안 있었던 일이고 11장부터 끝까지는 예루살렘이 그 배경이다.

갈릴리에서 사역할 적에는 예수님이 메시야라는 사실을 숨겼다. 하지만 마냥 숨긴 것이 아니다. 예수님이 예루살렘에 가시는 것은 메시야 사역 때문이다. 그래서 예루살렘으로 가시면서 제자들한테 자신이 메시야임을 공개한다. 빌립보 가이사랴에서 "사람들이 나를 누구라 하느냐?"라고 묻고 이어서 "너희는 나를 누구라 하느냐?"라고 하신 것이 그 시작이다. 또 변화산에서 변화된 모습으로 엘리야, 모세와 함께 말씀을 나누기도 했다. 인자가 사람들의 손에 넘겨져 죽임을 당하고 삼 일 만에 살아난다는 얘기도 여러 번 했다.

문제는 제자들의 잘못된 메시야관(觀)이다. 예수님은 떡 다섯 개로 오천 명을 먹이고 떡 일곱 개로 사천 명을 먹였다. 그런데 그것이 무엇을 뜻하는지 몰랐다. 바리새인의 누룩과 헤롯의 누룩을 주의하라고 하는데도 자기들한테 떡이 없는 것을 걱정했다. 그런 제자들을 데리고 벳새다에 이르렀고 사람들이 맹인을 데리고 왔다.

앞에서 바리새인들이 예수님께 표적을 구했다. 또 예수님이 제자들한테 눈이 있어도 보지 못하느냐고 꾸짖었다. 바리새인들은 아예 볼 마음이 없는 사람들이다. 예수님을 메시야로 인정할 마음이 없었다. 반면 제자들은 눈이 있어도 보지 못한다. 예수님과 함께 있으면서도 예수님이 누구인지 몰랐다. 그런 제자들에 대한 비유로 맹인이 등장한다. 이 맹인이 사물을 밝히 보게 되는 것처럼 제자들도 조만간 예수님을 바로 알게 될 것이다.

예수님이 맹인의 눈에 침을 뱉으며 그에게 안수하시고 무엇이 보이느냐고 물었고 맹인은 "사람들이 보이나이다. 나무 같은 것들이 걸어가는 것을 보나이다."라고 했다.

맹인은 시력이 없는 사람이다. 아무것도 볼 수 없다. 그런데 차도가 생겼다. 제대로 분별하지는 못하지만 어쨌든 뭔가 보인다. 그 정도만 해도 충분히 흥분할 일이다. 전혀 못 보다가 보게 되었는데 무엇을 더 바랄까?

그것이 제자들의 수준이었다. 예수님을 안다고 하는데 바로 알지는 못했다. 예수님은 신통한 능력이 있는 분이다. 귀신을 쫓아내기도 하고 풍랑도 잔잔하게 한다. 메시야가 분명하다. 이런 능력이면 로마를 몰아내서 메시야 왕국을 선포할 수 있을 것이다. 예수님에게 기대하는 것이 그것이 전부였다.

요즘말로 바꿔볼까? 신앙이 있다고는 하는데 하나님이 자기한테 무엇을 원하시는지 관심 없다. 오히려 하나님이 자기 소원을 이루어줄지에 관심이 있다. 그 소원을 이루는 것이 하나님 나라와 무슨 상관이 있는지 알 바 아니다. 어쨌든 이루어지면 된다. 신앙이 무엇인지 자기가 정한다.

제자들이 그랬다. 신앙이 세속적인 힘으로 환산되는 줄 알았다. 예수님이 십자가를 말씀하시자 베드로가 펄쩍 뛴 것이 그런 연유다. 메시야가 그렇게 나약한 말을 하면 어떻게 한단 말인가? 제자들은 자기들끼리 누가 큰지 논쟁을 벌이기도 했고, 야고보와 요한은 자기들을 예수님 좌우편에 앉게 해달라고 청탁도 했다.

예수님과 함께 있으면서도 예수님을 제대로 모르는 것이 마치 맹인이 눈은 떴지만 사물을 제대로 식별하지 못하는 것과 같다. 사람들이 보인다고 하면서, 나무 같은 것들이 걸어간다고 했다. 예수님이 그런 맹인한테 다시 안수하자, 그때서야 모든 것을 밝히 보게 된다. 제자들로 얘기하면 오순절 성령 강림을 체험한 다음에 비로소 예수님을 바로 알게 되는 것에 해당한다. 예수님께 기대어 팔자를 고치는 것이 신앙인 줄 알았던 제자들이 오히려 예수님을 위해서 자기 한 몸을 돌보지 않게 된다.

예수님이 그 사람을 집으로 보내시며 마을에 들어가지 말라고 했다. 맹인이었던 예전 삶의 자리로 돌아가지 말라는 뜻이다. 마을에 가면 치유의 의미는 모른 채 치유 자체에만 열광하는 사람들이 있을 것이다. 그들과 어울릴 까닭이 없다.

상상해 보자. 맹인이 눈을 떴을 때 얼마나 감격했을까? "예수님, 감사합니다. 예수님은 평생의 은인입니다. 무엇이든지 말씀만 하십시오. 제 목숨이라도 바치겠습니다."라고 할 만하다. 그런데 예수님이 마을에 들어가지 말라고 했다. 그 사람한테 가장 중요한 일은 예수님께 은혜를 갚는 일이 아니라 마을에 들어가지 않는 일이었다.

이웃의 소리가 하나님의 소리보다 큰 법이다. 신구약중간시대를 배경으로 하는 외경 〈마카베오〉가 그런 내용으로 시작한다. 유다 백성들이 왕한테 이방인의 생활 풍습을 받아들이게 해달라고 청원해서 허락을 얻는다. 이방인과 다르게 살려니 손해 보는 것이 너무 많다는 것이다. 그렇게 해서 예루살렘에 운동장을 만들고 몸에서 할례의 흔적을 없앤다. 헬라 문화를 받아들여서 헬라 사람처럼 살았다. 유대교의 대적이 이방 종교가 아니라 이방 문화였다.

우리한테 그대로 해당되는 말이다. 불교나 이슬람교 때문에 신앙이 방해받는 법은 없다. 이 세상 풍조가 문제다. 거기에 미련이 있으면 예수님을 제대로 보지 못한다. 그러면 신앙이 세상을 살면서 필요한 것을 얻는 수단으로 전락한다.

제자들은 오순절 성령 강림을 체험한 다음에 이 문제를 해결했다. 우리는 어떤가? 우리는 예수님을 바로 보고 있을까? 이웃의 소리가 하나님의 소리보다 크다는 말은 비웃으면 그만이다. 우리가 예수님에 의해 눈을 뜬 사람들이라면 그다음에 할 일은 세상으로 돌아가지 않는 일이다. 우리의 만족이 세상에 있지 않고 예수님께 있다.

8:27-38〉 예수와 제자들이 빌립보 가이사랴 여러 마을로 나가실새 길에서 제자들에게 물어 이르시되 …(중략)… 인자도 아버지의 영광으로 거룩한 천사들과 함께 올 때에 그 사람을 부끄러워하리라

예수님이 왜 빌립보 가이사랴에 가셨을까? 빌립보 가이사랴에서는 아무도 안 만났다. 제자들과 얘기만 했다. 예수님이 제자들한테 자기를 누구로 생각하는지 묻고, 베드로가 답을 한다. 그리고 예수님을 따르는 것이 어떤 것인지 설명한다. 이 대화를 위해서 빌립보 가이사랴에 가셨다. 예수님이 누구이고, 예수님을 따르는 것이 어떤 것인지 새기기에 가장 적합한 곳이 빌립보 가이사랴였다.

일찍이 헤롯 대왕이 지중해 연안에 항구 도시를 건설하고 이름을 가이사랴로 지었다. 그의 아들 헤롯 빌립도 갈릴리 북쪽에 도시를 건설하고는 가이사랴라고 했다. 원래의 가이사랴와 구별하기 위해서 빌립보 가이사랴라고 한다.

당시 로마에는 로마 황제의 이름이나 칭호를 붙인 도시가 한둘이 아니었다. 아무 도시에나 그렇게 할 수 있는 것이 아니다. 로마 황제의 위용에 어울리는 규모여야 했다. 또 도시의 가장 높은 곳이나 한복판에 황제를 위한 신전이 있어야 했다. 즉 빌립보 가이사랴는 로마 황제가 신으로 군림하는 도시였다.

그런 곳에서 예수님이 묻는다. "사람들이 나를 누구라 하느냐?" 제자들이 세례 요한이나 엘리야, 혹은 선지자 중의 한 사람이라고 한다고 답했다. 예수님이 다시 묻는다. "너희는 나를 누구라 하느냐?"

"사람들이 나를 누구라 하느냐?"라는 질문은 별 부담이 없다. 남들이 말하는 대로 답하면 된다. 설령 틀려도 자기 책임이 아니다. "너희는 나를 누구라 하느냐?"라는 질문은 그렇지 않다. 그 질문에는 자기 인생을 걸고 답해야 한다. 이때 베드로가 "주는 그리스도시니이다"라고 답했다. 예수님이 지금까지 병자를 고치고 귀신을 쫓아내고 죽은 사람을 살리고 오병이어 기적을 일으킨 것이 이 고백을 위한 것이었다.

예수님에 대한 우리의 태도는 전부(全部) 아니면 전무(全無)라야 한다. C. S. 루이스가 예수님은 절대 위대한 도덕 선생이 될 수 없다고 했다. "내가 곧 길이요 진리요 생명이니 나로 말미암지 않고는 아버지께로 올 자가 없느니라", "나는 부활이요 생명이니 나를 믿는 자는 죽어도 살겠고 무릇 살아서 나를 믿는 자는 영원히 죽지 아니하리라" 같은 말을 누가 할 수 있겠는가? 예수님은 미치광이 아니면 하나님의 아들이다. 예수님을 위대한 사상가로 적당히 얼버무리는 것은 말이 안 된다.

베드로가 예수님을 메시야로 고백했다. 그러자 예수님이 메시야의 사역을 말씀하셨다. "비로소 그들에게 가르치시되"라는 표현에 주목할 필요가 있다. 예수님을 메시야로 고백하자, 그때부터 예수님이 메시야라는 사실에 담긴 의미를 가르쳤다. 그런데 베드로가 펄쩍 뛴다. 어떻게 그럴 수 있느냐는 것이다. 32b절은 "…베드로가 예수를 붙들고 항변하매"라고 간단하게 서술했지만 당시 상황은 절대 간단하지 않았다. '항변하다'로 번역된 '에피티마오'가 예수님이 풍랑을 꾸짖을 때나 귀신을 꾸짖을 때 쓰인 단어다. NIV나 KJV에는 rebuke으로 되어 있다. 예수님이 풍랑을 꾸짖어 잔잔하게 하고 귀신을 꾸짖어 내쫓은 것처럼 베드로가 예수님을 꾸짖었다.

어떤 목사가 운전 중에 접촉 사고를 내서 욕설을 퍼부으며 싸우는 것을 교인이 보았다고 하자. 그 정도 일로 목사를 면전에서 꾸짖지는 못할 것이다. 뒤에서 흉을 보는 것이 고작이다. 목사를 면전에서 꾸짖으려면 목사의 본분에 어긋난 일이 있어야 한다. 그것도 아주 크게 어긋나서 도무지 목사라고 할 수 없는 정도여야 한다. 그러면 베드로는 어떻게 된 영문일까?

베드로는 어렸을 때부터 메시야 왕국 얘기를 들었을 것이다. 예수님이 그 메시야다. 바야흐로 메시야 왕국이 임박했다. 그런데 난데없이 인자가 고난을 받는다는 엉뚱한 말을 하니 발끈한 것이다. 메시야면 메시야의 본분을 지켜야지, 그렇게 나약한 말을 하는 법이 어디 있단 말인가?

그래서 어떻게 되었나? 33절에 "예수께서 돌이키사 제자들을 보시며 베드로를 꾸짖어 이르시되…"라고 되어 있다. 예수님이 제자들을 보시면서 베드로를 꾸짖었다. 베드로가 왜 야단맞는지 보라는 것이다. 그때 "사탄아 내 뒤로 물러가라"라고 했다. 하나님의 일을 생각하지 아니하고 도리어 사람의 일을 생각했기 때문이다.

사탄이 멀리 있는 것이 아니다. 누구든지 하나님의 일을 생각하지 않고 사람의 일을 생각하면 그 순간 사탄이 된다. 아마 제자들도 뜨끔했을 것이다. 하나님의 일을 생각하지 않고 사람의 일을 생각한 것이 베드로 혼자였을까?

예수님이 메시야인 것은 맞다. 하지만 제자들이 기대하는 메시야는 아니었다. 그래서 말씀하신다. "누구든지 나를 따라오려거든 자기를 부인하고 자기 십자가를 지고 나를 따를 것이니라(34절)."

다시 생각해 보자. 베드로가 왜 화를 냈을까? 예수님을 위한 순전한 마음이었을까? 베드로한테도 나름대로의 인생 계획이 있다. 그런데 예수님이 엉뚱한 말씀을 하신 것이다. 그러면 자기 계획은 어떻게 된단 말인가?

요즘 상황으로 바꿔보자. 어떤 사람이 교회에 다닌다. 교회에 다니면 우선 마음이 편해질 것이라는 기대를 한다. 또 자기가 하는 일이 더 잘될 것이라는 바람도 있다. 그런데 목사가 설교 중에 신앙은 그런 것이 아니라고 한다. 신앙이 있으면 세상에서 덕을 보는 것이 아니라 세상을 바로 살게 된다고 한다. 그럼 어떻게 해야 할까? 교회를 계속 다녀야 할까, 말아야 할까? 그만 다닌다면 별수 없다. 그게 아니면 자기 생각을 고쳐야 한다. 예수님 말씀에 빗대면 “누구든지 교회에 다니려거든 자기를 부인하고 자기 십자가를 지고 교회에 다닐 것이니라”이다. 자기를 부인하지도 않고 자기 십자가를 지지도 않은 채 몸만 왔다 갔다 하는 것은 무효다.

신앙이 있다는 얘기는 자기 인생을 위해서 하나님의 힘을 빌릴 수 있다는 뜻이 아니다. 자기 인생을 하나님의 계획에 포함시킨다는 뜻이다. 하나님을 자기한테 부르는 것이 아니라 자기가 하나님께 가는 것이다.

34절은 상당히 유명한 말씀이다. 혹시 34절에 밑줄을 긋는 사람이 있다면 앞으로 자기 욕심을 내려놓고 오직 주님만 위해서 살겠노라는 의지를 다지는 사람일 것이다. 그런데 문맥을 보면 그런 뜻이 아니다. 34절은 제자들의 신앙이 물러 터졌기 때문에 하신 말씀이 아니라 예수님이 어떤 메시야인지 모르기 때문에 하신 말씀이다.

베드로는 예수님을 메시야로 알았다. 로마를 몰아내고 하나님 나라를 세울 것으로 생각했다. 그런데 예수님 말씀은 그게 아니다. 예수님이 고난을 받을 것이다. 세상 죄를 지고 죽임을 당했다가 사흘 만에 다시 살아날 것이다. 그래서 “나는 너희가 생각하는 그런 왕이 아니고 십자가의 왕이다. 나를 따르려면 너희도 십자가를 져야 한다.”라고 말씀하셨다. 결국 자기를 부인하고 자기 십자가를 지고 예수님을 따르는 것은 비장한 신앙 각오를 말하는 것이 아니다. 예수를 믿는 사람이라면 누구나 자기를 부인하고 자기 십자가를 지는 사람이다. 이력서에 자기 종교를 기독교라고 쓰는 사람이라면 누구나 자기를 부인하고 자기 십자가를 지고 예수님을 따라야 한다.

왜 그렇게 해야 할까? 사람은 누구나 자기편이다. 자기가 제일 중요하다.

그런데 왜 자기를 부인하고 자기 십자가를 져야 할까? 세상에서 가장 중요한 것이 자기 목숨이기 때문이다. 사람이 온 천하를 얻어도 자기 목숨을 잃으면 아무 유익이 없다. 그런 목숨을 구할 수 있는 길이 예수님을 따르는 길이다.

이런 말에는 누구나 동의한다. 예수를 안 믿는 이순신 장군도 사즉생(死則生) 생즉사(生則死)라고 했다. 하지만 이런 말에 고개를 끄덕이는 것과 실제로 그렇게 사는 것은 다르다. "누구든지 이 음란하고 죄 많은 세대에서 나와 내 말을 부끄러워하면 인자도 아버지의 영광으로 거룩한 천사들과 함께 올 때에 그 사람을 부끄러워하리라"라는 말씀이 왜 있겠는가? 마가복음이 기록될 당시에 이미 복음을 부끄러워하는 사람이 있었다는 뜻이다.

마가복음은 주후 65-70년에 기록된 책이다. 예수님이 부활하고서 고작 한 세대가 지났다. 그런데도 복음을 부끄러워하는 사람이 있었다. 아마 그 사람은 하나님의 일은 생각하지 않고 사람의 일을 생각하는 사람이었을 것이다.

9장 선포되는 영광

9:1〉 또 그들에게 이르시되 내가 진실로 너희에게 이르노니 여기 서 있는 사람 중에는 죽기 전에 하나님의 나라가 권능으로 임하는 것을 볼 자들도 있느니라 하시니라

얼핏 생각하면 생전에 예수님의 재림을 맞을 사람도 있다는 뜻 같은데 그럴 수는 없다. 예수님은 아직도 안 오셨다.

우리는 초대교회의 상황을 알고 있다. 그때는 신자라는 이유로 사자 밥이 되기도 했다. 그런 암울한 상황에서도 하나님의 나라가 계속 확장되었다. 그 원동력이 무엇일까? 하나님의 나라가 이 세상보다 강하기 때문이다. 가루 서 말에 넣어 전부 부풀게 한 누룩과 같다. 가루 서 말이 누룩을 이기지 못하는 것처럼 이 세상이 하나님의 나라를 감당하지 못했다. 하나님의 나라가 권능으로 임한다는 얘기가 바로 그렇다.

그러면 얘기가 고약하게 된다. 복음을 부끄러워하는 사람들 중에도 하나님의 나라가 권능으로 임하는 것을 본 사람들이 있을 것이기 때문이다. 하나님 보시기에 가치 있는 일보다 사람들 생각에 가치 있는 일에 더 마음이 있는 것을 어떻게 할까?

그래서 예수님이 "누구든지 나를 따라오려거든…"이라고 했다. 이 세상 모든 사람이 다 자기를 부인하고 자기 십자가를 져야 하는 것이 아니다. 예수님을 따를 사람만 그렇다. 예수님을 따르지 않을 사람은 마음대로 살아도 상관없다. 그들은 빌립보 가이사랴에서 로마 황제를 신으로 섬기면 된다.

9:2-13〉 엿새 후에 예수께서 베드로와 야고보와 요한을 데리시고 따로 높은 산에 올라가셨더니 …(중략)… 그러나 내가 너희에게 이르노니 엘리야가 왔으되 기록된 바와 같이 사람들이 함부로 대우하였느니라 하시니라

'엿새 후에'라는 말로 본문이 시작한다. 예수님이 베드로, 요한, 야고보를 데리고 높은 산에 올라갔다. 예수님이 그들 앞에서 변형되었는데 옷에서는 광채가 났고 세상에서 빨래하는 자가 그렇게 희게 할 수 없을 만큼 희어졌다.

비슷한 일이 1,500년 전에도 있었다.

여호와의 영광이 시내산 위에 머무르고 구름이 엿새 동안 산을 가리더니 일곱째 날에 여호와께서 구름 가운데서 모세를 부르시니라(출 24:16)

모세가 시내산에 올라갔다. 일곱째 날에 하나님이 구름 가운데서 모세를 부르셨다. 엿새 후나 일곱째 날이나 같은 날이다.

본문이 그때와 흡사하다. 하나님의 현현도 있고 일곱째 날인 것도 같다. 산과 구름이 배경으로 나오는 것도 같다. 산은 하나님의 계시를 받는 장소로 자주 등장하고 구름은 성경 여러 곳에서 하나님의 영광을 말한다.

모세가 산에서 내려왔을 때 얼굴에서 광채가 났다. 하나님의 영광이 투영된 것이다. 하지만 예수님 옷에서 광채가 난 것은 다르다. 예수님은 하나님의 영광을 설명하는 분이 아니라 하나님과 영광이 같은 분이다.

그런 예수님을 본 제자들은 충격에 빠졌을 것이다. 얼마 전에 예수님이 고난을 얘기했을 때 베드로가 펄쩍 뛰었다. 오죽하면 예수님을 꾸짖을 만큼 흥분했다. 비단 베드로의 문제가 아니라 다른 제자들도 마찬가지였다. 그러니 예수님이 누구인지 보여줄 필요가 있었다.

그것이 전부가 아니다. 엘리야와 모세가 나타나서 예수님과 얘기를 나눈다. 말라기에 여호와의 크고 두려운 날이 이르기 전에 엘리야가 먼저 온다는 말씀이 있다. 엘리야가 메시야의 길잡이 구실을 맡은 셈이다. 또 모세는 출애굽 때 이스라엘을 인도했다. 출애굽은 우리의 구원을 예표하는 사건이다. 예수님의 십자가 사역이야말로 진정한 출애굽이다. 즉 한 사람은 메시야 사역을 예비하는 일을 맡은 사람이고 또 한 사람은 메시야 사역을 예표한 사람이다.

그런 중에 베드로가 말한다. "랍비여 우리가 여기 있는 것이 좋사오니 우리가 초막 셋을 짓되 하나는 주를 위하여, 하나는 모세를 위하여, 하나는 엘리야를 위하여 하사이다.” 경외심을 감당 못해서 엉겁결에 한 말이다. 초막은 ‘스케네’를 번역한 말인데 성막에 해당하는 헬라어다. 모세가 광야에서 만든 성막을 〈70인역〉에서 ‘스케네’로 번역했다. 즉 예수님과 모세, 엘리야를 위한 신전을 짓겠다는 뜻이다.

마침 구름이 와서 그들을 덮었다. 그리고 구름 속에서 소리가 났다. “이는 내 사랑하는 아들이니 너희는 그의 말을 들으라.” 그런 소리가 들리고 문득 둘러보니 예수님과 자기들뿐이었다. 엄청난 체험을 했는데 썰렁하게 끝나고 말았다. 예수님한테서 신비한 광채가 나고 모세와 엘리야로 더불어 얘기를 나눴으면 뭔가 굉장한 일이 벌어져야 하는 것 아닐까?

어쨌든 제자들이 할 일은 예수님과 모세, 엘리야를 위한 신전을 짓는 일이 아니라 예수님의 말을 듣는 일이다. 어떤 말일까? 앞으로 예수님이 하실 모든 말일 수도 있지만 문맥을 감안하면 8:34-38가 맞다. 그렇게 생각하면 맥이 풀린다. 방금 체험한 엄청난 사실이 고작해야 “누구든지 나를 따라오려거든 자기를 부인하고 자기 십자가를 지고 나를 따를 것이니라…”라는 사실을 확증하기 위한 것일까? 용두사미도 이런 용두사미가 없다.

톨스토이가 한 말이 있다. “세상의 변화를 위해서 기도하는 기독교인이 적지 않다. 세상이 변해야 한다고 열심을 품고 기도한다. 그러면서 자신의 변화를 위해서는 기도하지 않는다.” 제자들은 방금 세상의 변화를 꿈꿨을 것이다. 예수님은 얼마든지 그럴 능력이 있는 분이다. 그런데 성경은 달리 말한다. 엉뚱한 생각하지 말고 예수님의 길을 따르라는 것이다. 예수님의 길은 십자가의 길이다.

제자들의 머리가 무척 복잡했을 것이다. 방금 목격한 광경을 어떻게 받아들여야 할까? 그런데 예수님이 경고하신다. "인자가 죽은 자 가운데서 살아날 때까지는 본 것을 아무에게도 이르지 말라."

예수님이 나병환자를 고쳐준 다음에도 아무에게도 말하지 말라고 했다. 회당장 야이로의 딸을 살린 다음에도 그 일을 아무도 알지 못하게 하라고 경계했다. 이번에도 같은 말씀을 했는데 차이가 있다. 말을 하지 말아야 하는 기한이 있다. 예수님이 죽은 자 가운데서 다시 살아날 때까지 말하지 말라고 했으니 부활한 다음에는 말을 해도 된다. 아니, 부활한 다음에는 말을 해야 한다.

예수님은 메시야다. 하지만 그 사실을 제대로 알려면 예수님의 부활을 체험한 다음이라야 한다. 예수님이 이 땅에서 행하신 기적만 보고 메시야 운운하는 사람은 보나마나 예수님을 오해한 사람이다.

하지만 제자들은 이런 말을 알아듣지 못한다. 답답하게 보일 수 있지만 별수 없다. 어쩌면 우리가 부활을 너무 쉽게 말하는 것일 수 있다. 죽은 사람이 다시 살아나는 일이 어떻게 가능할까? 그래서 죽은 자 가운데서 살아나는 것이 무엇인지 저희들끼리 서로 얘기했다. "대체 선생님이 어떤 사실을 놓고 죽었다가 살아나는 것으로 비유하는 것일까?"라고 한 것이다. 부활을 교훈이나 비유로 알아들었다.

예수님 말씀을 알아들을 길 없는 제자들이 예수님께 묻는다. "어찌하여 서기관들이 엘리야가 먼저 와야 하리라 하나이까?" 예수님이 그 말이 맞다고 하셨다. 엘리야가 먼저 왔는데 사람들이 함부로 대했다는 것이다. 세례 요한을 가리켜서 한 말이다.

만일 예수님 앞에 엘리야가 와서 갈멜산에서 했던 것처럼 하늘에서 불이 내리게 했으면 예수님은 세상을 뒤집으러 오신 분일 수 있다. 그런데 세례 요한이 왔다. 세례 요한은 죄를 지적하는 일을 했다. 세례 요한이 죄를 지적하다 죽은 것처럼 예수님은 우리의 죄를 해결하기 위해서 죽을 것이다. 예수님은 이 세상을 뜯어고치러 오신 분이 아니라 우리를 뜯어고치러 오신 분이다.

하지만 제자들한테는 선입견이 있었다. 메시야가 오면 이방 민족은 쫓겨나고 자기들은 팔자를 고치는 줄 알았다. 죄 문제 같은 것은 고민해본 적이 없다. 예수님이 아무리 고난을 말하고 부활을 말해도 알아들을 재간이 없었다.

신앙에 대해서 성경에 없는 기대를 하는 사람이 간혹 있다. 하나님이 세상의 주인이니까 그 하나님을 잘 섬기면 세상에서 덕을 볼 수 있다는 것이다. 그래서 예수님이 말씀하셨다. "나를 메시야로 알고 있느냐? 맞다, 내가 메시야다. 하지만 너희가 부활한 나를 만나기 전에는 나는 절대 너희의 메시야일 수 없다."

우리는 어떤가? 우리가 부활하신 예수님을 만났을까? 예수님이 우리 죄를 해결하러 오셨다는 사실보다 귀신을 쫓아내고 병을 고치는 능력으로 우리 문제를 해결해주는 것에 더 관심이 있지는 않은가? 예수님을 통해서 자기가 바뀌어야 하는 줄은 모르고 환경이 자기한테 유리하게 바뀌기를 기대하는 것은 아닐까? 명심하자. 예수를 믿었다고 해서 자기한테 좋은 일이 생기는 법은 없다. 예수를 믿으면 자기가 좋은 사람이 된다. 예수님은 그 일 때문에 오셨다.

9:14-29〉 이에 그들이 제자들에게 와서 보니 큰 무리가 그들을 둘러싸고 서기관들이 그들과 더불어 변론하고 있더라 …(중략)… 이르시되 기도 외에 다른 것으로는 이런 종류가 나갈 수 없느니라 하시니라

예수님이 베드로, 야고보, 요한을 데리고 산에 올라갔다. 그 시간에 다른 제자들은 산 밑에 있었다. 예수님이 돌아와서 보니 큰 무리가 둘러싼 채 서기관들이 그들과 변론하고 있었다.

어떤 사람이 귀신 들린 아들을 데리고 예수님을 찾아왔다. 제자들이 뭐라고 했을까? 선생님이 안 계시니 다음에 오라고 했을까? 아마 선생님은 안 계시지만 자기들이 귀신을 쫓아낼 수 있다고 했을 것이다. 이미 귀신을 쫓아낸 경험이 있기 때문이다(6:13). 전부 한목소리로 자신 있게 나섰을 것이다. 그런데 이상한 일이다. 귀신이 나가지 않는 것이었다. 답답한 노릇이다. 어떻게 된 영문일까?

그런 즈음에 예수님이 왔다. 한 사람이 사정을 얘기한다. 귀신 들린 아들을 데리고 왔는데 제자들이 고치지 못하더라는 것이다. 그러자 예수님이 "믿음이 없는 세대여 내가 얼마나 너희와 함께 있으며 얼마나 너희에게 참으리요"라고 탄식했다. 상당히 안타까웠던 모양이다.

예수님은 예루살렘으로 가시는 중이다. 예루살렘에 가면 십자가가 기다리고 있다. 예수님이 제자들과 함께 있을 시간이 얼마 남지 않았다. 그런데도 제자들은 여전히 답답하기만 했다. 대체 얼마나 더 가르쳐야 철이 들까?

아이를 데려오라고 했다. 귀신이 예수님을 보고는 아이로 심히 경련을 일으키게 했다. 아이가 땅에 엎드러져 구르며 거품을 흘린다. 예수님이 아이의 아버지한테 언제부터 이렇게 되었는지 묻자, 어릴 때부터 그렇다고 하면서 무엇을 하실 수 있으면 도와달라고 했다. 그 얘기에 예수님이 "할 수 있거든이 무슨 말이냐 믿는 자에게는 능히 하지 못할 일이 없느니라"라고 했고, 그 말을 들은 아버지는 "내가 믿나이다. 나의 믿음 없는 것을 도와주소서."라고 소리를 질렀다.

뭔가 어색하다. 믿는다고 하면서 믿음 없는 것을 도와달라는 것이 무슨 경우일까? "믿고 싶습니다. 나의 믿음 없는 것을 도와주소서."라고 해야 한다. 하지만 별수 없다. 믿는 자에게는 능히 하지 못할 일이 없다고 하니 아들을 고치기 위해서는 믿어야 한다. 그런데 자기한테 그런 믿음이 있다고 장담을 못한다. 그래서 한편으로는 믿는다고 하면서 또 한편으로는 믿게 해달라고 하는 것이다.

어쨌든 예수님이 더러운 귀신을 꾸짖었다. 귀신이 소리 지르며 아이로 심한 경련을 일으키게 하고는 나갔다. 여기까지만 보면 지금까지 나온 치유 이적과 별 차이가 없다. 예수님이 귀신을 쫓아낸 것은 한두 번이 아니다. 다른 점이 있다면 제자들은 귀신을 쫓아내지 못했지만 예수님은 쫓아냈다는 정도다.

집에 들어간 다음에 제자들이 자기들은 왜 귀신을 쫓아내지 못했느냐고 물었다. 제자들로서는 의아할 수밖에 없다. 제자들은 얼마 전에 귀신을 쫓아낸 적이 있다. 그런데 이번에는 왜 안 되었을까? 그때 예수님이 기도 외에 다른 것으로는 이런 종류가 나갈 수 없다고 했다.

이런 말을 들으면 쉽게 고개를 끄덕일 수 있다. "제자들이 평소에 기도하지 않아서 그렇구나"라고 생각하면 간단하다. 그런데 그렇지 않다. 예수님 말씀은 "너희들, 왜 평소에 기도하지 않았느냐? 그러니 영력을 다 까먹은 것 아니냐?"가 아니다. 귀신을 쫓아내는 일이 기도 아니면 안 된다는 것이다. 그러면 얘기가 이상하게 된다. 예수님은 언제 기도해서 귀신을 쫓아냈나? "말 못하고 못 듣는 귀신아 내가 네게 명하노니 그 아이에게서 나오고 다시 들어가지 말라"라고 했다. 제자들은 어떻게 했을까? 눈에 보이지 않는 귀신을 물리적인 수단으로 쫓아낼 수는 없다. 아마 "예수 그리스도의 이름으로 명하노니 그 아이에게서 나갈지어다"라고 했을 것이다. 그런데 안 나갔다. 대체 무슨 차이일까?

앞에서 예수님이 "믿음이 없는 세대여 내가 얼마나 너희와 함께 있으며 얼마나 너희에게 참으리요"라고 했다. 제자들의 문제는 믿음이 없는 것이었다. 그런데 제자들이 자기들은 왜 귀신을 쫓아내지 못했느냐고 물었을 때는 기도를 말씀했다. 믿음과 기도가 같은 뜻으로 쓰이고 있다. 둘 사이에 어떤 공통점이 있을까?

교회에서 흔히 기도하면 된다는 말을 한다. 기도한다는 얘기는 원격 조정기로 TV를 조작하는 것 같은 얘기가 아니다. "하나님은 우리를 사랑하시고 우리가 하는 기도에 귀를 기울이신다"라는 뜻이다. "간절히 기도해라. 그러면 하나님이 들어주신다."라는 얘기도 마찬가지다. 간절함을 동원해서 하나님을 움직이라는 뜻이 아니다. 하나님께서 우리의 딱한 사정을 외면하지 않으신다는 뜻이다.

교육전도사 시절, 여름 수련회를 출발하는 날이었다. 인원 점검을 마치자 한 아이가 자기는 차만 타면 멀미를 한다면서 멀미하지 않게 기도해달라고 했다. 상당히 당혹스러웠다. 나한테는 기도를 해서 멀미를 안 하게 하는 능력이 없다. 그렇다고 해서 기도를 해주지 않을 수도 없는 노릇이다. 일단 그 아이의 머리에 손을 얹고 기도했다. 그 아이가 돌아간 다음에도 기도를 멈출 수 없었다. "하나님, 이 일을 어떻게 하면 좋습니까? 만일 저 아이가 멀미를 하면 제가 망신당하는 건 둘째 치고 앞으로 아이들을 무슨 수로 지도합니까?" 속으로 계속 기도하면서 그 아이의 눈치를 살폈다. 다행히 멀미하지 않고 수련회 장소에 도착했다. "하나님! 감사합니다." 소리가 절로 나왔다.

2박3일 수련회 일정을 마치고 돌아오는 날이 되었다. 속으로 걱정이 되었다. "얘가 또 기도해달라고 할 텐데 이걸 어떡하나?" 하는 조바심 때문이었다. 그런데 그 아이가 기도 부탁을 하지 않았다. 슬쩍 눈치를 살폈더니 친구들과 노느라고 정신이 없었다. "다행이다. 이대로 서울까지 갔으면 좋겠다."라는 생각을 했다. 내가 먼저 그 아이를 불러서 기도를 해줄 마음은 추호도 없었다. 서울에 오는 내내 속으로 기도하면서 그 아이를 살폈다. "하나님, 저 아이가 노는데 정신이 팔려서 기도해달라는 말을 하지 않고 있습니다. 이 상태로 서울에 도착할 수 있게 해주십시오." 다행스럽게도 그 아이는 친구들과 계속 잘 노는 눈치였다. 버스가 교회에 도착한 다음에 시치미를 떼고 물었다. "기도해달라는 말 왜 안 했어?" 그 아이가 대답했다. "그냥 가다가 속이 울렁거리면 기도해달라고 하려고 했는데 도착할 때까지 괜찮았어요."

수련회 출발하던 날 그 아이가 멀미를 하지 않은 것이 내 능력이었으면 돌아오는 날 그렇게 조바심을 낼 이유가 없었다. 친구들과 노는 아이를 불러서 기도를 해준다고 나섰을 수도 있었다. 그런데 그런 능력이 나한테 없었다. 수련회 장소에 갈 때 내가 기도한 것도 맞고 그 아이가 멀미를 안 한 것도 맞지만 내가 한 일은 아니다. 그런데 그 아이는 기도를 받아서 멀미를 안 하는 줄 알고 친구들과 잘 놀았다.

그 아이는 믿음이 있었고 나는 믿음이 없었던 것일까? 믿음은 하나님께 있는 능력을 자기 마음대로 갖다 쓰는 재주가 아니다. 비록 그것이 자기를 통해서 나타났다고 해도 그 주체가 하나님임을 아는 것이다.

예수를 믿으면 구원 얻는다는 말이 그렇다. 우리가 예수를 믿으면 우리한테 있는 믿음을 근거로 구원이 주어지는 것이 아니다. 비록 구원은 우리한테 나타났지만 그 일을 행하신 분은 하나님이라는 뜻이다. 구원의 주도권이 하나님께 있다.

기도는 하나님께 부탁하는 형식을 갖게 마련이다. 기도했더니 됐다는 얘기는 "이 일은 하나님이 해주셨다"라는 뜻이다. 그런데 사람들이 일의 성패에만 관심을 갖는다. 그러면 기도는 원하는 일을 이루는 수단이 된다. 기도를 원리가 아닌 방법으로 오해하는 것이다. 그 일을 이루신 분이 하나님이라는 사실을 간과한다.

믿음도 마찬가지다. “할 수 있거든이 무슨 말이냐 믿는 자에게는 능히 하지 못할 일이 없느니라”라는 얘기에 “내가 믿나이다. 나의 믿음 없는 것을 도와주소서.”라는 말이 왜 나올까? “할 수 있거든이 무슨 말이냐 믿는 자에게는 능히 하지 못할 일이 없느니라”라는 얘기는 “기도하면 다 이루어진다”라는 말과 같은 뜻이다. 기도가 방법이 아니라 원리라는 뜻이고, 자기한테 이루어진 모든 일은 하나님이 하시는 일이라는 뜻이다. 그런데 귀신 들린 아들을 둔 아버지는 믿음을 방법으로 알아들었다. 얼른 “내가 믿나이다”라고 했는데 사실은 그 말에 자신이 없었다. 그래서 “나의 믿음 없는 것을 도와주소서”라고 한 것이다.

예전에 기도원에 갔을 때의 일이다. 옆에서 기도하는 분의 목소리가 유난히 컸다. 계속 “…믿사오니 주시옵소서”라고 했다. 그런 기도가 그렇다. 무엇을 믿는지는 중요하지 않다. 믿으면 된다고 하니까 얼른 믿어서 그 결과를 얻고 싶은 것이다. 그런데 믿어지지 않는다. 그래서 없는 믿음을 짜내느라고 바락바락 악을 쓴다. 정말로 믿음이 있으면 악을 쓸 이유가 없다. 자기가 믿는 내용을 담담하게 말하면 그만이다.

믿음은 하나님의 능력을 빌리는 방법이 아니다. 비록 자기를 통해서 일어난 일이라고 해도 그 일을 하신 분이 하나님이라는 사실을 인정하는 것이다. 그러면 제자들이 귀신 들린 아이를 고치지 못한 이유를 알 수 있다. 제자들은 얼마 전에 귀신을 쫓아내는 권능을 사용한 적이 있다. 그것이 자기들 능력인 줄 알았다. 이번에도 자기들 능력으로 귀신을 쫓아내려고 했다.

그 능력의 근원이 하나님인 것을 몰랐다.

기독교는 종교 행위를 담보로 하나님의 능력을 빌리는 종교가 아니다. 우리의 모든 것이 하나님으로 말미암는다는 사실을 고백하는 종교다. 어떤 사람이 믿음 없는 사람일까? 하나님께는 관심이 없으면서 하나님의 능력을 빌려 쓰려는 사람이 믿음 없는 사람이다. 자기 인생을 하나님의 계획에 포함시킬 줄은 모르면서 하나님을 자기 계획에 포함시키려는 사람이 믿음 없는 사람이다. 그런 사람은 "믿음이 없는 세대여 내가 얼마나 너희와 함께 있으며 얼마나 너희를 참으리요"라는 말을 듣게 될 것이다.

9:30-32〉 그곳을 떠나 갈릴리 가운데로 지날새 예수께서 아무에게도 알리고자 아니하시니 …(중략)… 그러나 제자들은 이 말씀을 깨닫지 못하고 묻기도 두려워하더라

8:29에서 베드로가 "주는 그리스도시니이다"라고 했다. 그때 예수님이 앞으로의 계획을 말씀했다. 인자가 많은 고난을 받고 장로들과 대제사장들과 서기관들에게 버린 바 되어 죽임을 당하고 사흘 만에 살아난다는 것이다.

그 말이 또 나온다. 같은 말을 반복하는 것은 그만한 이유가 있게 마련이다. 앞에서 그 말을 한 다음부터 본문 사이에 어떤 내용이 있었는지 더듬어 보자. 우선 예수님이 영광스러운 모습으로 변화되었다. 예수님이 가졌던 본래 영광을 보여주신 것이다. 또 엘리야와 세례 요한 얘기가 있었다. 예수님의 메시야 사역을 엘리야가 준비하지 않고 세례 요한이 준비했다. 예수님이 힘을 앞세워서 이방 족속을 굴복시키러 오신 것이 아니라 죄를 치유하러 오셨다는 뜻이다. 이어서 어떤 사람이 데리고 온 귀신 들린 아들을 제자들은 고치지 못하고 예수님이 고쳤다는 내용이 나왔다. 믿음은 하나님께 있는 능력을 빌리는 수단이 아니다. 모든 주권이 하나님께 있음을 아는 것이다. 즉 하나님께 순종하는 것이 믿음이다.

이런 내용으로 제자들을 한 번 더 교육하고는 앞에서 했던 말을 반복한다. 결국 예수님 말씀은 "나는 메시야가 맞다. 하지만 너희가 기대하는 것처럼 세상을 바꾸러 온 메시야가 아니라 죄를 해결하러 온 메시야다. 그 일을 위해서 죽었다가 사흘 만에 다시 살아날 것이다."라는 뜻이다.

인자가 사람들의 손에 넘겨져 죽임을 당한다는 얘기는 세상이 예수님을 반기지 않는다는 뜻이다. 죽은 지 삼 일 만에 다시 살아난다는 얘기는 이 세상 살다 죽는 것으로 전부 끝나는 것이 아니라는 뜻이다. 그런데 본문은 "그러나 제자들은 이 말씀을 깨닫지 못하고 묻기도 두려워하더라"로 끝난다. 우리한테는 부활이 생소하지 않지만 제자들한테는 부활이라는 개념 자체가 없었기 때문이다.

본문은 예수님의 메시야 사역에 대해서 제자들이 얼마나 무지한지 고발한다. 신앙을 바로 아는 것이 그만큼 힘들다. 요컨대 "너희는 신앙을 바로 알고 있느냐?"라고 묻는 셈이다. 우리한테 신앙이 있으면 어떻게 될까? 신앙의 힘으로 기대할 수 있는 것이 어떤 것일까?

밤 10시 넘은 시간에 고등학교 동창한테서 전화가 온 적이 있다. 막 자리에 들려다가 전화를 받았다. 동창들끼리 모인 술자리에서 내 얘기가 나온

김에 전화를 한 것이었다. 내가 말했다.

"이 시간에 먹은 건 전부 허리로 간다. 대충 끝내라."

"넌 목사가 왜 그 모양이냐?"

"왜?"

"목사면 목사답게 이 시간까지 먹어도 건강에 지장 없게 기도해줄 생각을 해야지, 왜 악담이냐?"

목사다운 것이 어떤 것일까? 목사한테 어떤 것을 기대하느냐는 신앙을 어떤 것으로 생각하느냐와 직결된다. 목사가 무조건 좋은 말을 해주는 사람일까? 그러면 신앙은 좋은 일이 생기게 하는 방법이다. 신앙 좋은 사람일수록 돈도 잘 벌고 병에도 안 걸리고 자녀들이 공부도 잘할 것이다.

그런데 목사는 좋은 말을 해주는 사람이 아니라 어떻게 사는 것이 하나님 보시기에 옳은지 가르쳐주는 사람이다. 그러면 신앙은 자기를 하나님 보시기에 바르게 세우는 원칙이다. 신앙이 있으면 세상 일이 유리하게 풀리는 것이 아니라 하나님 보시기에 바람직한 삶을 살게 된다. 예수를 믿으면 복을 받는 것이 아니라 복된 사람이 된다.

제자들은 예수님을 정치적이고 군사적인 메시야로 알았다. 제자들의 유일한 소망은 예수님이 로마를 몰아내고 자기들이 한자리씩 차지하는 것이었다. 그런데 예수님이 엉뚱한 말씀만 하신다. 귀신 들린 아이를 고친 다음에 "잘 봤느냐? 자고로 믿음만 있으면 못할 일이 없다. 내가 이런 능력으로 조만간 로마를 몰아낼 것이다."라고 하면 얼마나 좋은가? 그런데 "인자가 사람들의 손에 넘겨져 죽임을 당하고 죽은 지 삼 일 만에 살아나리라"라고 하시니 이해가 안 된다. 그런 얘기는 자기들 사고 체계 안에 없다. 대체 인자가 왜 죽는단 말인가? 죽었다가 살아나는 것은 또 뭐란 말인가?

제자들이 예수님 말씀을 언제까지 못 알아들었을까? 예수님이 사람들의 손에 넘겨져 죽임을 당하고 죽은 지 삼 일 만에 살아난다고 했을 적에는 그 말을 알아듣지 못했다. 하지만 정말로 그 일이 이루어진 다음에는 그 일이 자기들의 삶의 목적이 되었다.

신앙생활을 해보지 않은 사람은 그 가치를 이해하지 못한다. 사람은 늘 자기가 아는 것, 자기가 경험한 것을 기준으로 생각하기 때문이다. 우리한테 있는 것은 고작해야 육신의 정욕, 안목의 정욕, 이생의 자랑뿐이다. 그러니 신앙의 힘을 빌려서 자기 욕심을 이루려고 한다. 그런 상태에서는 정당한 신앙을 얘기해봐야 알아들을 수 없다. 정당한 신앙의 가치는 아는 사람만 안다. 우리가 할 일은 그 가치를 체험하는 일이다.

9:33-37〉 가버나움에 이르러 집에 계실새 제자들에게 물으시되 너희가 길에서 서로 토론한 것이 무엇이냐 …(중략)… 누구든지 나를 영접하면 나를 영접함이 아니요 나를 보내신 이를 영접함이니라

예수님이 갈릴리로 지나면서 아무에게도 알리고자 하지 않았다. 예수님이 사람들 손에 넘겨져 죽임을 당하고 삼 일 만에 살아난다는 사실을 제자들한테 가르쳐야 했기 때문이다. 제자들로 하여금 그 사실을 깊이 생각하게 하려면 사람들을 피해야 했다. 그런데 제자들은 그 말씀을 깨닫지 못하고 무슨 뜻인지 묻는 것도 두려워했다. 예수님 말씀을 깊이 생각해야 할 시간에 무엇을 했을까?

예수님이 제자들한테 길에서 무슨 일로 서로 토론했는지 물었다. 이럴 때 "선생님 가시는 길을 따르는 일에 대해서 논의했습니다"라고 할 수 있으면 얼마나 좋을까? 그런데 자기들 중에 누가 큰지 쟁론했으니 꿀 먹은 벙어리가 될 수밖에 없었다. 그런 말을 하는 것이 옳지 않은 줄 알았다는 뜻이다. 그러면 왜 했을까? 예수님이 싫어하시는 일이면 애초에 하지 말아야 하는 것 아닐까?

이 말에 동의하지 않는 사람은 없을 것이다. 그럼 우리도 주님 싫어하는 일은 하면 안 된다. "원래 안 되지만…"이라고 하면 안 된다. 원래 안 되는 일은 안 하면 그만이다.

박노해 시인이 쓴 〈도토리 두 알〉이라는 시가 있다.

산길에서 주워 든 도토리 두 알
한 알은 작고 보잘것없는 도토리
또 하나는 크고 윤나는 도토리

나는 손바닥의 도토리 두 알을 바라본다.

너희도 서로 필사적으로 경쟁했는가?
내가 더 크고 더 빛나는 존재라고

땅바닥에 떨어질 때까지 싸웠는가?

진정 무엇이 더 중요한가?

크고 윤나는 도토리가 되는 것은
청설모나 멧돼지에게나 중요한 일
삶에서 훨씬 더 중요한 건 참나무가 되는 것

정말 무엇이 더 행복인가?

나는 작고 보잘것없는 도토리를
멀리 빈숲으로 힘껏 던져주었다.
울지 마라, 너는 자신을 묻어 참나무가 되리니…

일찍이 제자들은 배와 그물을 버려두고 예수님을 따랐다. 왜 그랬을까? 그때까지는 배와 그물을 이용해서 남보다 큰 도토리가 되려고 했지만 앞으로는 예수님을 이용해서 더 큰 도토리가 되려고 그런 것일까? 우리는 전부 예수님을 주님으로 고백한다. 그러면 참나무가 되고 싶어 해야 할까, 더 큰 도토리가 되고 싶어 해야 할까?

그나저나 제자들을 어떻게 해야 할까? 정신 똑바로 차리라고 된통 혼내는 것이 마땅하다. 그런데 예수님은 그렇게 하지 않았다. 남보다 큰 자가 되고 싫어 하는 제자들을 책망하지 않고 오히려 그 욕망을 채울 수 있는 방도를 말씀했다. 누구든지 첫째가 되고자 하면 뭇사람의 끝이 되며 뭇사람을 섬기는 자가 되어야 한다는 것이다.

뭇사람의 끝이 되는 것이 첫째가 되는 방법이라는 뜻이 아니다. 하나님 나라가 어떤 나라인지, 하나님 나라 백성이 어떤 사람인지, 그 나라에는 어떤 원리가 통용되는지 말씀하신 것이다.

이 내용을 제대로 알아야 한다. 세상에서 첫째가 되는 것을 신앙의 보람인 양 여기는 사람이 있기 때문이다. 남보다 높은 지위에 오르게 해달라고 기도하는 사람을 얼마든지 볼 수 있다. 금이 아름다운 것을 알게 되면 별이 아름다운 것을 잊어버린다는 독일 속담이 있다. 그런 식으로 별은 볼 줄 모르면서 금만 찾는 격이다.

예수를 믿는 사람은 사회적으로 성공해도 안 되고 부자로 살아도 안 된다는 말이 아니다. 성실하게 살다 보면 얼마든지 그럴 수 있다. 하지만 그것은 인생의 부산물이지, 목표가 아니다. 우리의 관심은 다른 곳에 있어야 한다. 그런 자질구레한 일에 신경 쓸 겨를이 없다.

카일 아이들먼이 쓴 〈제자는 행동한다〉에 '호더스'라는 TV 프로그램 얘기가 나온다. 호더스는 아무것도 버리지 못하고 계속 쌓아 두는 사람을 말한다. 카메라맨이 어떤 집의 문을 연다. 온갖 폐품이 가득 차 있어서 안으로 들어가기도 힘들다. 프로그램 제작자가 인터뷰를 한다. 이렇게 될 줄 몰랐다고 하는 사람도 있지만 별로 나쁘다고 생각하지 않는다는 사람도 있다. 그들은 침대 위에 눕지도 못한다. 욕실도 사용하지 못한다. 모든 공간이 쓰레기로 덮여 있다. 그런데도 아무렇지 않게 대답한다. "이건 별로 큰 문제가 아니에요." 그러면 무엇이 큰 문제일까?

멀리 있는 얘기가 아니다. 자기한테 있는 세속적인 욕망을 대수롭지 않게 여기는 경우가 종종 있다. 그런 마음이 있는 채로는 예수를 못 믿는데도 그걸 모르고, 그렇지 않은 사람이 어디 있느냐고 반문한다. 다 그렇다는 얘기는 그게 정상이라는 뜻이 아니라 모든 사람이 죄인이라는 뜻이다. 당장 그런 자리에서 나와야 한다. 그래서 예수님이 누구든지 첫째가 되고자 하면 뭇사람의 끝이 되며 뭇사람을 섬기는 자가 되어야 한다고 했다. 세상에서는 첫째가 되는 사람을 인정하지만 하나님 나라에서는 뭇사람의 끝이 되며 뭇사람을 섬기는 자를 첫째로 인정한다.

그런 사람이 되려면 어떻게 하면 될까? 예수님이 어린아이 하나를 데려다가 제자들 가운데 세우시고 안으시며 말씀했다. "누구든지 내 이름으로 이런 어린아이 하나를 영접하면 곧 나를 영접함이요 누구든지 나를 영접하면 나를 영접함이 아니요 나를 보내신 이를 영접함이니라." 뭇사람의 끝이 되며 뭇사람을 섬기는 일을 어린아이를 영접하는 일로 말씀하신다. 그것도 그냥 영접하면 안 된다. 예수님의 이름으로 영접해야 한다.

신앙은 종교 행위가 아니라 가치관의 문제다. 어떤 사람한테 신앙이 있으면 그 신앙은 가치관으로 나타나야 한다. 일요일에 교회 가고 밥 먹기 전에 기도하는 것이 신앙이 아니다. 건강하게 해달라고 기도하고 돈 많이 벌게 해달라고 기도해서 원하는 것을 얻는 것이 신앙의 보람일 수 없다. 신앙이 있으면 가치관이 바뀌어야 한다. 어떤 것이 중요하고 어떤 것이 덜 중요한지, 어떤 일로 기뻐해야 하고 어떤 일로 슬퍼해야 하는지, 세상을 사는 목적이 무엇인지에 대한 생각이 달라져야 한다.

세상에서 보기에 뭇사람의 끝이 되고 뭇사람을 섬기는 일은 아무 가치도 없는 일이다. 어린아이를 영접하는 일도 마찬가지다. 그런데 예수님은 그런 일을 좋아하신다. 예수님의 마음으로 어린아이를 영접하는 사람은 곧 예수님을 영접하는 사람이다. 그것이 전부가 아니다. 예수님을 영접하는 사람은 하나님을 영접한 것으로 인정된다.

결국 누구든지 첫째가 되고자 하면 뭇사람의 끝이 되며 뭇사람을 섬기는 자가 되어야 한다는 말은 "세상에서는 첫째가 되는 사람을 인정한다. 하지만 하나님은 뭇사람의 끝이 되며 뭇사람을 섬기는 사람을 인정하신다. 어떻게 하겠느냐?"라는 뜻이다. 하나님이 인정하는 일은 세상이 인정하는 일과 다르다. 세상은 어린아이를 영접하는 일을 인정하지 않는 것처럼 예수님을 영접하는 일도 인정하지 않는다. 하지만 그 일이야말로 하나님이 인정하시는 일이다.

"세상에서도 인정받고 하나님께도 인정받으면 더 좋지 않습니까?"라고 묻지는 말자. 그것은 세상 욕심을 포기하기 싫다는 핑계에 불과하다. "기왕이면 더 큰 도토리가 되어서 다른 도토리들 앞에서 뽐낸 다음에 참나무가 되면 더 좋잖아요?"라는 것이 말이 될까? 우리는 다음 세상을 기준으로 이 세상을 사는 사람들이다. 하나님의 관심이 우리의 관심이다.

9:38-50〉 요한이 예수께 여짜오되 선생님 우리를 따르지 않는 어떤 자가 주의 이름으로 귀신을 내쫓는 것을 …(중략)… 만일 소금이 그 맛을 잃으면 무엇으로 이를 짜게 하리요 너희 속에 소금을 두고 서로 화목하라 하시니라

앞에서 제자들이 자기들 중에 누가 큰지 쟁론했다. 그런 제자들한테 예수님이 누구든지 첫째가 되고자 하면 뭇사람의 끝이 되며 뭇사람을 섬기는 자가 되어야 한다고 했다. 제자들은 상당히 겸연쩍었을 것이다. 그런 상황에서 요한이 말한다. 자기들을 따르지 않는 자가 주의 이름으로 귀신을 내쫓는 것을 보고 금했다는 것이다. 아무래도 난처한 분위기를 바꾸려고 말한 것 같다.

요한의 말을 들어보자. "우리를 따르지 않는 어떤 자가 주의 이름으로 귀신을 내쫓는 것을 우리가 보고 우리를 따르지 아니하므로 금하였나이다"라고 했다. 예수의 이름으로 귀신을 내쫓았으면 선포되는 것이 예수의 이름이다. 그런데 왜 금했을까?

요한의 말에는 '우리를 따르지 않는다'가 반복된다. 귀신을 쫓아냈기 때문에 금한 것이 아니라 자기들을 따르지 않았기 때문에 금했다. 흔히 하는 말로 텃세를 부렸다.

텃세는 특별히 못된 사람만 부리는 것이 아니다. 누구한테나 있는 보편적 감정이다. 며느리가 시집살이를 하는 것도 텃세 때문이다. 그 집 식구들이 새로 온 식구한테 위세를 부리는 것이다. 군대에서는 일병 고참만 되면 하사의 말을 듣지 않는다. 자기가 군대 생활을 더 오래 했다는 것이다. 그것이

군 기강을 문란하게 하는 행위인 줄 모르고 오히려 정당한 권리인 줄 안다.

요한 역시 그렇다. 특별히 악한 사람이 아니다. 그런데 이런 생각을 했다. 자기들 뒤에 줄을 선다면 모를까, 그렇지 않다면 주님의 이름으로 귀신을 쫓아내지 말라는 것이다.

앞에서 예수님이 사람들의 손에 넘겨져 죽임을 당했다가 삼 일 만에 살아날 것을 말씀했다. 그러고는 제자들이 그 말씀이 갖는 의미를 생각하기를 바랐다. 그런데 제자들은 자기들 중에 누가 큰지 쟁론했다. 예수님은 십자가를 묵상할 시간을 주었는데 제자들은 자기들끼리 우열을 다퉜다. 우리한테 주어진 인생은 다음 세상을 준비하라고 주어진 시간이다. 그런데 엉뚱한 일로 인생을 낭비하는 예가 왕왕 있다. 제자들이 그렇게 했다. 자기가 남보다 나은 대접을 받는 것에 관심이 있었다. 그러면 텃세를 부릴 수밖에 없다. 뭇사람의 끝이 되거나 뭇사람을 섬기기는 애당초 그른 노릇이다.

예수님이 "누구든지 너희가 그리스도에게 속한 자라 하여 물 한 그릇이라도 주면 내가 진실로 너희에게 이르노니 그가 결코 상을 잃지 않으리라"라고 했다. 예수님이 말씀하시는 '너희'는 일차적으로 제자들이다. 하지만 제자들한테만 국한될 수는 없다. 요한이 말한, 자기들을 따르지 않으면서도 주님의 이름으로 귀신을 쫓는 사람이 '너희'일 수도 있다. 그러면 예수님 말씀은 "그 사람이 내 이름으로 귀신을 쫓아내더냐? 그러면 텃세 부릴 생각 말고 물 한 그릇이라도 대접해라."라는 뜻이 된다. 제자들이 할 일은 자기들을 따르지 않는 사람이 예수님의 이름으로 귀신을 내쫓는 것을 금하는 일이 아니다. 물 한 그릇이라도 대접하면서 격려하는 일이다. 이런 예수님 말씀을 어기면 어떻게 될까? 그러면 "또 누구든지 나를 믿는 이 작은 자들 중 하나라도 실족하게 하면 차라리 연자맷돌이 그 목에 매여 바다에 던져지는 것이 나으리라"라는 말을 듣는다. 그리스도에게 속한 자한테 물 한 그릇 대접하기에 인색하면 여기에 해당할 수 있다.

이어지는 내용은 더 소름 끼친다. 손이 범죄하게 하거든 찍어버리라고 한다. 두 손을 가지고 지옥에 가는 것보다 장애인으로 영생에 들어가는 것이 낫다는 것이다. 발이 범죄하게 하거나 눈이 범죄하게 해도 마찬가지다. 온전한 몸으로 지옥에 가는 것보다 불구의 몸으로 하나님 나라에 가는 것이 백번 낫기 때문이다.

일반적인 신앙 원칙으로 얼마든지 할 수 있는 말이다. 그 정도로 명심해서 철저하게 죄를 멀리해야 한다. 자칫 지옥에 가게 되면 그곳에서는 사람마다 불로 소금 치듯 함을 받게 된다. 그곳에서는 구더기도 죽지 않고 불도 꺼지지 않는다. 그런 곳에 가는 일은 절대 없어야 한다. 손을 찍고 발을 찍고 눈을 빼서라도 가지 말아야 한다.

허영만 화백의 만화가 원작인 〈식객〉이라는 영화가 있다. 조선 마지막 왕인 순종이 죽었을 때의 일이다. 일제가 연회를 베풀면서 대령숙수를 불렀다. 조선시대 궁중의 남자 조리사를 대령숙수라고 했다. 대령(待令)은 영을 기다린다는 뜻이고 숙수(熟手)는 요리사를 말한다. 대령숙수가 기다리는 영은 왕의 영이지, 일본의 영이 아니다. 그래서 칼로 자기 손목을 자르고 말았다. 일제를 위해서 음식을 만들 바에는 차라리 손이 없는 것이 낫다는 것이다.

본문이 그런 내용을 말하는 것 같다. 의의 도구로 쓰여야 할 육신이 죄의 도구로 쓰이게 될 바에는 차라리 없는 것이 낫다. 하지만 문맥을 보자. 본문은 다른 사람을 실족하게 하는 문제를 말하는 중이다. 다른 사람을 실족하게 하는 것보다는 차라리 연자맷돌이 목에 매여 바다에 던져지는 것이 낫다고 했다. 풀어서 얘기하면 "만일 네 손이 다른 사람을 실족하게 하면 찍어버리라. 그냥 두면 너는 연자맷돌이 목에 매여 바다에 던져지는 것보다 못한 신세가 된다. 네 발이 다른 사람을 실족하게 해도 찍어버리고, 내 눈이 다른 사람을 실족하게 하거든 빼버리라. 불구의 몸으로 영생에 들어가는 것이 온전한 몸으로 지옥에 가는 것보다 훨씬 낫지 않겠느냐?"가 된다. 일제를 위해서 음식을 만들게 된 상황에 놓였을 때 분연히 자기 손목을 잘라버리는 대령숙수의 행위를 의롭다고 생각한다면, 자기 지체가 남을 실족하게 할 때에도 그 지체를 찍어버릴 수 있어야 한다.

그러면 얘기가 어떻게 될까? 우리는 불신자가 지옥에 가는 것으로 알고 있다. 그런데 본문은 다른 사람을 실족하게 하는 문제를 경계하면서 지옥을 언급한다. 다른 사람의 신앙을 방해하는 사람이 불신자라는 뜻이다. 입술로 아무리 신앙을 말해도 하나님이 그 사람의 신앙을 인정하지 않는다.

본문은 "요한이 예수께 여짜오되 선생님 우리를 따르지 않는 어떤 자가 주의 이름으로 귀신을 내쫓는 것을 우리가 보고 우리를 따르지 아니하므로 금하였나이다"로 시작했다. 제자들이 누가 큰지 쟁론한 것 때문에 예수님께서 훈계하시면서 누구든지 첫째가 되고자 하면 뭇사람의 끝이 되며 뭇사람을 섬기는 자가 되어야 한다고 했을 때 그런 말을 했다.

요한과 다른 제자들한테 뭇사람의 끝이 되며 뭇사람을 섬기는 자가 될 마음이 있었다고 가정해 보자. 그러면 자기들을 따르지 않는다는 이유로 주님의 이름으로 귀신을 내쫓는 사람을 금하지 않았을 것이다. 자기들끼리 누가 큰지 쟁론하는 것이나 자기들을 따르지 않는다는 이유로 주님의 이름으로 귀신을 내쫓는 사람을 금하는 것이나 심리적인 배경은 같다. 그런데 요한은 그것을 몰랐다. 어쨌든 자기가 남보다 낫고 싶다. 그러니 "누구든지 너희가 그리스도에게 속한 자라 하여 물 한 그릇이라도 주면 내가 진실로 너희에게 이르노니 그가 결코 상을 잃지 않으리라"라는 말을 무슨 수로 알아들을까?

본문은 "소금은 좋은 것이로되 만일 소금이 그 맛을 잃으면 무엇으로 이를 짜게 하리요 너희 속에 소금을 두고 서로 화목하라 하시니라"로 끝난다. 소금이 없으면 음식에 맛을 낼 수 없다. 제자들한테 그런 소금을 두고 서로 화목하라고 하는 것이 본문의 결론이다.

화목하지 않은 것이 왜 문제가 될까? 화목하지 않으면 다른 사람의 신앙을 방해하게 된다. 그리스도에게 속한 사람한테 물 한 그릇을 주는 것이 아니라 오히려 실족하게 할 수 있다. 그러면 그 사람은 불신자나 마찬가지다. 멀리 있는 얘기가 아니다. 혹시 다른 사람 때문에 신앙에 방해를 받은 적이 있지는 않은가? 어쩌면 우리 주변 사람이 우리 때문에 방해를 받았는데 우리가 모르고 넘어갔을 수도 있다. 자기 딴에는 열심히 예수를 믿노라고 했는데 다른 사람의 신앙에 도움이 안 되는 경우가 얼마든지 있다. 남보다 크고자 하는 마음이 있으면 그럴 수밖에 없다.

우리는 신자다. 하나님에 대해서만 신자가 아니라 이웃에 대해서도 신자다. 우리한테 신앙이 있으면 그 신앙은 다른 사람한테 물 한 그릇이라도 주는 것으로 나타나야 한다. "나는 예수 믿는다"라는 고백만으로는 부족하다. 자기의 신앙이 과연 다른 사람의 신앙에 도움이 되는지 따져봐야 한다. 남보다 먼저 가는 것이 신앙이 아니라 함께 가는 것이 신앙이다.

10장 예루살렘 가는 길

10:1-12〉 예수께서 거기서 떠나 유대 지경과 요단강 건너편으로 가시니 무리가 다시 모여들거늘 …(중략)… 또 아내가 남편을 버리고 다른 데로 시집가면 간음을 행함이니라

예수님이 가버나움을 떠나 유대 지경과 요단강 건너편으로 가셨다. 거기서도 많은 사람이 모여들었고, 예수님은 전례대로 그들을 가르치셨다. 예수님이 세상에 오신 이유는 하나님 나라 때문이다. 그 일을 위해서 예루살렘에 가는 중이다. 예루살렘에 가면서도 그냥 가지 않았다. 모여든 사람들한테 하나님 나라를 가르치면서 갔다. 예수님은 항상 하실 일을 했다. 예수님만 하실 일을 한 것이 아니다. 바리새인들도 할 일을 했다. 예수님을 넘어뜨리려는 일이다. 이번에는 이혼 얘기를 물었다.

유대 지경과 요단강 건너편은 세례 요한이 활동하던 곳이다. 세례 요한이 헤롯 안디바와 헤로디아의 결혼이 옳지 않다고 했다가 죽었다. 그 결혼을 위해서 헤롯 안디바도 이혼을 했고 헤로디아도 이혼을 했다. 그런 배경이 있는 곳에서 사람이 아내를 버리는 것이 옳은지 물었다. 예수님은 바로 답을 하지 않고 모세가 어떻게 말했는지 반문했다. 그러자 그들은 이혼 증서를 써 주라고 했다고 대답했다.

사람이 아내를 맞이하여 데려온 후에 그에게 수치 되는 일이 있음을 발견하고 그를 기뻐하지 아니하면 이혼 증서를 써서 그의 손에 주고 그를 자기 집에서 내보낼 것이요(신 24:1)

유명한 율법학자 두 사람이 있다. 샴마이와 힐렐이다. 그 둘을 좇아서 샴마이학파와 힐렐학파가 생겼다. 샴마이학파는 다분히 보수적이다. 수치 되는 일을 음행으로 한정했다. 아내가 음행을 하지 않은 이상 이혼할 수 없다는 것이다. 힐렐학파는 달랐다. 어떤 일이든지 남편이 아내를 수치스럽게 여기면 이혼 사유가 되었다. 음식을 태우거나 말대꾸를 하는 것도 이혼 사유에 포함되었다. 이혼 절차도 간단했다. 이혼 증서만 써주면 된다. 이혼 사유를 기록할 필요도 없이 그것으로 끝이다.

요즘은 여자도 사회 활동이 활발하지만 당시는 그렇지 않았다. 이혼당한 여자는 살아갈 방도가 없다. 그런데 이런 율법 조항이 왜 있을까?

율법에는 이혼 증서를 써 주라고 했다는 바리새인들의 말에 예수님이 너희 마음이 완악함으로 말미암아 이 명령을 기록하였다고 했다. 사람들이 완악하지 않았으면 그런 조항이 필요 없었다는 뜻이다.

> 그 여자는 그의 집에서 나가서 다른 사람의 아내가 되려니와 그의 둘째 남편도 그를 미워하여 이혼 증서를 써서 그의 손에 주고 그를 자기 집에서 내보냈거나 또는 그를 아내로 맞이한 둘째 남편이 죽었다 하자 그 여자는 이미 몸을 더럽혔은즉 그를 내보낸 전남편이 그를 다시 아내로 맞이하지 말지니 이 일은 여호와 앞에 가증한 것이라(신 24:2-4a)

이혼 증서를 받은 여자는 집을 나갈 수밖에 없다. 그 여자가 살아갈 유일한 방도는 다른 남자를 찾는 것인데 다행히 다른 남자를 만났다. 그런데 또 이혼을 당하든지 아니면 사별해서 홀몸이 될 수 있다. 그런 경우에 애초에 그 여자를 버린 남자는 그 여자를 다시 아내로 맞지 못한다고 한다. 이런 규정이 왜 필요할까?

어떤 남자가 여자를 내보냈다. 이혼당한 여자는 집을 나가서 다른 남자를 만났다. 그런 상태에서 그 여자를 다시 아내로 맞는 것은 말이 안 된다. 하지만 그 여자의 새로운 남편이 죽었으면 얼마든지 가능하지 않을까?

고스톱에는 낙장불입이 있고 바둑이나 장기에는 일수불퇴가 있다. 하물며 이혼일까? 일단 이혼 증서를 주면 무를 수 없다. 그 여자가 다시 홀몸이 되어 아무런 제약이 없다고 해도 안 된다. 그럼 어떻게 해야 할까? 처음부터 이혼 증서를 주지 말아야 한다. 결국 율법이 정한 내용은 "이혼할 때는 이혼 증서를 줘라. 이혼 증서를 안 주고 이혼하면 안 된다."가 아니다. "이혼 증서를 주면 다시 돌려받지 못한다. 무슨 일이 있어도 절대 주지 마라." 이다. 이혼 절차를 얘기하는 것이 아니라 이혼하지 말라는 얘기다.

모세가 이혼 증서를 주라고 했다는 바리새인들의 말에 예수님이 창조 질서를 말씀했다. 하나님이 사람을 남자와 여자로 지으시고는 사람이 그 부모를 떠나서 둘이 한 몸이 되라고 했으니, 하나님이 짝지어주신 것을 사람이 나누지 못한다는 것이다.

어떤 학생이 상담실을 찾아와서 묻는다. "공부가 인생의 전부입니까?" 그러면 뭐라고 해야 할까? 공부가 인생의 전부인지 아닌지 말해주면 될까? 상담 선생님은 그런 단편적인 답을 위해서 근무하지 않는다. 왜 그런 의문을 품게 되었는지도 확인해야 하고, 그 학생의 진로 전반에 대해서 조언을 해줘야 한다.

바리새인들이 사람이 아내를 버리는 것이 옳은지 물었다. 물론 궁금해서 물은 것이 아니라 예수님을 시험하기 위해서 물었다. 예수님은 그들한테 옳다, 그르다 식으로 답을 하지 않았다. 하나님의 본래 뜻을 말씀했다. 하나님이 짝지어주신 것을 사람이 나누지 못한다는 것이다.

바리새인들이 알아들었을까? 아마 알아들었을 것 같지 않다. 예수님 말씀에 대한 바리새인들의 반응은 나와 있지 않지만 제자들의 반응은 나와 있다. 집에서 제자들이 이 일을 물었다. 제자들도 알아듣지 못했다는 뜻이다. 제자들도 이혼 증서를 주면 되는 것으로 알고 있었을 것이다.

사실 이혼 증서를 주고 이혼하는 것은 참 고약한 발상이다. 자기가 하고 싶은 대로 하면서 신앙적인 정당성까지 부여하기 때문이다. 아마 대부분 그런 마음일 것이다. 자기 뜻대로 하면서 그것이 하나님 보시기에 옳다는 말을 듣고 싶어 한다. 율법이 자기 행위에 정당성을 부여하기 위한 수단인 셈이다.

제자들이 다시 물었을 때 예수님은 "누구든지 그 아내를 버리고 다른 데에 장가드는 자는 본처에게 간음을 행함이요 또 아내가 남편을 버리고 다른 데로 시집가면 간음을 행함이니라"라고 했다. 상당히 단호하다. "이런 경우에는 그럴 수 있지 않습니까?"라고 할 여지를 남기지 않는다. 성경에서 말하는 부부가 구약으로 하면 하나님과 이스라엘이고 신약으로 하면 그리스도와 교회이기 때문이다. 남편이 아내한테 이혼 증서를 준다는 얘기는 하나님이 이스라엘을 버리고 그리스도가 교회를 버리는 일에 해당한다. 도무지 있을 수 없다.

남자가 여자를 절대 버리지 않는다면 여자가 할 일은 아내의 도리를 다하며 그 남자의 아내로 사는 일이다. 그 일 말고 다른 일이 있을 수 없다. 우리가 그런 사람들이다. 실제로 하나님이 우리한테 그렇게 하고 계시다. 그러면 우리한테 남은 일은 그리스도의 신부로 사는 일이다.

본문을 시작하면서 예수님이 항상 예수님의 일을 하셨던 것처럼 바리새인들 역시 그들이 할 일을 했다고 했다. 우리 역시 우리가 할 일을 해야 한다. 우리가 어떤 일을 하면 그것이 하나님 나라를 위하는 일이어야 하고, 어떤 일을 하지 않으면 그 또한 하나님 나라를 위한 일이어야 한다. 우리가 그리스도의 신부라면 우리의 모든 판단과 선택이 항상 하나님 나라를 지향하는 것이어야 한다. 그것이 우리의 본분이다.

10:13-16〉 사람들이 예수께서 만져 주심을 바라고 어린아이들을 데리고 오매 제자들이 꾸짖거늘 …(중략)… 그 어린아이들을 안고 그들 위에 안수하시고 축복하시니라

5월 5일이 어린이날이다. 그런 날이 만들어진 이유가 무엇일까? 어린이가 정상적인 대우를 받으면 만들 이유가 없다. 〈성냥팔이 소녀〉 동화만 봐도 그렇다. 성냥팔이 소녀는 거지가 아니었다. 그런데도 얼어 죽었다. 돈을 못 벌면 아버지가 때리기 때문에 무서워서 집에 들어가지 못했다.

어린아이가 온전한 인격체로 대접받게 된 것은 최근의 일이다. 그런 어린아이를 예수님께 데려온 사람들이 있었다. 제자들이 꾸짖을 것은 당연했다. 어린아이 때문에 예수님 가시는 길이 지체되는 것은 말이 안 된다고 생각했다.

예수님이 제자들을 책망하셨다. 14절이 "예수께서 보시고 노하여 이르시되…"로 시작한다. 그냥 두라고 타이른 것이 아니라 분노하셨다. 예수님이 분노한 이유를 알려면 앞의 내용을 확인해야 한다.

9장 말미에서 예수님이 십자가 사역과 부활을 가르쳤다. 그런데 제자들은 엉뚱하게 자기들끼리 누가 큰지 논쟁을 벌였다. 그때 예수님이 누구든지 첫째가 되고자 하면 뭇사람의 끝이 되며 뭇사람을 섬기는 자가 되어야 한다고 하면서 어린아이를 통해서 교훈하셨다.

그런데 어린아이들을 데려온 사람들을 꾸짖었다. 예수님 말씀을 노골적으로 거역하는 것일 수는 없다. 예수님 말씀을 알아듣지 못했다. 자기들이 대접받는 것에만 관심이 있었기 때문이다.

쉬에넨 추기경이 옥스퍼드의 셸도니안 극장에서 행한 연설에서 "세상은 세례받은 비기독교인으로 가득 차 있다"라고 했다. 폴 워셔는 그가 쓴 〈확신〉에서 이 세상의 속된 특성이 교회 안에도 버젓이 존재한다고 지적했다. 세상의 특성이 교회 안에 존재하려면 어떻게 하면 될까? 세상이 교회에 은밀히 침투해서 교회를 오염시키면 된다. 혹은 세상의 힘이 교회를 장악해서 모든 것을 세상에 맞게 왜곡시켜도 된다. 폴 워셔는 오늘날의 기독교는 후자에 속한다고 하면서 이렇게 꼬집었다. "세상이 물질주의를 퍼뜨렸는가? 교회도 그렇다. 세상이 성경의 진리와 상관없이 실용주의만 중시하는가? 교회도 그렇다. 세상이 자기 성취를 강조하는가? 교회도 그렇다. 세상이 속되고 관능적이고 사치스럽고 방탕한 것을 일삼는가? 교회도 다를 바 없다."

이런 폐단이 있는 이유가 무엇 때문일까? 간단하다. 몸은 교회 안에 있는데 마음은 거듭나지 않았기 때문이다. 세상에 속한 욕구를 그대로 간직한 채 하나님 나라를 얘기한다. 제자들이 그랬다. 그들은 예수님과 함께 있으면서도 생각은 예수님에게서 멀었다. 그러면 그들이 생각하는 하나님 나라는 어떤 나라일까?

수년 전에 방영된 사극 〈정도전〉에 고려 말 권신 임견미가 처형되는 장면이 있었다. 최영이 임견미한테 극락왕생을 빌어준다고 하자, 임견미가 말한다. 자기한테는 모든 것을 누리던 고려가 극락인데 무슨 극락이 또 있느냐는 것이다. 아마 제자들이 생각하는 하나님 나라도 그런 나라였을 것이다. 그러니 어린아이는 거추장스럽기만 하다.

교회에서 흔히 예수를 믿어야 구원 얻는다고 한다. 그런데 예수님이 "내가 진실로 너희에게 이르노니 누구든지 하나님의 나라를 어린아이와 같이 받들지 않는 자는 결단코 그곳에 들어가지 못하리라"라고 했다. 하나님의 나라를 어린아이와 같이 받들어야 구원 얻는다는 것이다. 예수를 믿는 것과 하나님의 나라를 어린아이와 같이 받드는 것이 같은 뜻인 셈이다.

하나님의 나라를 받든다는 얘기는 하나님의 나라를 받아들인다는 뜻이다. 영어성경에는 receive가 쓰였다. 성경 다른 곳에서는 '영접하다'로 번역했다. 결국 예수님 말씀은 하나님의 나라를 어린아이와 같이 영접해야 하나님의 나라에 들어갈 수 있다는 뜻이다.

본문의 어린아이들을 보자. 그들이 무엇을 했을까? 어머니, 아버지 손에 이끌려서 예수님께 왔다. 그리고 한 가지 더 있다. 16절에 "그 어린아이들을 안고 그들 위에 안수하시고 축복하시니라"라고 했다. 그 어린아이들은 예수님의 손길을 거부하지 않았다. 아무것도 한 것이 없는데 그것이 하나님의 나라를 영접하는 것이다.

하나님의 나라는 노력해서 얻는 나라가 아니다. 구원은 은혜로 얻는다는 말 그대로다. 그 일을 위해서 예수님이 예루살렘으로 가는 중이다. 그런데 제자들은 세상을 살던 버릇이 여전했다. 자기들도 은혜를 입어야 하는 줄 모르고 누가 큰지 경쟁했다.

불가에서는 아미타불이 산다는 정토를 극락이라고 한다. 그곳은 괴로움과 걱정이 없고 지극히 안락하고 자유로운 세상이라고 한다. 드라마 〈정도전〉에서 임견미는 달리 얘기했다. 자기가 온갖 부귀영화를 누린 고려가 극락이라는 것이다. 불가에서 말하는 극락과 임견미가 말한 극락이 같은 극락이 아니다.

예수님이 말씀하시는 하나님의 나라와 제자들이 생각하는 하나님의 나라는 어떨까? 예수님이 말씀하시는 하나님의 나라는 영접하는 자한테 은혜로 주어지는 곳이다. 그곳에서는 세상과 전혀 다른 원리가 통용된다. 그곳에서는 모두가 뭇사람의 끝이 되며 뭇사람을 섬기는 자가 되기를 힘쓴다.

제자들이 생각하는 하나님의 나라는 그렇지 않다. 제자들 머리에는 자기가 대접받는 나라에 대한 생각으로 가득 차 있다. 그러니 어린아이를 영접하는 것이 곧 예수님을 영접하는 것이라고 해도 말귀를 못 알아듣는다. 당장 세상에서 대접받는 것에 마음이 있는 것을 어떡할까? 어린아이를 영접할 마음이 자리할 틈이 없다.

요즘 상황으로 바꿔보자. 성경은 우리한테 하늘에 속한 모든 신령한 복을 얘기한다. 그런데 우리의 관심이 세상에만 있을 수 있다. 세상 욕심을 이루는 것을 신앙의 보람으로 여기는 예가 왕왕 있다. 신앙은 나중에 지켜도 돈은 지금 벌어야 한다고 생각한다.

어제오늘의 얘기가 아니다. 세상은 세례받은 비기독교인으로 가득 차 있다는 지적도 그렇고, 세상의 모든 특성이 교회 안에 그대로 존재한다는 지적도 그렇다. 그러면서도 자기가 교회 다닌다는 이유로 신자인 줄 안다. 왜 이렇게 되었을까? 본문이 그 얘기를 하고 있다. 예수님이 아무리 하나님의 나라를 말해도 거기에 관심이 없는 것을 어떻게 할까?

"하나님의 나라가 이런 자의 것이니라"를 뒤집으면 "하나님의 나라는 너희 것이 아니니라"가 된다. 어린아이를 금한 것에 대한 보응이 아니다. 어린아이를 금하는 가치관 때문이다. 어린아이를 업신여기는 마음이 있는 채로는 하나님의 나라에 들어갈 수 없다. 높아지려는 마음, 남한테 대접받으려는 마음은 하나님의 나라에 어울리지 않는다.

성경에 길 잃은 양 얘기가 나온다. 양이 길을 잃는 것은 목자한테서 멀어졌기 때문이다. 일부러 멀어진 것이 아니다. 풀을 뜯다가 그렇게 된 것이다. 풀을 뜯는 것은 일상적인 일인데 그런 일 때문에 길을 잃곤 한다. 신앙생활이 그만큼 조심스럽다. 이 세상을 살아가는 사소한 일이 우리를 방해한다. 행여 그런 일이 없도록 늘 어린아이를 떠올려야 한다. 하나님의 나라를 어린아이와 같이 받들어야 그곳에 들어갈 수 있다. 우리는 은혜에 이끌리는 사람들이다.

10:17-27〉 예수께서 길에 나가실새 한 사람이 달려와서 꿇어앉아 묻자오되 선한 선생님이여 내가 무엇을 하여야 영생을 얻으리이까 …(중략)… 하나님으로는 그렇지 아니하니 하나님으로서는 다 하실 수 있느니라

부자 청년이 예수님을 찾아왔다. 예수님을 선한 선생님이라고 부르면서 자기가 무엇을 해야 영생을 얻을 수 있는지 물었다. 그 말에 예수님이 "네가 어찌하여 나를 선하다 일컫느냐 하나님 한 분 외에는 선한 이가 없느니라"라고 했다.

예수님이 선하지 않다는 말일까? 그럴 수는 없다. 그러면 사람이 선할 수 있을까? 사람은 선할 수 없는데 예수님은 선하시다. 결국 예수님 말씀은 "내가 선하다면 그것은 신적인 것이다. 나한테 사람에게 갖추는 예의를 갖추려고 하지 마라. 나는 선생이 아니라 네 주인이다. 나와 너는 창조주와 피조물의 관계다."라는 뜻이다.

부자 청년이 예수님을 하나님으로 알았을 리가 없다. 그런데 하나님께 속한 것을 예수님께 돌렸다. 이것이 그의 문제였을 수 있다. 하나님의 것을 사람의 것으로 낮췄으니 영생도 하나님께서 예비하신 영생이 아니라 자기가 생각하는 영생일 것이다. 그런 영생을 얻기 위해서 치러야 할 대가도 자기 나름대로 생각한 범주가 있을 것이다.

어쨌든 부자 청년이 자기가 무엇을 해야 영생을 얻을 수 있는지 물었다. '얻는다'에 해당하는 헬라어가 '클레로노메오'인데 영어로는 inherit(상속하다)이다. 자기가 무엇을 하면 영생을 상속할 수 있느냐고 묻는 것이 말이 될까?

신입사원 면접을 보면서 "이 회사를 물려받으려면 어떻게 해야 합니까?"라고 물으면 뭐라고 해야 할까? 답은 하나뿐이다. "자네, 모든 것을 다 정리하고 내 양자로 들어오게."밖에 없다. 그것도 사장이 양자로 받아줄 마음이 있어야 가능하다.

이때 예수님이 하실 답은 "네가 몰라도 한참 모르는구나. 영생은 노력해서 얻는 것이 아니라 하나님의 은혜로 주어지는 것이다."이다. 그런데 "네가 계명을 알지 않느냐?"라고 하면서 십계명 중에 사람에 대한 계명을 말씀했다. 그러자 부자 청년은 어려서부터 다 지켰다고 했다. 상당한 열심이다.

그런데 예수님이 "그러냐? 그럼 합격이다."라고 하지 않았다. "네게 아직도 한 가지 부족한 것이 있으니 가서 네게 있는 것을 다 팔아 가난한 자들에게 주라 그리하면 하늘에서 보화가 네게 있으리라 그리고 와서 나를 따르라."라고 했다. 부자 청년은 예수님께 와서 영생을 물은 사람이다. 하지만 영생을 묻는 것으로 영생을 얻을 수는 없다. 예수님을 따라야 한다.

이를테면 부자 청년은 예수님께 와서 처방전을 구한 사람이다. 약만 처방해주면 자기가 알아서 하겠다는 것이다. 자기 인생은 그대로 살면서 거기에 더하여 영생을 얻으려고 했다. 반면 예수님은 주치의가 되겠다고 했다. 하루 스물네 시간 같이 있으면서 지금까지와 전혀 다른 삶을 살게 하겠다는 것이다.

소유를 다 팔아 가난한 자들에게 주고 예수님을 따르라는 말씀에 부자 청년이 슬픈 기색을 띠고 근심하며 돌아갔다. 영생을 원했지만 소유를 다 포기할 만큼 원하지는 않았다. 그에게 문제가 있다면 충분히 구하지 않은 것이었다.

기독교는 악을 행하지 않는 종교가 아니다. 선을 행하는 종교다. 살인하지 않고 간음하지 않고 도둑질하지 않고 거짓 증언하지 않는 것으로는 모자라다. 물론 우리 중에 선을 원하지 않는 사람은 없다. 하지만 자기 소유를 희생하면서까지 원하는지 따져봐야 한다. 부자 청년은 예수님 앞에 와서 꿇어앉았지만 실상은 예수님에게서 먼 사람이었다.

앞에서 하나님의 나라가 어린아이의 것임을 확인했다. "하나님의 나라가 어떤 사람의 것인지 아느냐? 바로 이런 사람의 것이다."라는 뜻으로 어린아이를 얘기했다. 본문은 그 반대다. "하나님의 나라가 어떤 사람의 것이 아닌지 아느냐? 바로 이런 사람의 것이 아니다."라는 뜻으로 부자 청년이 등장한다. 하나님의 나라에 적합한 샘플이 어린아이라면 부자 청년은 하나님의 나라에 적합하지 않은 샘플이다. 하나님의 나라는 모든 것을 버린 사람한테 허락된 곳이기 때문이다. 본래 영원한 것은 영원하지 않은 것과의 단절을 요구하는 법이다.

이런 내용에 이어서 예수님이 죽음과 부활을 말씀하신다. 모든 것을 버려야 들어갈 수 있는 하나님의 나라가 예수님의 십자가를 통해서 조만간 열릴 것이다.

부자 청년이 요즘 교회에 기웃거리면 어떻게 될까? "그런 정신 상태로는 예수 믿지 못합니다. 돌아가세요."라고 할 교회가 있을까? 오히려 두 손 들고 환영할 것이다. 소유 문제는 나중에 해결하면 된다고 할 것이다. 우리가 예수님보다 이해심이 많은 셈이다. 그렇게 해서 복음의 요구에 관심 없는 교인들로 예배당을 가득 채우고는 부흥했다고 좋아한다. 복음의 본질은 흐려지고 교회는 점점 세속화된다.

본문을 단편적으로 생각하면 돈 욕심을 버리라는 내용 같다. 그러면 앞에서 확인한 어린아이들은 재물을 포기하고 예수님을 따랐을까? 우리가 버려야 할 것은 돈 욕심만이 아니다. 우리는 자기를 부인하고 자기 십자가를 지고 예수님을 따라야 한다. 본문은 "영생을 상속받고 싶으냐? 그러면 돈 욕심을 버려라."가 아니라 "영생을 얻고 싶으냐? 그러면 삶 자체를 바꿔야 한다. 하나님은 너의 일부가 아니라 너의 전부를 원하신다."라는 뜻이다.

예수님의 관심은 하나님 나라에 있다. 그 나라 백성은 어린아이와 같은 사람이다. 우리를 그렇게 만들기 위해서 예수님이 오셨다. 반면 부자 청년은 자기는 그대로인 채 특정 행위를 추가해서 하나님의 백성이 되려고 한 사람이다. 자기 인생 전부가 아니라 인생 일부로 영생을 얻으려고 했다. 부자 청년이 재물 때문에 근심하면서 돌아갔다는 얘기는 돈 욕심 때문에 예수 믿는 것을 포기했다는 뜻이 아니다. "예수 믿는 게 뭐 그리 복잡하냐? 일주일에 한 번 교회 가면 되는 것 아니냐? 나도 나름대로의 생활이 있고 계획이 있는 사람인데 그런 식으로까지 예수 믿을 마음은 없다."라는 뜻이다. 자기 생활은 그대로인 채 예수를 믿는 것은 좋지만 예수 때문에 인생을 바꾸기는 싫다는 것이다. 그리고 예수님은 그런 사람을 붙잡지 않았다. 어차피 그런 생각으로는 예수님을 따르지도 못한다.

예수님을 따르기를 포기하면 예수님에게서 멀어지는 것으로 끝나지 않는다. 영생에서 멀어진다. 예수님께 와서 꿇어앉았을 때는 사뭇 영적이었는데 돌아갈 때는 한없이 세속적이다. 중간 지대는 없다. 모든 것을 버리고 제자가 되든지 자기가 누리던 것을 계속 누리며 살든지 둘 중 하나다. 자기가 누리던 것을 그대로 누리면서 거기에 더하여 예수님을 따르는 법은 없다.

부자 청년이 돌아간 다음에 예수님이 말씀했다. "재물이 있는 자는 하나님의 나라에 들어가기가 심히 어렵도다." 제자들한테는 상당한 충격이었다. 24절에 "제자들이 그 말씀에 놀라는지라…"라고 되어 있다. 그런 제자들한테 예수님이 다시 말씀했다. 낙타가 바늘귀로 나가는 것이 부자가 하나님의 나라에 들어가는 것보다 쉽다는 것이다.

우리는 부자에 대한 편견이 있다. 부자는 하나님의 나라에 들어가기가 어렵다는 말에 별 거부감이 없다. 그러면 가난한 자는 하나님의 나라에 들어가기가 쉬울까? 부자는 악인이고 가난한 자는 의인일까?

히브리 사람들은 부자를 의인으로 생각했다. 그 사람의 부가 하나님이 인정한 증거라는 것이다. 그런데 예수님이 낙타가 바늘귀로 나가는 것이 부자가 하나님의 나라에 들어가는 것보다 쉽다고 하셨다. 제자들로서는 기가 막힐 뿐이다. 그러면 누가 구원을 얻을 수 있단 말인가? 그래서 예수님이 "사람으로서는 할 수 없으되 하나님으로는 그렇지 아니하니 하나님으로서는 다 하실 수 있느니라"라고 했다. "내가 무엇을 하여야 영생을 얻으리이까"라는 질문과 "그런즉 누가 구원을 얻을 수 있는가"라는 질문을 아우르는 대답이다.

어린아이한테는 자기 생각이 없다. "엄마가 이거랬어", "아빠가 이거 하래"라고 하면 그만이다. 하나님의 나라가 그런 사람의 것이다. "성경에 이렇게 되어 있다"라고 하면 그것이 전부다. 결국 부자 청년은 하나님으로 말미암는 구원을 거부한 사람이다. 나름대로 세상을 살면서 거기에 더하여 예수님도 따르는 것이라면 그렇게 할 용의가 있지만 자기 인생 전부를 예수님께 맞출 마음은 없었다.

예수를 믿는다는 것은 이 세상 중심이던 가치관을 예수님 중심으로 바꾼다는 뜻이다. 지금까지와 똑같이 살면서 교회 다닌다는 뜻이 아니라 지금까지와 전혀 다른 존재가 되어 전혀 다른 세상을 산다는 뜻이다. 예수님이 그런 사람들을 위해서 예루살렘에 가는 중이다.

10:28-31〉 베드로가 여짜와 이르되 보소서 우리가 모든 것을 버리고 주를 따랐나이다 …(중략)… 그러나 먼저 된 자로서 나중 되고 나중 된 자로서 먼저 될 자가 많으니라

부자 청년이 자기가 무엇을 해야 영생을 얻을 수 있느냐고 물었다. 그런 구원도 있다고 가정해 보자. 자기가 노력해서 얻는 구원도 있고 하나님으로 말미암는 구원도 있다면 어느 구원이 더 좋은 구원일까? 자기가 노력해서 구원을 얻는다는 얘기는 존재는 그대로인 채 몇 가지 행위를 담보로 구원 얻는다는 뜻이고 하나님의 은혜로 구원 얻는다는 얘기는 존재 자체가 바뀐다는 뜻이다.

제자들이 이런 내용을 알아들을 리 없다. 베드로가 말했다. "보소서, 우리가 모든 것을 버리고 주를 따랐나이다." 아마 부자 청년을 보면서 떠올린 생각일 것이다. 부자 청년은 재물 때문에 근심하다가 돌아갔지만 자기들은 배와 그물을 버려두고 예수님을 따랐으니 그에 대한 보상이 무엇이냐는 것이다.

"여러분은 부자 청년과 예수님의 제자 중에 어느 쪽이 좋습니까? 부자 청년을 하고 싶은 사람 있습니까?"라고 하면, 손을 드는 사람이 아무도 없을 것이다. 부자 청년보다는 당연히 예수님의 제자가 좋다. 그러면 어떤 점이 좋은 것일까? 질문을 바꿔보자. "신자를 하겠습니까, 불신자를 하겠습니까?"라고 물으면, 불신자를 하겠다는 사람이 아무도 없을 것이다. 그렇다고 해서 자기가 신자라는 사실에 만족하지는 않는다. 세상을 살면서는 오히려 불신자의 삶을 부러워한다. 이럴 줄 알았으면 나중에 믿을 걸 그랬다는 푸념을 한두 번 들은 것이 아니다. 신분은 신자가 좋지만 생활은 불신자가 좋다.

베드로의 얘기가 그런 격이다. 예수님을 따르는 것 자체로는 만족이 안 되고 뭔가 보상이 있어야 한다고 생각한다. 베드로가 기대한 항목에는 부자 청년이 포기하지 않은 재물도 포함되지 않나 싶다. 만일 예수님이 베드로의 기대대로 대답한다면 "너희가 나를 따르기 위해서 배도 버리고 그물도 버린 것을 내가 왜 모르겠느냐? 조금만 기다려라. 내가 다 갚아주마. 내가 로마를 몰아내고 메시야 왕국을 선포하면 너희는 전부 팔자 고친다."라고 해야 한다. 그런데 전혀 엉뚱한 말씀을 하셨다.

예수께서 이르시되 내가 진실로 너희에게 이르노니 나와 복음을 위하여 집이나 형제나 자매나 어머니나 아버지나 자식이나 전토를 버린 자는 현세에 있어 집과 형제와 자매와 어머니와 자식과 전토를 백배나 받되 박해를 겸하여 받고 내세에 영생을 받지 못할 자가 없느니라(막 10:29-30)

뭔가 이상하다. 집이나 전토를 버린 것에 대한 보상으로 백배를 받을 수는 있지만 형제나 자매나 부모나 자식을 버린 것에 대한 보상으로 백배를 받는다는 것이 무슨 영문일까? 게다가 그것을 현세에 받는다고 한다.

결국 문자 그대로의 뜻이 아니다. 예수님은 이 세상에 없는 보상, 이 세상에 속한 것으로는 설명이 안 되는 보상을 얘기하고 있다. 1,000원을 잃어버린 아이한테 10,000원을 주면 보상이 된다. 그러면 애인을 잃은 사람에게는 어떤 것으로 보상해주면 될까? 이 세상에서는 보상할 방법이 없다. 그런데 보상이 된다고 가정해 보자. 그 보상이 얼마나 좋은 것일까?

"무슨 소리냐? 나는 애인 대신 이 세상 여자를 다 데려다줘도 싫다."라고 할 수 있다. 그렇게 말하는 것이 정상이다. 하지만 그것은 우리의 사고 체계가 이 세상 질서에 매여 있기 때문이다. 우리의 사고 체계로는 이 세상을 벗어난 것을 알 수 없다.

영생이 무엇일까? 아마 사람들은 영원히 사는 것을 영생으로 얘기할 것이다. 그렇다면 영생은 시간의 양에 대한 개념이 된다. 하지만 영생이 정말 그런 것일까? 시간의 양만 많아지는 것이 아니라 시간의 질도 달라지지 않을까? 그런데 우리한테는 시간의 질에 대한 개념이 없다. 어쨌든 영생이 하나님의 선물이라면 지금의 삶이 끝없이 지속되는 정도가 아닐 것이다. 우리가 모르는 어떤 것이 있을 것이다. 우리 상상력의 범주를 넘는 것이어서 우리가 상상할 수 없을 뿐이다.

예수님과 복음을 위해서 집이나 형제나 자매나 부모나 자식이나 전토를 버린 자마다 백배를 받는다는 말이 그렇다. 형제나 자매, 부모나 자식의 백배를 받는 경우는 이 세상에 존재하지 않는다. 신앙을 위해서 형제를 버리면 형제가 백 명이 되고, 아들을 버리면 아들이 백 명이 되는 법은 없다. 형제, 자매, 부모, 자식은 이 세상에서 가장 가까운 사람이다. 그런데 그에 대해서 '백배'라는 표현을 쓸 수밖에 없을 만큼의 그 어떤 것을 말한다. 하늘에 속한 내용을 우리가 다 알 수도 없거니와 그것을 땅에 속한 언어로 설명하려니 이런 억지 표현이 나온 것이다.

그것이 전부가 아니다. 박해를 겸하여 받는다. 그리고 내세에 영생을 받지 못할 자가 없다고 한다. 예수님과 복음을 위해서 집이나 전토, 형제, 자매, 부모, 자식을 버리는 일은 세상 가치를 역행하는 일이다. 그래서 박해가 있다. 하지만 하나님이 인정하신다. "그러나 먼저 된 자로서 나중 되고 나중 된 자로서 먼저 될 자가 많으니라"라고 할 만하다.

먼저 된 자가 나중 되는 일이 왜 있을까? 신앙에 대한 보상이 이 세상에서 주어지면 먼저 된 자가 나중 될 까닭이 없다. 그런데 그런 것은 없고 오히려 박해가 있다. 신앙을 부인하기에는 하나님의 은혜가 있는데 제대로 믿기에는 세상 욕심이 너무 크다. 그러면 먼저 믿어도 나중 될 수밖에 없다. 나중 된 자가 먼저 되는 일이 있는 이유는 그 반대다. 박해는 전혀 문제가 안 된다. 거기에 영생이 있다는 사실이 중요하다. 세상이 인정해주지 않아도 하나님 한 분이면 그만이다.

참으로 염려스러운 것은 예수님이 "먼저 된 자로서 나중 되고 나중 된 자로서 먼저 될 자가 있느니라"라고 하지 않고 "…많으니라"라고 했다는 사실이다. 먼저 된 자로 나중 되지 않는 것이 그리 쉬운 일이 아닌 모양이다. 이 세상에서 신앙을 지키는 일이 그만큼 어렵다. 하지만 신앙의 가치를 아는 사람은 안다. 그러니 나중 된 자로서 먼저 될 자가 또한 많다. 우리의 자리가 어디인지 모른다. 하지만 우리의 보상이 예수님 한 분이라는 사실만큼은 바로 알았으면 좋겠다. 예수님 외에 바랄 것이 아무것도 없다.

10:32-45〉 예루살렘으로 올라가는 길에 예수께서 그들 앞에 서서 가시는데 그들이 놀라고 …(중략)… 인자가 온 것은 섬김을 받으려 함이 아니라 도리어 섬기려 하고 자기 목숨을 많은 사람의 대속물로 주려 함이니라

예수님이 고난을 말씀하신 것은 한두 번이 아니다. 그런데 제자들이 못 알아들었다. 이런 얘기가 성경에 왜 나올까? 우리가 그럴 수 있기 때문이다. 예수님이 왜 오셨고, 신앙이 있으면 어떤 걸 기대할 수 있는지 번번이 틀릴 수 있다.

A4 용지에 예수님께 바라는 소원 열 가지만 쓴다고 가정해 보자. 우리만 소원을 쓰면 안 된다. 예수님도 우리한테 바라는 소원 열 가지를 쓴다. A4 용지를 서로 바꾸면 공통되는 것이 몇 가지나 있을까? 혹시 한 가지도 없지 않을까? 그러면 교회에는 왜 다니는 것일까? 바로 그런 점 때문에 예수님이 그토록 자주 고난을 말씀하셨다. 예수님을 따르면서도 예수님을 따르는 것이 무슨 뜻인지 모르기 때문이다.

야고보와 요한이 예수님께 청탁을 한다. 주의 영광 중에서 자기들을 주의 좌편과 우편에 앉게 해달라는 것이다. 그들 머리에는 "선생님이 예루살렘에 가면 메시야 왕국이 시작된다"라는 생각뿐이었다. 바야흐로 그들이 기대하는 때가 임박했다. 그러니 얼른 못을 박아 둬야 한다. 꾸물대다 다른 제자한테 뒤지면 안 된다.

야고보와 요한의 얘기에 한 문장만 보태면 뜻이 더 분명하게 드러난다. "베드로는 말고요"다. 우리가 사는 세상은 모든 것이 제한되어 있다. 어떤 것을 얻으려면 남과 경쟁해야 한다. 그런 세상을 살다 보니 예수님께 그런 부탁을 한 것이다.

예수님이 무엇 때문에 오셨을까? 모든 종교 창시자들의 목적은 모범적으로 사는 것이었다. 그런데 예수님의 목적은 희생 제물로 죽는 것이었다. 그런 예수님을 구주로 고백하는 우리는 어떤 삶을 살아야 할까?

물론 야고보와 요한은 예수님의 좌우편 보좌에 앉을 것이다. 하지만 그 자리는 그들이 기대한 것과 같은 자리가 아니다. 남들 위에 군림하는 자리가 아니라 남들을 섬기는 자리다. 그리고 영원한 영광이 있는 자리다.

그런 것을 알 까닭이 없는 야고보와 요한한테 예수님이 말씀하신다. "내가 마시는 잔을 너희가 마실 수 있으며 내가 받는 세례를 받을 수 있느냐?" 야고보와 요한은 예수님이 마시는 잔을 마시는 것이 어떤 것이고 예수님이 받는 세례를 받는 것이 어떤 것인지도 모르면서 할 수 있다고 했다. 어쩌면 예수님의 좌우편에 앉기 위한 통과의례 같은 것으로 생각했을 수도 있다.

야고보, 요한만 문제였을까? 다른 제자들이 야고보와 요한에 대하여 화를 냈다. 그들한테도 같은 마음이 있었다. 야고보와 요한만 한심한 것이 아니라 모두 같은 수준이었다. 예수님은 죽으러 가는데 제자들은 한자리하러 따라가는 중이다.

예수님이 그런 제자들한테 말씀하신다. "이방인의 집권자들이 그들을 임

의로 주관하고 그 고관들이 그들에게 권세를 부리는 줄을 너희가 알거니와 너희 중에는 그렇지 않을지니 너희 중에 누구든지 크고자 하는 자는 너희를 섬기는 자가 되고 너희 중에 누구든지 으뜸이 되고자 하는 자는 모든 사람의 종이 되어야 하리라" '너희'라는 말이 다섯 번이나 나온다. "세상 사람들은 이렇게 산다. 하지만 너희는 그렇지 않다. 너희는 다르게 살아야 한다."라는 뜻이다.

세상에서는 남보다 높은 지위에 있는 사람, 남보다 많이 가진 사람이 대접받는다. 그러니 어떻게 해서든지 높아지려고 하고 기를 쓰고 더 가지려고 한다. 하지만 예수님이 이 땅에 오신 이유는 섬김을 받으려 함이 아니라 도리어 섬기려 하고 자기 목숨을 많은 사람의 대속물로 주려 함이다. 예수님은 섬김을 받을 권리가 있는 분인데도 오히려 섬기러 오셨다.

그러면 예수님을 따르는 사람은 세상을 어떻게 살아야 하는지 정해진 셈이다. 그래서 "너희 중에 누구든지 크고자 하는 자는 너희를 섬기는 자가 되고 너희 중에 누구든지 으뜸이 되고자 하는 자는 모든 사람의 종이 되어야 하리라"라고 했다. 하나님 앞에서 큰 자는 남을 섬기는 자이다. 또 진정한 으뜸은 종으로서의 으뜸이어야 한다.

그런데 야고보와 요한은 자기들이 큰 자가 되어서 모두한테 섬김을 받을 수 있게 해달라고 청탁했다. 별수 없다. 그들은 아직 부활하신 예수님을 만나지 못했다. 모든 관심이 이 세상에 있다. 예수님께 청탁을 해서라도 한자리 차지해야 한다. 그것이 예수님을 따르는 보람이다.

남의 얘기가 아니다. 우리는 예수님의 부활을 알고 있다. 예수님께서 선포할 메시야 왕국이 이 세상의 온갖 좋은 것을 받아 누리는 나라가 아니라는 사실도 안다. 예배 때마다 선포되는 하나님의 말씀도 듣는다. 그런데 늘 세상 욕심을 들고 주님을 찾는다. 주님이 세상에 오신 이유는 알 바 아니다. 자기 필요가 급하다. 참으로 다행인 것은 주님께서는 자기들이 구하는 것이 무엇인지도 모르면서 무작정 구한 야고보와 요한의 부탁을 들어주셨다는 사실이다. 그들은 정말로 예수님이 마시는 잔을 마시고 예수님이 받는 세례를 받아서 예수님 좌우편에 앉게 된다.

하나님께서는 친히 하늘에 속한 모든 신령한 복을 약속하셨다. 그런데 우리는 복이 무엇인지 자기가 정하고는 그것을 구한다. 하나님이 약속하신 복에 관심이 없다. 그런 우리한테 하나님께서는 하늘에 속한 모든 신령한 복으로 복 주실 것이다. 이 세상에서 영광스런 보좌를 구했던 야고보와 요한에게 영원한 영광의 보좌를 주셨던 것처럼 우리한테도 그렇게 하실 것이다. 하나님은 언제나 우리가 구하는 것보다 더 좋은 것을 주신다. 그런 하나님을 찬양한다.

10:46-52〉 그들이 여리고에 이르렀더니 예수께서 제자들과 허다한 무리와 함께 여리고에서 나가실 때에 디매오의 아들인 맹인 거지 바디매오가 …(중략)… 그가 곧 보게 되어 예수를 길에서 따르니라

예수님이 여리고에 이르렀다. 여리고는 예루살렘에서 40km 거리다. 그만큼만 가면 예수님이 십자가에 달리게 된다. 허다한 무리가 그런 예수님을 따랐다. 무슨 생각으로 따랐을까? 앞에서 야고보와 요한이 예수님께 청탁하는 내용을 확인했다. 그것과 별 차이가 없을 것이다. 전부 '인생 대박'을 꿈꾸며 예수님을 따르는 중이다.

예수님 일행이 가는 길가에 맹인 거지가 앉아 있었다. 성경은 디매오의 아들 바디매오라고 소개한다. 지금까지 예수님께 와서 병을 고친 사람 중에 이름이 나온 예는 없다. 유독 바디매오만 이름이 나온다. 마가복음이 기록될 당시의 기독교 공동체가 바디매오를 알았다는 뜻이다. 한때는 구걸로 연명하던 거지였는데 '인생 역전'이 된 것이다. 본문은 '인생 대박'을 꿈꾸는 사람과 '인생 역전'을 이룬 사람을 대조한다.

바디매오가 나사렛 예수가 지나간다는 말을 듣고 "다윗의 자손 예수여 나를 불쌍히 여기소서"라고 했다. 바디매오가 들은 말은 나사렛 예수가 지나간다는 말이었는데 소리 지르기는 "다윗의 자손 예수여"라고 소리 질렀다.

이스라엘에는 메시야 대망 사상이 있었다. 언젠가 다윗의 자손 가운데 메시야가 와서 자기들을 구원한다는 것이다. 또 메시야가 오면 맹인이 보고 못 듣는 사람의 귀가 열리고 말 못하는 자의 혀가 노래한다고 했다. 아닌 게 아니라 예수님이 그런 일을 했다. 예수님이 메시야라는 뜻이다.

나사렛 예수는 자연인 예수를 말하고 다윗의 자손 예수는 메시야로 오신 예수를 말한다. 바디매오가 예수님을 다윗의 자손이라고 부른 것은 "당신은 메시야입니다"라는 신앙 고백이다. 눈을 뜨게 해달라는 부탁이 그래서 가능하다. "다윗의 자손 예수여 나를 불쌍히 여기소서"라는 말이 "당신은 메시야입니다. 제 눈을 뜨게 해주십시오. 당신은 그 일을 위해서 오신 분

아닙니까?"라는 뜻이다.

예수님과 같이 있는 사람들이 어떻게 해야 할까? 얼른 예수님께 인도해야 하는 것 아닐까? 그런데 오히려 잠잠하라고 꾸짖었다. 앞에서 어린아이를 데리고 왔을 때도 제자들이 꾸짖었다. 그때와 달라진 것이 없다. 차이가 있다면 그때는 제자들이 꾸짖었는데 이번에는 많은 사람이 꾸짖었다. 세속적인 가치관에서 벗어나는 일이 그만큼 어렵다. 다른 말로 하면 '인생 대박'의 꿈을 돌이키는 것이 그만큼 어렵다.

48절에 "많은 사람이 꾸짖어 잠잠하라 하되 그가 더욱 크게 소리 질러 이르되 다윗의 자손 예수여 나를 불쌍히 여기소서 하는지라"라고 되어 있다. 만일 "많은 사람이 꾸짖어 잠잠하라 하매 그가 애처로운 눈빛으로 바라보다 이내 잠잠하더라"라고 되어 있다고 가정해 보자. 그러면 바디매오는 주변 사람들 때문에 예수님을 만나지 못한 억울한 사람일까? 아무도 그렇게 생각하지 않을 것이다. 예수님께 왔다가 그냥 돌아간 한심한 부자 청년이 있는 것처럼 주변 사람들 때문에 예수님을 만나지 못한 한심한 맹인 거지가 있었다고 생각할 것이다.

눈뜬장님이라는 말이 있다. 대체 누가 앞을 보지 못하는 사람일까? 바디매오일까, 예수님을 따르는 사람들일까? 사람들이 구박했지만 바디매오는 계속 예수님을 불렀다. 47절에서도 예수님을 다윗의 자손이라고 불렀고 48절에서도 그렇게 불렀다. 당시 상황을 상상해보면 이보다 훨씬 더 많이 불렀을 것이다.

예수님이 머물러 서서 바디매오를 부르라고 했다. 그 한마디에 바디매오를 꾸짖는 소리가 쏙 들어갔을 것이다. 오히려 바디매오한테 가서 "안심하고 일어나라 그가 너를 부르신다"라고 얘기했다. 어색한 점이 있다. 안심하라는 말을 왜 해야 할까?

그들은 예수님이 바디매오를 꾸짖을 줄 알았다. 그런데 예수님이 바디매오를 부르셨다. 그래서 안심하라는 것이다. 그들이 바디매오를 꾸짖은 것은 그것이 예수님 뜻인 줄 알아서 그랬다는 얘기가 된다. 자기가 예수님과 보조를 맞출 줄은 모르고 예수님이 자기 같은 줄 알았다.

예수님이 부른다는 얘기에 바디매오가 겉옷을 내버리고 뛰어 일어나 예수님께 나아왔다. 입고 있던 겉옷을 일부러 벗은 것이 아니다. 아마 겉옷을 어깨에 걸쳤던 모양이다. 급히 일어나 달려 나오느라고 그것이 떨어졌는데 집을 새가 없었다.

예수님이 겉옷을 버리라고 한 적은 없다. 그런데도 버렸다. 앞에서 부자 청년은 소유를 버리라고 해도 버리지 않았고, 결국 원하는 것도 얻지 못했다. 부자 청년의 소유 전부나 바디매오의 겉옷이나 마찬가지다. 그렇다고 해서 바디매오를 부자 청년과 대조할 필요는 없다. 오히려 제자들과 대조해야 한다. 바디매오의 행동이 제자들한테서 나타나야 하기 때문이다. 바디매오는 예수님의 부름을 받자 겉옷을 내던지고 달려왔다. 그런데 제자들은 아직도 자기들이 입고 있는 옛날 옷을 벗지 못하고 있다. 오히려 그 옷을 입은 채 예수님을 이용해서 세상으로 가려고 하고 있다. 예루살렘 입성을 눈앞에 둔 시점까지 예수님을 제대로 알지 못하는 제자들을 바디매오를 통해서 지적하는 셈이다.

예수님이 바디매오한테 묻는다. "네게 무엇을 하여 주기를 원하느냐?" 이 질문을 야고보와 요한한테 했으면 뭐라고 했을까? 그들은 예수님이 묻기 전에 먼저 청했다. 맹인한테 무엇을 하여 주기를 원하는지 물으면 대답이 뻔하지 않을까? 그런데 "그걸 말이라고 하십니까? 제가 맹인인 게 보이지 않습니까?"라고 하지 않았다. "선생님이여 보기를 원하나이다"라고 했다. 사람에 따라서 다른 대답을 할 수도 있는 모양이다.

맹인한테 눈을 뜨는 것 말고 다른 소원이 있는 것이 상상되지 않을 수 있다. 하지만 자기의 영적 눈이 뜨이기를 바라는 것보다 세상에 속한 것을 먼저 바라는 눈뜬장님이 얼마든지 있다. 영적인 눈을 뜨는 것도 좋지만 그보다 급한 일이 있다는 것이다. 신앙도 중요하지만 세상도 중요하다고 하면 뭐라고 해야 할까?

박영돈 목사가 그의 책 〈성령 충만, 실패한 이들을 위한 은혜〉에서 에이든 토저의 말을 인용했다. 만약 우리한테 성령으로 충만해지기를 바라는 갈망보다 더 큰 것이 있다면 결코 성령으로 충만한 그리스도인이 될 수 없다는 것이다. 그리고 설명을 덧붙인다. 그리스도인이라면 정도의 차이는 있지만 누구나 성령 충만을 원한다. 그런 은혜를 원하지 않는 사람은 없다. 그런데도 성령 충만을 받지 못하는 것은 제대로 원하지 않기 때문이다. 많은 사람들이 성령 충만을 간헐적으로 원한다. 성령 충만에 대한 말씀을 들으면 잠시 그런 갈망이 생기는데 삶이 분주하다 보니 이내 잊어버린다. 그러고는 나중에 또 원한다. 이처럼 간헐적으로 원하다가 별 성과가 없으면 이내 체념한다. "많이 구해봤는데 안 되더라. 난 어쩔 수 없나봐."라는 말을 한두 번 들은 것이 아니다. 성령으로 충만해지는 것보다 더 갈망하는 다른 것이 있으면 다른 도리가 없다.

다행히 바디매오는 눈을 뜨는 것 말고 다른 소원이 없었다. "선생님이여 보기를 원하나이다"라고 했다. 그럼 예수님이 뭐라고 해야 할까? "네 소원대로 될지어다"라고 하면 되지 않을까? 그런데 "가라. 네 믿음이 너를 구원하였느니라."라고 했다. 예수님이 바디매오의 믿음을 기다리고 있었다. 어쩌면 제자들을 포함해서 예수님을 따르는 허다한 무리에게 들으라고 하신 말씀일 수 있다. "너희들이 나를 따르고 있기는 하다만 그런 식으로 따라서는 아무 소용없다. 너희한테 과연 믿음이 있느냐?"라고 말씀하시고 싶었을 것이다.

화니 제인 크로스비라는 사람이 있다. 생후 6주 만에 의사의 실수로 시력을 잃었다. 하지만 95세까지 살면서 9,000곡 이상의 찬송가를 작사했다. '예수 나를 위하여 십자가를 질 때', '인애하신 구세주여 내가 비오니', '예수를 나의 구주 삼고', '나의 갈 길 다가도록 예수 인도하시니'가 전부 크로스비의 작품이다.

누군가 말했다. "당신은 정말 놀라운 선물을 받았습니다. 하지만 시력을 선물 받지 못한 것은 참 안타깝습니다." 크로스비가 그렇지 않다고 했다. "제가 눈을 뜨면 저는 예수님을 가장 먼저 보게 됩니다. 그 사실이 생각할수록 좋습니다."

바디매오도 그렇다. 눈을 뜨고 가장 먼저 본 것이 예루살렘으로 가시는 예수님이었다. 바디매오가 그 예수님을 따랐다. 예수님이 따르라고 하신 것이 아니다. 오히려 "가라. 네 믿음이 너를 구원하였느니라."라고 해서, 가라고 했다. 어디를 가든지 바디매오 마음이다. 그런데 예수님을 따르는 쪽을 택했다. 예수님을 따르는 바디매오의 발걸음이 무척이나 가벼웠을 것이다. 모든 것이 새로워졌다. 세상은 그대로지만 바디매오는 전혀 다른 세상을 살게 되었다.

제자들은 어땠을까? 본문은 맹인이던 바디매오가 눈을 떴다는 사실에 초점이 있지 않다. "문제가 있느냐? 예수님께 부르짖어라. 그러면 해결된다."가 아니다. 그 바디매오가 예수님을 따르게 되었다는 사실에 초점이 있다. 어쩌면 제자들한테 "당신들이 정말 예수님을 따르고 있습니까? 혹시 눈뜬 장님은 아닙니까?"라고 묻는 것일 수도 있다.

명심해야 한다. 예수님을 따르는 허다한 무리는 겉으로는 예수님을 따르고 있지만 실상은 세상을 따르는 사람들이다. 말로는 예수님을 따른다고 하면서도 겉옷은 꼭 챙길 사람들이다.

우리가 정말 예수님을 따르고 있을까? 우리가 기대해야 할 것은 '인생 대박'이 아니라 '인생 역전'이다. 우리가 원하는 것이 크게 이루어지는 것을 바랄 게 아니라 지금까지와 다른 것을 원해야 한다. 그 옛날 바디매오의 믿음을 기다리신 예수님이 지금은 우리의 믿음을 기다리신다.

11장 예루살렘 입성

11:1-10〉 그들이 예루살렘에 가까이 와서 감람산 벳바게와 베다니에 이르렀을 때에 예수께서 제자 중 둘을 보내시며 이르시되 …(중략)… 찬송하리로다 오는 우리 조상 다윗의 나라여 가장 높은 곳에서 호산나 하더라

예수님이 감람산 벳바게와 베다니에 이르렀다. 제자 중 두 명한테 맞은편 마을로 가면 아무도 타 보지 않은 나귀 새끼가 매여 있다면서 풀어 끌고 오라고 했다. 선뜻 "예" 하기에 난감한 심부름이다. 그런 제자들의 마음을 알았는지, 만일 누가 물으면 주가 쓰시겠다고 하라는 말을 보탰다.

두 제자가 맞은편 마을에 갔다. 정말로 나귀 새끼가 문 앞거리에 매여 있었다. 그것을 풀자 사람들이 영문을 물었고, 예수님이 이르신 대로 말하자 허락했다. 물론 "이것은 제 것입니다"라고 할 수도 있다. 자기 것을 자기 것이라고 하는데 누가 뭐라고 하겠는가? 예수님은 그럴 수 없었을까? "내 피는 내 것이다. 내 살도 내 것이고 내 생명도 내 것이다." 그러면 우리가 어떻게 되었을까?

각설하고 두 제자가 나귀 새끼를 끌고 왔다. 아직 아무도 타 보지 않은 나귀 새끼였다. 왜 아무도 타 보지 않은 나귀 새끼였을까? 다른 사람이 탔던 나귀는 안 되는 이유라도 있을까?

예수님이 충분히 자란 나귀를 탔으면 나귀도 별로 힘들지 않을 것이다. 그런데 나귀 새끼를 탔다. 그 나귀 새끼한테는 예수님이 상당히 무거웠을 것이다. 다른 것을 더 태울 여력이 없다. 이것이 예수님을 섬기는 우리 모습이어야 한다. 기를 쓰고 건장한 나귀가 되어서 예수님도 태우고 돈도 태우고 명예도 태우고, 이것저것 다 태우면 안 된다. 우리는 예수님 외에 다른 것을 더 섬길 여력이 없는 사람들이다. 하지만 이것은 예수님이 나귀 새끼를 타신 이유다. 아무도 타 보지 않은 나귀 새끼를 타신 이유는 따로 있다.

바울이 고린도교회에 편지하면서 고린도교회 교인들을 정결한 처녀로 그리스도께 중매한다고 했다. 우리 모두가 정결한 처녀여야 한다. 주님께 우리의 첫사랑을 드려야 한다. 세상을 사랑하다 남은 마음을 주님께 들고 갈 수는 없다. 그래서 주님은 아무도 타 보지 않은 나귀 새끼를 타셨다.

사람들이 그런 예수님을 열렬히 환영했다. 어떤 사람은 겉옷을 벗어서 나귀에 얹었고, 다른 사람들은 겉옷을 벗어서 길에 깔았다. 또 들에서 벤 나뭇가지를 길에 펴기도 했다. 흡사 레드카펫을 깔아드린 것과 같다.

이 사람들은 예수님을 왕으로 환영하는 중이다. "호산나 찬송하리로다 주의 이름으로 오시는 이여 찬송하리로다 오는 우리 조상 다윗의 나라여 가장 높은 곳에서 호산나"라고 외친 것에서 알 수 있다. 호산나는 "우리를 구원하소서"라는 뜻이다. 주의 이름으로 오시는 이는 하나님의 이름으로 오시는 이, 곧 메시야다. 또 "찬송하리로다 오는 우리 조상 다윗의 나라여"라고 했으니 이제 바야흐로 다윗 왕국이 시작되는 줄 안 것이다. 기다리던 메시야가 드디어 왔다.

이스라엘이 헬라의 지배를 받던 시절, 안티오쿠스 4세가 대대적으로 유대교를 박해했다. 부국강병 때문이었다. 로마는 사상이 통일되어 있는데 자기들은 그렇지 않았다. 유독 유대인들이 다른 신을 섬기면서 헬라 문화에 동화되지 않았다. 그래서 작정하고 유대교를 말살하기로 한 것이다.

상당히 무서운 말이다. 안티오쿠스 4세가 괜히 유대교를 박해한 것이 아니다. 명색이 왕인데 나라를 부강하게 만들려는 포부가 없을 수 없다. 그렇게 하다 보니 유대교를 박해하게 되었다. 명심해야 한다. 이 세상 사람들이 꼭 의도를 가져야 기독교를 적대하는 것이 아니다. 세상을 살아가는 정상적인 모습을 통해서도 기독교를 적대한다.

그러면 우리가 세상을 살아가는 모습 자체가 하나님 나라의 확장으로 작용해야 한다. 세상 사람들이 일상적인 삶을 통해서 기독교를 적대한다면 우리는 일상적인 삶을 통해서 하나님의 영광을 선포할 수 있어야 한다. 그만큼 정신 차려서 예수를 믿어야 한다.

안티오쿠스 4세의 박해를 견디다 못한 유대인들이 항거를 시작한다. 흔히 마카비 혁명이라고 한다. 마카비의 지휘 아래 유대인들이 연전연승을 거둔다. 마침 안티오쿠스 4세가 파르티아와의 전쟁 중에 죽는다. 이렇게 해서 유대인들이 자유를 얻게 되었다. 마카비가 백마를 타고 예루살렘에 입성한다. 주전 164년의 일이다.

예수님이 예루살렘에 입성할 적에 유대인들은 그때를 떠올렸을 것이다. 하지만 차이가 있다. 예수님은 나귀 새끼를 타고 입성했다. 우리나라에서는 말을 운송 수단으로 썼는데 팔레스타인에서는 말이 군사용이었고 나귀가 운송 수단이었다.

예수님이 그런 나귀를 타고 입성했다. 그런데 사람들은 몰랐다. 욕심에 눈이 가렸으니 제대로 보일 리가 없었다. 앞에서 가고 뒤에서 따르는 자들이 호산나를 외쳤다.

교회에서는 늘 예수님이 우리를 구원했다고 한다. 하지만 이때의 호산나는 그런 뜻이 아니다. 자기들을 로마의 압제에서 풀어달라는 뜻이다. 그들이 기다린 메시야는 정치적이고 군사적인 메시야였다. 자기들을 성결하게 만들어주는 메시야가 아니라 잘 먹고 잘살게 해주는 메시야였다.

유대인들은 자기들도 하나님 나라에 초대받아야 한다는 사실을 몰랐다. 자기들이 하나님 나라 백성인 줄 알았다. 로마 때문에 하나님 나라 백성 된 지위를 누리지 못하는 현실이 문제일 뿐이다. 얼른 메시야가 와서 그 문제를 해결해주어야 한다. 그것이 메시야가 할 일이다.

요즘 말로 바꿔볼까? 예수를 믿는다. 남은 일은 예수님이 은혜를 베풀어서 돈도 잘 벌게 해주고 애들 성적도 오르게 해줘야 한다. 그런 기대를 안고 호산나를 외치는 것이다.

〈만들어진 신〉, 〈이기적인 유전자〉로 유명한 리처드 도킨스는 무신론을 전파하는 데 상당히 열심인 사람이다. 영국 런던의 노선버스에 "There's probably no God. Now stop worrying and enjoy your life.(십중팔구 하나님은 없다. 걱정 그만하고 인생을 즐겨라)"라는 광고 문구를 쓰기도 했다.

유대인들은 어떻게 된 영문일까? 리처드 도킨스는 무신론자라서 그런 발상을 했다. 그런데 유대인들은 하나님이 있다고 하면서 그런 생각을 했다. "하나님은 살아 계시다. 하나님이 우리를 잘 먹고 잘살게 해줄 것이다."라고 하면, 하나님은 없으니 이 세상에서 잘 먹고 잘사는 일에 신경 쓰라는 리차드 도킨스의 말과 무슨 차이가 있을까? 하나님이 계시지 않다고 하는 사람이나 하나님이 계시다고 하는 사람이나 별반 다를 게 없다.

천국에 가기 싫다는 사람은 없다. 그런데 이상한 사실이 있다. 천국은 죄가 전혀 없는 곳이다. 이 세상에서 죄를 즐기는 사람이 그곳에 가기를 원하는 이유가 무엇일까? 천국은 완전한 의가 있는 곳이다. 의에 대해 아무 관심이 없는 사람이 왜 거기에 가고 싶어 할까? 천국은 하나님의 뜻이 온전하게 이루어진 곳이다. 하나님의 뜻에 무관하게 사는 사람이 왜 그런 곳에 가고 싶어 할까? 답은 뻔하다. 사람들이 상상하는 천국과 성경에 계시된 천국이 같은 천국이 아니기 때문이다.

같은 일이 본문에서 벌어지고 있다. 사람들이 서로 호산나를 외친다. 하지만 그들이 원하는 구원은 성경에 없는 구원이다. 그들은 그렇다 치고, 우리는 어떤 구원을 기대하고 있을까?

예수님이 예루살렘에 입성한 날이 주일이다. 그리고 금요일에 십자가에 달리신다. 숱한 사람들이 예수님을 십자가에 못 박으라고 소리쳤다. 본문에서 호산나를 외쳤던 사람 중에도 그런 사람이 있을 것이다. 예수님이 자기가 기대한 메시야가 아니라는 배반감 때문에 그렇게 했겠지만 어쩌다 한 번 예수님께 환호를 보낸 것은 신앙이 아닌 것이 분명하다. 나귀를 타신 예수님을 백마를 탄 예수님으로 착각해서 환호하는 것은 무효다. 예수님께 잠깐 환호하는 것은 아무나 할 수 있지만 예수님을 끝까지 따르는 일은 아무나 할 수 없다. 예수님이 이 세상에 오신 이유를 제대로 아는 사람만 할 수 있다. 그런 사람이 외치는 호산나가 진짜 호산나다.

11:11-25〉 **예수께서 예루살렘에 이르러 성전에 들어가사 모든 것을 둘러보시고 때가 이미 저물매 …(중략)… 그리하여야 하늘에 계신 너희 아버지께서도 너희 허물을 사하여 주시리라 하시니라**

니고데모가 밤에 예수님을 찾아온 적이 있다. 왜 하필 밤에 찾아왔을까? 무슨 이유인지 몰라도 당시 니고데모가 밤에 속한 사람이었다는 사실은 분명하다. 본문도 그렇다. 때가 이미 저물었다는 말이 성전 상태에 대한 암시일 수 있다.

이튿날, 예수님과 제자들이 베다니에서 나왔다. 예수님이 시장하시던 차에 멀리서 잎사귀 있는 무화과나무를 보셨다. 가까이 가서 보니 잎사귀 외에 아무것도 없었다. 아직 무화과의 때가 아니었기 때문이다. 그런데 예수님이 "이제부터 영원토록 사람들이 네게서 열매를 따 먹지 못하리라"라고 말씀했다. 무화과의 때가 아니면 열매가 없는 것이 정상인데 왜 저주하셨을까?

애초에 예수님이 보신 것은 잎사귀가 있는 무화과나무였다. 13절에 '잎사귀'라는 말이 두 번 나온다. 예수님이 잎사귀 있는 무화과나무를 보시고는 혹시 그 나무에 무엇이 있나 싶어서 가까이 가서 보시니 잎사귀뿐이었다.

무화과(無花果)는 꽃이 없는 열매라는 뜻이다. 하지만 정말로 꽃이 없으면 열매가 열릴 수 없다. 꽃이 없는 것처럼 보일 뿐이다. 우리가 열매로 알고 먹는 부분이 바로 꽃이다. 진달래가 잎보다 꽃이 먼저 피는 것처럼 무화과도 그렇다. 무화과나무는 잎사귀보다 열매가 먼저 달린다. 잎사귀가 있으면 열매도 있게 마련이다. 그런데 그 무화과나무는 열매도 없으면서 잎사귀가 있었다.

본문은 성전과 무화과나무를 서로 교차하며 얘기한다. 무화과나무를 통해서 성전의 실상을 지적한 것이다. 성전의 실상이 바로 잎만 무성한 무화과나무와 같았다. 예수님이 무화과나무더러 "이제부터 영원토록 사람이 네게서 열매를 따 먹지 못하리라"라고 하신 것처럼 성전 역시 그렇게 될 것이다.

예수님이 성전에 들어가셨다. 성전에서 매매하는 자들을 내쫓으시며 돈 바꾸는 자들의 상과 비둘기 파는 자들의 의자를 둘러엎으셨다.

당시 성전은 상당히 부패한 상태였다. 이스라엘 사람이면 누구나 반 세겔의 성전세를 내야 했다. 그런데 로마 황제의 초상이 있는 동전으로는 성전세를 낼 수 없기 때문에 돈을 바꿔야 했다. 물론 수수료가 있었다. 또 제물로 쓰일 짐승도 팔았다. 제물에는 흠이 없어야 하는데 자칫 가지고 온 짐승에 자기도 모르는 흠이 있으면 낭패다. 먼 지방에 있는 사람은 짐승을 직접 끌고 올 수도 없다. 그런데 이런 제도가 변질된다. 제사장과 상인이 결탁한 것이다. 성전에서 파는 제물이 아니면 제사장이 불합격 판정을 내린다. 그곳에서 파는 제물은 시중가보다 비쌀 것이 뻔하다.

그러면 예수님은 무엇 때문에 세상에 오셨을까? 상거래 질서 확립을 위해서 오셨을까? 그런 문제라면 '소비자 보호원'이나 '공정거래위원회'로 충분하지, 메시야가 나설 이유가 없다.

예수님이 성전에서 매매하는 자들을 내쫓았다. 파는 사람들만 내쫓은 것이 아니라 사는 사람들도 내쫓았다. 돈 바꾸는 자들의 상과 비둘기 파는 자들의 의자도 둘러엎었다. 환전상들이 부당한 이익을 취한 것은 잘못이지만 그러면 성전세는 어떻게 하란 말인가? 또 비둘기 파는 자들의 의자를 둘러엎으면 비둘기가 필요한 사람은 어떻게 할까? 예수님이 정상적인 가격으로 비둘기를 공급하기라도 하실 참인가?

야고보와 요한이 자기들을 예수님 좌우편에 앉게 해달라고 청탁한 적이 있다. 그때 결론이 "인자가 온 것은 섬김을 받으려 함이 아니라 도리어 섬기려 하고 자기 목숨을 많은 사람의 대속물로 주려 함이니라"였다.

성전은 짐승을 대속물 삼아서 제사를 드리는 곳이다. 그런데 예수님이 친히 대속물이 되신다. 더 이상 성전이 필요 없게 된다. 결국 예수님은 "왜 선량한 백성을 쥐어짜느냐? 장사 똑바로 해라!"라고 하신 것이 아니다. "제사 제도는 끝났다. 성전은 더 이상 필요가 없다."를 말씀하신 것이다. 만일 예수님이 성전을 청결하게 했으면 청결하게 된 성전에서 계속 제사가 드려져야 한다. 상인들은 정상적인 가격으로 제물을 팔고 제사장들도 정상적으로 직무를 수행해야 한다. 그런데 예수님이 십자가에 달리는 것으로 성전의 존재 이유가 없어졌다.

이런 내용이 "그리고 날이 저물매 그들이 성 밖으로 나가더라"로 끝난다. 전날도 때가 이미 저물어서 성전에서 나왔는데 또 날이 저물었다. 같은 얘기가 반복되는 것을 보면 날이 저물어 어두운 것이 성전 상태에 대한 암시가 명백하다. 그런 성전의 철폐를 선언하셨다.

다음날이 되었다. 무화과나무가 뿌리째 마른 것을 보고 베드로가 말했다. "랍비여 보소서 저주하신 무화과나무가 말랐나이다." 예수님이 뭐라고 해야 할까? "내가 말하지 않더냐? 웬 호들갑이냐?"라고 하든지 "열매도 없으면서 잎사귀만 무성한 무화과나무는 쓸모없다."라고 하는 것이 어울린다. 그런데 동문서답 같은 말씀을 하신다. "하나님을 믿으라 내가 진실로 너희에게 이르노니 누구든지 이 산더러 들리어 바다에 던져지라 하며 그 말하는 것이 이루어질 줄 믿고 마음에 의심하지 아니하면 그대로 되리라"

난데없이 산을 바다에 던지는 얘기가 왜 나올까? 믿음만 좋으면 무화과나무를 말라 죽게 하는 정도가 아니라 산을 바다에 던지는 일도 할 수 있다는 뜻일까? 산을 던지는 것도 그렇다. 왜 꼭 바다에 던져야 할까? 다른 곳에 던지면 안 될까?

예수님이 무화과나무를 저주하신 것은 성전에 대한 종말 선언이라고 했다. 예수님이 말씀하신 산도 막연한 산이 아니다. "누구든지 이 산더러 들리어…"라고 했으니 성전이 있는 시온산을 말한다. 아무 산이나 바다에 던지는 것이 아니다. 또 바다에 던지는 것은 심판을 비유한다(출 15:1b, 막 9:42, 계 18:21).

결국 예수님 말씀은 믿음만 있으면 예수님의 성전 철폐 선언에 동참할 수 있다는 뜻이다. 성전은 앞으로 쓸모없다는 말씀을 예수님만 하실 수 있는 것이 아니라 믿음이 있는 사람이면 누구나 할 수 있다. 중요한 것은 하나님을 믿는 믿음이지, 성전이 아니다.

20-21절에 "그들이 아침에 지나갈 때에 무화과나무가 뿌리째 마른 것을 보고 베드로가 생각이 나서 여짜오되 랍비여 보소서 저주하신 무화과나무가 말랐나이다"라고 되어 있다. '베드로가 생각이 나서'라는 말이 왜 있을까? 예수님이 무화과나무에 대해서 하시는 말씀을 제자들이 다 들었다. 그런데도 "이 나무는 이제 말라 죽겠구나"라는 생각을 하지 않았던 모양이다. 그런데 정말로 말랐다. 베드로가 그때서야 예수님이 하신 말씀을 떠올린 것이다. 애초에는 예수님 말씀을 흘려들었는데 정말로 이루어졌다. 그러면 성전도 마찬가지다. 예수님이 성전에서 매매하는 자들을 내쫓고 돈 바꾸는 자들의 상과 비둘기 파는 자들의 의자를 둘러엎었다고 해서 성전이 없어질 것으로 생각하지는 않았을 것이다. 하지만 없어진다. 그래서 "누구든지 이 산더러 들리어 바다에 던져지라 하며 그 말하는 것이 이루어질 줄 믿고 마음에 의심하지 아니하면 그대로 되리라"라고 한 것이다.

이런 말씀에 이어서 "그러므로 내가 너희에게 말하노니 무엇이든지 기도하고 구하는 것은 받은 줄로 믿으라 그리하면 너희에게 그대로 되리라"라고 했다.

앨버트 놀런이 쓴 〈그리스도교 이전의 예수〉라는 책이 있다. 그 책에서 믿음이 어떤 비결로 전락할 위험을 경고한다. 믿음은 어떤 마력이나 주술이 아니라 하나님 나라를 위해서 맺고 자르는 하나의 결단이라고 했다. 무엇을 맺고 무엇을 잘라야 할까? 먼저 이 세상에 대한 탐욕과 집착을 잘라야 한다. 그리고 자신을 하나님 나라에 연결해야 한다. 그것이 믿음이다.

기도도 마찬가지다. 어떤 일을 이룰 수 있는 신비한 방법이 아니다. 하나님과의 연결 통로다. 하나님과 우리가 부자지간이니 기도하지 못할 내용은 없다. 하지만 기도는 하나님의 은혜를 구하는 것이지, 하나님을 움직이는 원격 조정기가 아니다.

예수님이 "무엇이든지 기도하고 구하는 것은 받은 줄로 믿으라 그리하면 너희에게 그대로 되리라"라고 말씀했다. "원하는 것이 있으면 말만 해라. 다 들어주마. 단, 조건이 있다. 그 일이 이루어진 것으로 믿어야 한다."가 아니다. 이 말씀은 성전이 있는 시온산을 명하여 바다에 던져지라 하여도 그대로 된다는 말씀에 이어지는 말씀이다.

지금까지는 성전이 하나님과의 통로였는데 이제는 성전이 없다. 그렇다고 해서 하나님과 단절된 것이 아니다. 그래서 믿음과 기도를 얘기한다. 지금까지는 성전에서 짐승을 제물로 바치면서 간구했지만 이제는 그냥 구하면 된다. 짐승을 제물로 바치는 것이 몸에 익은 사람들은 "어? 이렇게 맨입으로 구해도 되나?"라는 생각을 할 수 있다. 우리는 처음부터 예배를 드렸으니 어색하지 않지만 평생 성전에서 제사를 드리던 사람은 뭔가 빠진 것 같은 허전함을 떨칠 수 없을 것이다. 그래서 "무엇이든지 기도하고 구하는 것은 받은 줄로 믿으라 그리하면 너희에게 그대로 되리라"라고 못을 박는다.

아들 대학 합격이든지, 친정어머니 건강이든지, 펀드 수익률이든지 무엇이든지 기도하고 구하는 것은 받은 줄로 믿으면 그대로 된다는 뜻이 아니다. 설마 이스라엘이 성전에서 그런 것을 구했을까? 그들이 구한 것은 죄다 자기의 성결 문제였다. 죄에서 벗어나서 하나님 앞에 바로 서야 한다. 비록 성전은 없지만 그런 문제라면 무엇이든지 기도하고 구하는 것은 받은 줄로 믿으라는 얘기다. 그러면 그대로 된다. 예전에는 자기가 가져온 양이 불타는 것을 보면서 죄 사함을 확증받았지만 이제는 그냥 믿으면 된다.

조건이 있다. 다른 사람의 죄를 용서해야 한다. 주기도문에도 있는 내용이다. 우리는 늘 "우리가 우리에게 잘못한 사람을 용서하여 준 것 같이 우리 죄를 용서해 주시고"라고 기도한다. 자기는 하나님께 은혜를 구하면서 다른 사람한테 은혜 베풀기에 인색하면 안 된다. 정말로 하나님의 자비하심에 의지하고 싶으면 자기가 하나님께 받고 싶은 것을 주변에 베풀 수 있어야 한다.

혹시 앞으로 평생 기도하지 않을 사람은 다른 사람을 용서하지 않아도 괜찮다. 하지만 기도할 것이 있는 사람은 먼저 남을 용서하는 것이 순서다. 이것이 안 되면 아무리 기도해도 공염불에 불과하다. 자기는 다급한 사정이 있어서 "하나님, 큰일 났습니다. 저를 불쌍히 여겨주십시오."라고 할지 몰라도 하나님은 "아니, 그건 별로 안 급하고 정작 급한 건 따로 있다."라고 하실 것이다.

왜 그럴까? 지금까지는 성전이 있었다. 흠 없는 제물을 고르는 것이 제사

드리는 사람의 책임이었다. 그런데 이제는 성전이 없다. 자기가 흠 없는 제물이 되어야 한다. 그것이 "아무에게나 혐의가 있거든 용서하라"이다. 혐의가 있는데 용서하지 않으면 흠 있는 제물이 되는 셈이다. 하나님이 그런 제물은 받지 않으신다.

11:27-33〉 그들이 다시 예루살렘에 들어가니라 예수께서 성전에서 거니실 때에 대제사장들과 서기관들과 장로들이 나아와 이르되 …(중략)… 나도 무슨 권위로 이런 일을 하는지 너희에게 이르지 아니하리라 하시니라

하루가 지났다. 예수님이 또 성전에 들어갔다. 대제사장들과 서기관들과 장로들이 무슨 권위로 이런 일을 하느냐고 물었다. 뭐라고 하면 될까? 자기가 알아서 했다고 하면 성전을 능멸한 죄를 물을 수 있다. 하나님이 시켰다고 하면 신성모독이다. 아마 자기들끼리 밤새 작전회의를 한 끝에 만든 질문일 것이다.

예수님이 요한의 세례가 하늘로부터인지 사람으로부터인지 되물었다. 공이 그들한테 넘어갔다. 그런데 답을 할 수 없었다. 요한의 세례가 하늘로부터라고 하면, 왜 그를 믿지 않았느냐고 할 것이다. 그렇다고 해서 사람으로부터라고 할 수도 없다. 이스라엘 백성이 전부 요한을 참 선지자로 알고 있으니 백성들이 두려웠다. 그들이 알지 못한다는 옹색한 답변을 내놓자, 예수님이 "나도 무슨 권위로 이런 일을 하는지 너희에게 이르지 아니하리라"라고 했다.

순간적인 재치로 곤혹스러운 상황을 모면한 것이 아니다. "당신은 성전을 어지럽혔소. 무슨 권위로 그런 일을 한 것이오?"라고 묻는 그들한테 "그렇게 묻는 너희는 누구냐? 너희는 성전과 관계있는 사람들이냐?"라고 되물은 것이다.

이스라엘이 하나님께 속한 공동체라면 대제사장이나 서기관, 장로는 하나님을 설명할 수 있어야 한다. 그런데 세례 요한의 세례가 하늘로부터인지 사람으로부터인지 모른다고 했다. 누군가 나한테 성경이 하나님 말씀인지 사람이 쓴 것인지 물었는데 모른다고 대답하면 어떻게 될까? 모른다고 대답만 하면 되는 것이 아니다. 목사직을 사임해야 한다. 그것도 모르면서 무슨 낯짝으로 목사를 한단 말인가? 하지만 달리 생각할 수도 있다. 정말로 모를까? 혹시 다른 이유 때문에 모른다고 발뺌하는 것은 아닐까?

제주도에서는 어디서나 한라산이 보인다. 그런데 유일하게 안 보이는 마을이 있다. 애월읍 고내리라는 마을이다. 그 마을에 있는 고내봉 때문이다. 150m밖에 안 되는 작은 봉우리인데 1,950m나 되는 한라산이 그 봉우리에 가린 것이다.

대제사장이나 서기관, 장로들이 그런 격이다. 그들은 메시야를 몰라본다. 사람들이 세례 요한을 하나님께 속한 사람으로 인정했고, 그 세례 요한이 예수님을 인정했다. 그런데 그들한테는 예수님을 알아볼 안목이 없었다. 고내봉이 한라산을 가린 것처럼 그들의 욕심이 예수님을 가렸기 때문이다.

그러면 얘기가 어떻게 될까? 성경이 하나님 말씀인지 사람의 얘기인지 모른다는 목사는 설교를 하면 안 된다. 아니, 당장 목사를 그만 둬야 한다. 요한의 세례가 하늘로부터인지 사람으로부터인지 모른다는 사람들은 어떤가? 그들은 하늘에 속한 것을 분별할 줄 모른다고 했다. 그런 사람들이 누구한테 무슨 발언권을 가질 수 있겠는가? 그들의 얘기는 "우리는 아는 것이 아무것도 없습니다"라는 뜻이다. 차라리 자기들의 무능을 고백하고 말지, 하나님께 속한 것을 하나님께 속한 것으로 인정할 마음이 없었다.

그런 그들한테 예수님이 "나도 무슨 권위로 이런 일을 하는지 너희에게 이르지 아니하리라"라고 했다. 말을 해도 어차피 알아들을 사람들이 아니다. 자기 욕심에 사로잡힌 사람들이 무슨 말인들 알아듣겠는가? 남은 것은 하나님의 심판뿐이다.

그들이 같은 인생을 두 번 살면 달라질까? 혹시 우리 목숨이 두 개라면 하나는 지금처럼 살고 다른 하나는 무엇을 위하여 살까? 자기한테 있는 목숨으로 자기를 위하여 사는 사람이라면 목숨이 두 개라도 마찬가지다. 예수님이 그런 사람한테는 하실 말씀이 없으시다.

사람들은 예수님의 사랑을 말하기를 좋아한다. 하지만 예수님은 절대 사랑을 낭비하지 않으신다. 상당히 무서운 말이다. 예수님께는 이 세상에 대한 심판권이 있다. 그 사실을 바로 아는 것이 신앙의 시작이다. 우리는 늘 예수님께 들을 말씀이 있어야 한다.

12장 예루살렘 사람들

12:1-12〉 예수께서 비유로 그들에게 말씀하시되 한 사람이 포도원을 만들어 산울타리로 두르고 …(중략)… 이 비유가 자기들을 가리켜 말씀하심인 줄 알고 잡고자 하되 무리를 두려워하여 예수를 두고 가니라

"예수께서 비유로 그들에게 말씀하시되…"라고 했는데 그들이 누구일까? 예수님께 와서 무슨 권위로 성전 철폐를 선언하느냐고 했던 대제사장들과 서기관들과 장로들이다. 예수님이 그들한테 본문을 말씀했다.

어떤 사람이 포도원을 만들고 산울타리로 두르고 즙 짜는 틀을 만들고 망대를 지어서 농부들에게 세를 주고 타국에 갔다. 그러면 그에 따른 삯이 발생한다.

그런데 소작농들이 이상하다. 주인이 소출을 받기 위해서 보낸 종을 때려서 돌려보냈다. 주인이 다른 종을 보냈더니 이번에는 머리에 상처를 내고 능욕해서 돌려보냈다. 주인이 또 다른 종을 보냈다. 그래도 달라지는 것이 없었다. 주인이 그 후에 몇 차례나 더 종을 보냈는지 모른다. 소작농들은 그 종들을 때려서 돌려보내기도 하고 심지어 죽이기도 했다.

마지막으로 아들을 보냈다. 비록 종들은 박대했지만 아들은 존대하지 않겠느냐고 생각했다. 주인의 기대대로 일이 풀렸으면 다행인데 그렇지 않았다. 7-8절에 "그 농부들이 서로 말하되 이는 상속자니 자 죽이자 그러면 그 유산이 우리 것이 되리라 하고 이에 잡아 죽여 포도원 밖에 내던졌느니라" 라고 되어 있다. 이런 소작농들을 어떻게 해야 할까?

이 비유에는 납득이 안 되는 부분이 있다. 우선 소작농들이 납득이 안 된다. 남의 땅에서 농사를 지었으면서 왜 삯을 안 주려고 할까? 주인도 만만치 않다. 왜 종을 자꾸 보낼까? 자기가 보낸 종을 때리고 능욕하는데도 다른 종을 보낼 이유가 있을까? 종이 아니라 군대를 보내야 하는 것 아닐까?

주인이 종을 보냈는데 소출을 받아 오기는커녕 얻어맞고 왔다. 다른 종을 불러서 또 가라고 했다. 그 종이 가고 싶을까? "싫습니다. 무슨 봉변을 당할지 모르는데 어떻게 갑니까?"라고 할 만하다. 그런데 성경에는 그런 말이 없다. 주인이 보내면 종은 갈 뿐이다.

"그렇지, 하나님의 종은 그래야지. 아골 골짝 빈들에도 기꺼이 복음 들고 가야지." 하고, 선교사나 목회자를 연상하면 안 된다. 예수를 믿는 사람은 누구나 하나님의 종이다. 우리는 세상이 우리를 어떻게 대하는지 신경 쓰지 않는 사람들이다. 묵묵히 맡은 일을 하면 그만이다.

아들을 보낸 것은 어떤가? 그런 위험한 일을 아들한테 어떻게 맡길까? 만일 주인의 기대대로 아들을 존대했다고 하자. 그러면 종들을 박대한 죄는 그냥 넘어갈 심산이었을까? 아들만 존대하면 그동안 지은 죄가 저절로 없어질까?

더 이상한 것은 그다음이다. 농부들이 아들을 죽이고 말았다. 게다가 아들은 상속자이기 때문에 죽이면 유산이 자기들 차지가 된다고 생각했다. 사고 구조가 참 특이하다.

포도원을 만든 사람은 하나님이다. 주인이 포도 재배에 필요한 모든 것을 다 갖춰서 세를 준 것처럼 하나님은 필요한 모든 것을 다 마련하고서 우리한테 하나님의 백성으로 살라고 하신다. 소출을 받는다는 얘기는 하나님의 백성으로 산 결과를 요구한다는 뜻이다. 그런데 이스라엘이 거부했다. 하나님이 거듭 선지자를 보내서 그들을 일깨웠지만 도무지 말을 듣지 않았다. 그러면 하나님이 그들을 심판해도 할 말이 없는 상황이다. 그런데 아들을 보냈다. 갈수록 태산이라고 유대인들은 그 아들을 십자가에 못 박아 죽이고 말았다. 농부들이 아들을 죽여서 포도원 밖에 내던졌다는 얘기가 그렇다.

예수님이 "포도원 주인이 어떻게 하겠느냐 와서 그 농부들을 진멸하고 포도원을 다른 사람들에게 주리라"라는 말씀으로 비유를 맺었다. 당연한 얘기다. 비유를 들은 사람이라면 누구나 공감할 것이다. 하지만 비유의 결론이 따로 있다. 시 118:22-23에 "건축자가 버린 돌이 집 모퉁이의 머릿돌이 되었나니 이는 여호와께서 행하신 것이요 우리 눈에 기이한 바로다"라는 말씀이 있다. 예수님이 그 말씀을 인용했다. 성경에 그런 내용이 있는 것을 읽어 보지 못했느냐는 것이다.

건축자가 집을 짓는데 도무지 쓸모없는 돌이 있어서 그냥 버렸다. 나중에 보니 그 돌이 건물 모퉁이의 머릿돌이 되어 있었다. 그러면 그 건축자는 무지하게 실력 없는 건축자다. 그런데 성경은 달리 얘기한다. "건축자들이 버린 돌이 모퉁이의 머릿돌이 되었나니 순전히 건축자가 무지하기 때문이로다"라고 하지 않고 "…이것은 주로 말미암아 된 것이요 우리 눈에 놀랍도다"라고 했다. 그런 일이 왜 있느냐 하면, 하나님이 그렇게 하셨기 때문이다. 그런 일이 어떻게 가능한지 사람들은 그저 놀랄 따름이다.

대제사장들과 서기관들, 장로들은 예수님의 비유가 자기들을 가리키는 줄 알았다. 자기들은 예수님을 인정하지 않지만 그 예수님을 보낸 분은 하나님이라는 것이다. 앞에서 그들이 예수님께 무슨 권위로 성전 철폐를 선언했느냐고 물었다. 예수님은 대답하지 않겠다고 했지만 본문에서 대답한 셈이다. 하나님이 자기를 모퉁이의 머릿돌을 삼았다고 했다.

예수님이 비유로 말씀하신 소작농들의 문제는 자기들이 소작농인 것을 모른다는 사실이었다. 주인한테 포도원 소출 일부를 줄 마음이 없었다. 주인이 허수아비인 줄 알았다. 주인이 보낸 종을 때리고 능욕하면서도 후환을 생각하지 않았고 심지어 아들을 죽이면서도 그렇게 하면 포도원이 자기들 소유가 될 줄 알았다.

유대인들의 문제가 그렇다. 그들은 자기들이 준행해야 할 하나님의 뜻이 있는 것을 몰랐다. 소작농들이 주인의 아들을 죽이면 유산이 자기들 차지가 된다고 생각한 것처럼 자기들은 어쨌든 하나님의 백성이라고 생각했다. 하나님의 나라가 자기들과 관계없을 수도 있다는 생각을 전혀 하지 않았다. 사고 구조가 특이하기로는 소작농들에 못지않다.

TV 프로 중에 간혹 "집에서는 절대 따라하지 마시오"라는 자막이 나오는 수가 있다. 자칫 호기심에 겨워 따라 하다가 사고가 날 수 있기 때문이다. 하지만 복음서에서 유대인이 등장하는 것은 그 정도가 아니다. "따라하지 마시오"가 아니라 "너희가 이렇게 하고 있다. 다 알고 있으니 빨리 고쳐라!" 이다.

우리가 하나님이 우리 주인인 것을 정말로 알고 있을까? 자기 계획에 골몰하느라 하나님 뜻에는 둔감하면서도 그것을 정상으로 알고 있지는 않은가? 소작농들이 주인을 허수아비로 알았던 것처럼 하나님 말씀을 흘려들으면서도 그것을 괜찮게 여기지는 않는가? 교회에 등록되어 있다는 이유만으로 자기가 하나님의 백성이라는 착각에 빠져 있지는 않은가? 그러면 우리 역시 사고 구조가 특이한 것이다.

키르케고르가 현대인을 가장무도회에 참석한 손님에 빗대서 말한 적이 있다. 그런 말을 하면서 "너나없이 가면을 벗어던져야 하는 자정이 다가오는 것을 모르는가? 삶이 항상 조롱만 당할 것 같은가? 자정이 되기 직전에 살짝 피해 달아날 수 있다고 생각하는가? 아니면 아예 두렵지도 않은가?" 라고 물었다.

키르케고르의 말 중에 "삶이 항상 조롱만 당할 것 같은가?"라는 대목에 주목할 필요가 있다. 어떤 사람이 가면을 벗고 자신을 드러내야 할 시간이 있는 것을 모르고 산다면 그 사람의 삶은 조롱당하는 것이다. 하나님이 자기 주인인 것을 모르고 스스로 자기 인생의 주인이 되어 살면 그것이 삶을 조롱하는 것이다.

12:13-17〉 그들이 예수의 말씀을 책잡으려 하여 바리새인과 헤롯당 중에서 사람을 보내매 …(중략)… 가이사의 것은 가이사에게, 하나님의 것은 하나님께 바치라 하시니 그들이 예수께 대하여 매우 놀랍게 여기더라

예수님이 대제사장들과 서기관들과 장로들에게 포도원 농부 비유를 말씀했다. 비유를 들은 그들은 예수님을 잡고자 했지만 사람들이 두려워서 그냥 갈 수밖에 없었다.

그들이 가서 무엇을 했을까? 자기들끼리 머리 맞대고 예수님을 잡을 궁리를 했을 것이다. 백성의 눈치 때문에 예수님을 함부로 잡을 수는 없다. 그러니 어떻게 하면 좋은가? 그런 고민 끝에 "가이사한테 세금을 바치는 것이 옳습니까, 옳지 않습니까?"라는 질문을 만들었다.

주후 6년에 갈릴리의 유다가 로마에 세금을 내는 것은 하나님이 아닌 다른 통치자를 인정하는 것이라며 반란을 일으켰다가 진압당한 적이 있다. 행 5:37에 기록되어 있고 〈요세푸스〉에도 기록이 있다.

이런 상황에서 세금 문제를 질문한 것이다. 가이사한테 세금을 바치라고 하면 민족 반역자가 되고 세금을 바치지 말라고 하면 로마 정부에 항거하는 것이 된다. 참으로 절묘한 질문이다.

예수님이 데나리온 하나를 가져오라고 했다. 거기에는 로마 황제의 형상과 글이 있다. 이 형상과 이 글이 누구의 것이냐고 묻자, 가이사의 것이라고 대답했다. 그러자 "가이사의 것은 가이사에게 하나님의 것은 하나님께 바치라"라고 했다.

대체 어떻게 하라는 말일까? 세상에서는 세상 방식대로 하고 교회에서는 교회 방식대로 하면 될까? 만일 그렇다면 가이사의 것이 따로 있고 하나님의 것이 따로 있다는 뜻인데, 이 세상에 하나님의 통치 영역이 아닌 곳이 있을까? 하나님은 이 세상의 주인이다. 가이사의 통치만 유효하고 하나님의 통치는 유효하지 않은 영역은 없다.

'바치라'로 번역된 '아포디도미'는 빚을 갚거나 되돌려줄 때 쓰는 말이다. 가이사한테 빚진 것은 가이사한테 갚고 하나님께 빚진 것은 하나님께 갚으라는 것이 예수님 말씀이다. 가이사한테 빚진 것이 어떤 것일까? 그들은 로마의 통치 질서 아래 있다. 로마로부터 치안 유지를 받고 있고 도로와 상수도를 이용한다. 당연히 갚아야 한다. 반면 하나님께 빚진 것도 있다. 그들의 존재 자체다.

책을 읽을 적에는 행간을 읽어야 한다는 말을 한다. 본문은 바리새인과 헤롯당 사람들의 질문에 대한 예수님의 답변으로 되어 있다. 바리새인과 헤롯당 사람들이 예수님께 와서 세금 문제를 물었다. 그들의 관심은 예수님께 있었다. 그러면 "가이사의 것은 가이사에게 바쳐라. 그러나 하나님의 것은 하나님께 바쳐라."라고 대답하는 예수님의 관심은 누구한테 있었을까?

물론 바리새인과 헤롯당 사람들한테 말씀했다. 하지만 예수님의 관심은 제자들한테 있었을 것이다. 제자들한테 "너희의 주인이 누구냐? 너희가 누구한테 무슨 빚을 졌는지 바로 알아야 한다."라는 뜻으로 하신 말씀이다. 가이사의 것을 가이사에게 바치라는 말에 가이사를 주인으로 섬기라는 뜻이 포함되어 있지는 않다. 갚아야 할 것을 갚으면 그만이다. 하지만 하나님의 것을 하나님께 바치라는 말은 그렇지 않다. 우리 인생 전부가 하나님의 것이다. 하나님을 주인으로 섬겨야 한다.

가이사의 것을 가이사에게 바치라는 말을 할 수 있는 근거가 무엇일까? 로마 동전에 가이사의 형상이 있기 때문이다. 가이사의 형상이 있으니 당연히 가이사의 것이다. 하나님의 것을 하나님께 바치라고 하는 근거는 무엇일까? 우리가 하나님의 형상으로 지음받았기 때문이다. 고대 근동의 통치자들은 권위를 내세우거나 권력 행사가 필요한 자리에 자신의 모습을 담은 그림이나 조형물을 세웠다. 어떤 왕의 조형물이 세워져 있으면 그곳은 그 왕이 통치하는 곳이다. 하나님이 우리를 하나님의 형상으로 지으셨다는 얘기가 그렇다. 우리가 있는 곳에서 하나님의 통치가 실현되어야 한다.

자로가 묻는다. "어떻게 하면 선비라 할 수 있습니까?" 공자가 답한다. "사방에 사신으로 가서 군주의 명을 욕되게 하지 않으면 선비라 할 수 있다." 공자는 선비의 자질로 외교관의 능력을 중요하게 생각한 모양이다. 책에서 이 내용을 읽으면서 왜 "사방에 사신으로 가서 군주의 명을 영화롭게 하면 선비라 할 수 있다"라고 하지 않았을까 하는 생각을 했던 기억이 있다. 이유는 모르지만 그 내용을 잠깐 빌리기로 하자. 어떤 사람을 신자라고 할 수 있는가 하면, 어디를 가든지 하나님을 영화롭게 하면 신자라고 할 수 있다. 방법이 있다. 가이사의 것은 가이사에게, 하나님의 것은 하나님께 바치면 된다.

중고등부를 지도하던 시절, 과학고에 다니는 학생이 있었다. 당연히 공부도 잘했다. 그 학생이 고 3인 수련회 때 얘기했다. "공부 열심히 해라. 그런데 목숨까지 걸지는 마라. 공부는 그냥 열심히만 하고 목숨은 예수 믿는 데 걸어라." 비단 그 학생한테만 해당되는 얘기가 아니다. 세상 사는 일에 목숨을 걸 필요는 없다. 그냥 성실하게 살면 된다. 하지만 신앙에는 목숨을 걸어야 한다. 하나님이 우리 주인이기 때문이다. 우리는 하나님께 생명을 빚졌다. 예수님이 그 얘기를 "가이사의 것은 가이사에게 바쳐라. 그러나 하나님의 것은 하나님께 바쳐라."라고 했다. 마땅히 '아멘'으로 응답해야 할 말씀이다.

12:18-27〉 부활이 없다 하는 사두개인들이 예수께 와서 물어 이르되 선생님이여 모세가 우리에게 써 주기를 …(중략)… 하나님은 죽은 자의 하나님이 아니요 산 자의 하나님이시라 너희가 크게 오해하였도다 하시니라

안티오쿠스 4세의 유대교 말살 정책에 항거해서 마카비 혁명이 일어난다. 3년의 항쟁 끝에 헬라 세력을 몰아내는 데 성공하고 마카비의 동생 요나단이 대제사장이 되었다. 그러자 반발하는 사람들이 있었다. 요나단은 투쟁 과정에서 숱하게 피를 흘렸는데 어떻게 대제사장이 되느냐는 것이었다.

이즈음에 유다 사회에 사두개파와 바리새파, 엣세네파의 세 분파가 생긴다. 마카비가(家)와 결별한 하시딤이 엣세네파를 이루고 결별하지 않은 하시딤이 바리새파를 이루었다. 그리고 부유한 귀족층과 제사장 계층이 사두개파를 이룬다. 사두개인들은 모세오경만 하나님 말씀으로 인정했다. 특히 부활을 인정하지 않았다.

율법에 형사취수제가 나온다. 형이 후사 없이 죽으면 동생이 형의 아내를 취하여 후사를 이어야 했다. 고구려나 부여에도 이런 제도가 있었다. 일종의 사회보장제도였다. 여자 혼자 살아갈 방도가 없기 때문이다. 율법이 말하는 바는 다르다. 과부가 된 형수의 생계를 보장하기 위해서가 아니다. 하나님의 백성의 이름이 하나님 주신 땅에서 계속 이어져야 하기 때문이다.

사두개인들이 이 내용을 예수님께 물었다. 일곱 형제 중에서 맏이가 자식 없이 죽는 바람에 둘째가 맏이의 아내를 취했는데 둘째도 자식 없이 죽었고, 셋째가 그 여자를 취했는데 셋째도 역시 자식 없이 죽었고, 이렇게 해서 일곱 형제가 다 한 여자를 취하면 부활 때 그 여자는 누구의 아내가 되느냐는 것이다.

발생 가능성을 전혀 고려하지 않은 억지 질문이다. 이런 일이 일어날 가능성이 얼마나 될까? 이 질문을 비교적 발생 확률이 있는 사건으로 바꿔보자. 신앙이 독실한 부부가 있었다. 남자가 먼저 세상을 떠나는 바람에 여자가 재혼을 했다. 역시 독실한 남자였다. 그렇게 살다가 죽었다. 그러면 그 여자는 나중에 누구의 아내로 부활할까? 한 집에 모여서 '형님', '아우님' 하면서 사이좋게 지낼까?

사두개인의 질문에 예수님이 "너희가 성경도 하나님의 능력도 알지 못해서 오해했다"라고 했다. 사두개인들의 질문에는 한 가지 전제가 있다. 부활한 다음에도 이 세상 삶이 계속된다는 전제다. 자기들이 경험하는 세계를 벗어나지 못했다. 성경도 모르고 하나님의 능력도 모르기 때문이다.

어떤 남자가 후사 없이 죽었다. 후사를 잇기 위해서 동생이 형의 아내를 취했다. 형수였던 여자가 아내가 되었다. 한 남자의 죽음으로 여자의 신분이 바뀐 셈이다. 다른 사람의 죽음으로도 신분이 바뀐다. 하물며 본인의 죽음에도 신분이 바뀌지 않는다는 보장이 있을까?

예수님이 먼저 하나님의 능력을 말씀했다. 사람이 죽은 자 가운데서 살아날 때에는 장가도 아니 가고 시집도 아니 가고 하늘에 있는 천사들과 같이 된다는 것이다. 사람이 죽는 것은 죄 때문이다. 부활한다는 얘기는 죄 문제가 해결되었다는 뜻이다. 죄 있는 불완전한 몸으로 죽어서 죄 없는 완전한 몸으로 부활했는데도 예전 삶의 방식이 그대로 이어질까?

하나님이 결혼 제도를 왜 만드셨을까? 부부가 한 몸을 이루는 것처럼 장차 우리가 그리스도와 한 몸이 될 것이기 때문이다. 우리가 얻을 구원이 어떤 것인지 보여주는 제도가 결혼이다.

이 세상에서는 결혼 제도가 필요하다. 아직 구원이 완성되지 않았기 때문이다. 하지만 부활한 다음에는 다르다. 부활했다는 얘기는 구원이 완성되었다는 뜻이다. 결혼 제도가 있을 까닭이 없다.

사두개인들은 하나님의 능력을 몰랐다. 잠들었다 깨도 여전히 그 사람인 것처럼 부활한 사람도 예전의 그 사람인 줄 알았다. 나사로가 죽었다가 살아난 것처럼 부활을 그렇게 알았다. 그래서 그런 황당한 질문을 한 것이다.

또 성경도 몰랐다. 이때 예수님은 출애굽기에 있는 내용을 인용했다. 모세가 호렙산에서 떨기나무에 불이 붙은 것을 보았다. 하나님이 모세한테 이스라엘의 구원 계획을 말씀했다. 모세가 이스라엘 자손에게 가서 하나님을 어떻게 설명해야 하느냐고 묻는다. 그때 하나님이 아브라함의 하나님, 이삭의 하나님, 야곱의 하나님이라는 말씀을 했다. 일종의 하나님의 자기소개인 셈이다. 사두개인들은 모세오경만 하나님의 말씀으로 인정한다. 그들한테 성경 다른 곳을 인용해봐야 소용없다. 그래서 모세오경으로 말씀했다.

하나님이 한때는 아브라함의 하나님이었다가 아브라함이 죽은 다음에는 이삭의 하나님이 되었고, 이삭이 죽은 다음에는 야곱의 하나님이 된 것이 아니다. 하나님은 아브라함한테 지금도 하나님이다. 아브라함이 유대인들한테 죽은 사람이라고 해서 하나님께도 죽은 사람이 아니다. 아브라함은 한때 하나님과 관계를 맺은 것이 아니라 지금도 관계를 맺고 있다.

하나님은 산 자의 하나님이다. 하나님 앞에서는 아무도 죽은 자가 없다. 일곱 형제 중 맏이가 아내를 맞았는데 후사 없이 죽었다. 더 이상 이 세상 사람이 아니다. 세상과 단절되었다. 그렇다고 해서 하나님과도 단절되었을까? 둘째가 형의 아내를 맞았는데 또 후사 없이 죽었다. 둘째 역시 마찬가지다. 여자는 어떤가? 이 세상에서는 이 세상 질서에 따라서 신분이 바뀌었다. 그렇다고 해서 하나님 앞에서 바뀐 것이 있을까?

사두개인들이 이런 부활을 알 턱이 없다. 고작해야 죽었다가 살아나서 다시 예전처럼 사는 것으로 생각했다. 그러면 기존 질서가 엉망이 되는데 그런 일이 어떻게 가능하냐는 것이다.

그럴 수밖에 없다. 하나님이 모세한테 출애굽 계획을 말씀하는 중에 "나는 아브라함의 하나님이요 이삭의 하나님이요 야곱의 하나님이라"는 말씀을 하셨다. 부활은 구원과 결부된 개념이다. 구원의 완성이 부활이다. 그리고 그 말씀을 예수님이 인용한다. 예수님이 바로 그 일을 위해서 오신 분이다. 이 사실을 모르면 부활을 알 재간이 없다.

부활을 모르면 부활만 모르는 것이 아니다. 하나님을 모르게 된다. 하나님은 산 자의 하나님이라고 했다. 그런데 하나님에 대해서 죽은 자가 있다. 그런 사람한테는 하나님이 죽은 것과 마찬가지다. 자기가 하나님께 죽어 있으니 하나님도 그에 대해서 죽을 수밖에 없다. 시각 장애인한테는 아무것도 보이지 않고 청각 장애인한테는 아무 소리도 들리지 않는 것과 같다.

우리 중에 부활을 인정하지 않는 사람은 없다. 그 부활이 우리한테 어떤 의미가 있을까? 혹시 부활을 인정한다고 말하는 것을 빼고는 부활을 인정하지 않는 사람과 똑같은 것이 아닐까? 사두개인들은 자기들의 기득권 때문에 부활을 인정하지 않았다. 그리고 부활을 인정하지 않는 삶을 충실하게 살았다. 말과 행동이 일치했다. 우리는 어떤가? 말로 부활을 인정하는 것이 전부가 아니다. 부활을 인정하는 삶을 살아야 한다.

주님이 안식 후 첫날, 즉 주일에 부활했다. 그래서 우리가 주일에 모인다. 우리한테 주일은 주님의 부활을 기념하는 소중한 날이다. 그러면 나머지 6일은 어떻게 될까? 주일처럼 부활을 기념하는 의미는 없다. 그렇다고 해서 덜 중요한 날이 아니다. 부활의 모습을 구현해야 하는 날이기 때문이다. 우리는 이 세상이 전부인 것처럼 아옹다옹하며 살지 않는다. 장차 주님을 만날 준비를 하며 산다. 그날 가치 있는 일이 지금도 가치 있는 일이다. 그 연습을 주일에 교회에서 하는 것이 아니라 평일에 세상에서 한다. 그것이 신자가 세상을 사는 모습이다.

12:28-34〉 **서기관 중 한 사람이 그들이 변론하는 것을 듣고 예수께서 잘 대답하신 줄을 알고 나아와 묻되 …(중략)… 이르시되 네가 하나님의 나라에서 멀지 않도다 하시니 그 후에 감히 묻는 자가 없더라**

어떤 서기관이 계명 중에 첫째가 무엇이냐고 물었다. 예수님이 "첫째는 이것이니 이스라엘아 들으라 주 곧 우리 하나님은 유일한 주시라 네 마음을 다하고 목숨을 다하고 뜻을 다하고 힘을 다하여 주 너의 하나님을 사랑하라 하신 것이요 둘째는 이것이니 네 이웃을 네 자신과 같이 사랑하라 하신 것이라 이보다 더 큰 계명이 없느니라"라고 했다. 흔히 하나님 사랑, 이웃 사랑이라고 한다.

> 이스라엘아 들으라 우리 하나님 여호와는 오직 유일한 여호와이시니 너는 마음을 다하고 뜻을 다하고 힘을 다하여 네 하나님 여호와를 사랑하라(신 6:4-5)

예수님이 신명기에 있는 말씀을 인용했다. 신구약중간시대부터 경건한 유대인들은 아침과 저녁 기도 때마다 이 말씀을 암송했다. 예수님이 새로운 말씀을 하신 것이 아니다. 누구나 알고 있는 말씀을 했다.

어떤 남자가 무디한테 물었다. "내가 왜 죄인입니까?" 무디가 잠자코 성경을 펼쳤다. 네 마음을 다하고 목숨을 다하고 뜻을 다하고 힘을 다하여 주 너의 하나님을 사랑하라는 구절을 찾아 읽게 했다. 그러고는 물었다. "하나님을 이처럼 사랑했습니까?" 잠시 침묵이 흐르더니 그가 조용히 말했다. "내가 큰 죄인이네요."

흔히 "마음을 다하고 목숨을 다하고 뜻을 다하고 힘을 다하여 주 너의 하나님을 사랑하라"라는 계명을 가장 큰 계명이라고 한다. 그렇다면 우리는 가장 큰 계명을 너무 쉽게 범하는 셈이다. 어쩌면 지금까지만 범한 것이 아니라 앞으로도 계속 범할 심산인 것이 아닌가 모르겠다.

> 원수를 갚지 말며 동포를 원망하지 말며 네 이웃 사랑하기를 네 자신과 같이 사랑하라 나는 여호와이니라(레 19:18)

"나는 여호와이니라"라는 말씀이 왜 있을까? 우리가 왜 이웃을 우리 자신처럼 사랑해야 하느냐 하면, 하나님이 하나님이기 때문이다. 하나님이 하나님이라는 사실이 우리의 판단 기준이다.

네 이웃을 네 자신과 같이 사랑하라는 말은 사랑의 분량이 아니라 사랑의 방식에 대한 말이다. 자신을 사랑하는 원리 그대로 이웃을 사랑하라는 것이다. 자신을 사랑하는 데 이유가 필요할까? 설령 자기 자신한테 불만이 있다고 해도 문제가 안 된다. 이웃한테도 그렇게 하면 된다.

누가복음에 바리새인과 세리의 기도가 나온다. 기도를 마치고 돌아가는 바리새인한테 인터뷰를 청하면 어떻게 될까? "잠깐만 여쭙겠습니다. 혹시 하나님을 사랑하십니까?" 바리새인이 대답한다. "당연합니다. 방금 기도하는 것을 보시지 않았습니까? 하나님을 향한 제 마음은 하나님이 아실 것입니다." 다시 묻는다. "그러면 이웃도 사랑하십니까?" 이 질문에는 뭐라고 할까? 아무리 하나님을 사랑해도 그렇지, 저런 세리를 어떻게 사랑하느냐고 할까? 그러면 바리새인이 하나님을 사랑하는 사람이 맞을까?

복음서에 나오는 바리새인이나 사두개인 중에 하나님을 사랑하지 않는다는 사람이 있을까? 하지만 우리는 그들을 하나님을 사랑하는 사람으로 인정하지 않는다. 우리가 인정하지 않는 것은 별로 중요하지 않다. 하나님은 어떻게 생각하실까? "난 그들한테 사랑받아 본 적 없다"라고 하지 않을까? 하나님 사랑과 이웃 사랑은 분리된 계명이 아니다. "나는 하나님은 사랑하지만 저 사람은 싫습니다"라는 말은 모순이다. 수원이 마르면 물이 나오지 않는 것처럼 이웃을 사랑하지 않는 이유는 하나님을 사랑하지 않기 때문이다.

예수님이 이런 말씀을 하시자, 서기관이 "선생님이여 옳소이다 하나님은 한 분이시요 그 외에 다른 이가 없다 하신 말씀이 참이니이다 또 마음을 다하고 지혜를 다하고 힘을 다하여 하나님을 사랑하는 것과 또 이웃을 자기 자신과 같이 사랑하는 것이 전체로 드리는 모든 번제물과 기타 제물보다 나으니이다"라고 했다. 지금까지 나온 바리새인이나 대제사장, 장로, 서기관 중에는 말귀를 알아듣는 사람이 없었는데 본문의 서기관은 다른 모양이다. 서기관의 말이 상당히 파격적이다. 하나님 사랑, 이웃 사랑이 번제나 다른 제사보다 낫다는 것이다. 우리는 당연하게 받아들이지만 예수님 시대에 이런 말을 하는 것은 보통이 아니다. 그는 율법을 지키기에 급급한 사람이 아니라 율법이 무엇을 지향하는지 아는 사람이었다.

그러면 백 점일까? 예수님이 "네가 하나님 나라에서 멀지 않도다"라고 했다. 하나님 나라 안에 있는 사람이라는 뜻일까, 밖에 있는 사람이라는 뜻일까? 명심해야 한다. 가장 중요한 계명이 하나님 사랑, 이웃 사랑인 것에 동의하는 사람은 아직 하나님 나라 밖에 있는 사람이다. 속히 그 나라에 들어와야 한다. 만사 제치고 그 나라 백성이 되어야 한다.

다니엘과 세 친구가 바벨론 포로가 되었다. 당장 우상한테 바쳤던 제물을 먹어야 하는 신세가 되었다. 다니엘이 환관장한테 열흘만 채식을 할 수 있게 해달라고 부탁한다. 그렇게 해서 우상 제물을 먹은 다른 사람들보다 쇠약하게 보이면 우상 제물을 먹겠다고 했다. 다니엘은 우상 제물을 먹을 마음이 없었다. 하지만 처음부터 그렇게 얘기하면 말이 통하지 않을 테니 열흘이라는 기한을 정해서 시험하자고 한 것이다. 결국 다니엘과 세 친구는 우상 제물을 먹지 않을 수 있게 되었다.

우리도 그렇게 하면 어떨까? 앞으로 한 달 동안만 정신 차려서 철저하게 하나님을 사랑하고 이웃을 사랑하는 사람으로 살아보는 것이다. 그렇게 살아봤는데 그저 그렇더라고 하면 예전대로 돌아가도 좋다. 그런데 그렇게 살아봤더니 역시 삶이 달라지더라, 인생을 보는 눈이 열리더라고 하면 계속 그렇게 사는 것이다.

얼른 결정해야 한다. 자칫하면 예수를 10년 믿고 20년 믿으면서도 마냥 하나님 나라에서 멀지 않은 자리에 머무를 수 있다. 그 서기관이 말귀를 알아들은 것처럼 우리도 말귀를 알아듣는다. 그래서 무섭다. 하나님을 사랑하고 이웃을 사랑하는 것이 옳다고 인정하는 사람은 아직 예수를 믿는 사람이 아니다. 그렇게 사는 사람이 예수를 믿는 사람이다. 하나님 나라는 그런 사람들의 공동체를 말한다.

12:35-37〉 **예수께서 성전에서 가르치실새 대답하여 이르시되 어찌하여 서기관들이 그리스도를 다윗의 자손이라 하느냐 …(중략)… 다윗이 그리스도를 주라 하였은즉 어찌 그의 자손이 되겠느냐 하시니 많은 사람들이 즐겁게 듣더라**

예루살렘 성전은 솔로몬이 지었다. 애초에 성전 건축을 계획한 사람은 다윗이었다. 그런데 하나님이 허락하지 않으셨다. 오히려 하나님이 다윗을 위하여 집을 짓겠다고 하셨다. 다윗의 후사를 세워서 나라를 견고하게 하고 그가 하나님의 이름을 위하여 집을 건축할 것이며, 또 다윗의 나라를 영원히 견고하게 하겠다고 하셨다.

하나님이 말씀하신 집은 그리스도의 나라를 말한다. 그 나라는 영원할 것이다. 그런데 유대인들은 다윗 왕조가 영원할 것이라는 뜻으로 받아들였다. 하지만 현실은 그렇지 않았다. 바벨론, 바사, 헬라, 로마로 상전만 바뀌면서 계속 속국 신세였다. 그런 시기를 보내면서 메시야를 기다리게 되었다. 하나님이 다윗의 나라를 영원히 견고하게 하겠다고 했으니 언젠가 다윗의 자손이 와서 이스라엘을 일으킬 것으로 믿었다. 다윗의 자손이 자기들을 구원할 메시야의 별명이 되었다.

다윗이 정치적인 인물일까, 종교적인 인물일까? 다윗은 상당히 많은 시편을 지었다. 하나님을 빼놓고 그의 생애를 말할 수 없다. 그러니 종교적인 인물이라고 할 수 있다. 하지만 이스라엘의 왕이었다. 역대 이스라엘 왕 중에서 가장 위대한 왕이었다. 정치적인 인물이라고 해도 어색하지 않다.

그러면 예수님은 어떨까? 정치적인 인물일까, 종교적인 인물일까? 우리는 예수님을 종교적인 인물로 생각하는 데 익숙해 있다. 말로는 예수님이 우리 왕이라고 하지만 립 서비스일 뿐이다. 아무도 예수님 뜻에 복종하지 않는다. 언제부터인지 우리가 예수님을 종교 영역에 가두어버렸다. "교회에서나 그렇지, 실제로 어디 그래?"라는 말을 아무렇지 않게 한다.

유대인들이 기다린 그리스도가 정치적인 인물일까, 종교적인 인물일까? 그들은 다윗의 자손인 그리스도를 기다렸다. 정말로 왕을 기다렸다. 그 왕은 자기들의 종교 의식을 받는 대상이 아니다. 자기들의 삶을 송두리째 바꿔줄 주체다. 자기들이 지금은 이방의 압제 아래 있지만 그리스도만 오면 모든 것이 바뀐다. 말 그대로 "고생 끝, 행복 시작"이다.

그런데 예수님이 다른 말씀을 하신다. 시 110:1에 "여호와께서 내 주에게 말씀하시기를 내가 네 원수들로 네 발판이 되게 하기까지 너는 내 오른쪽에 앉아 있으라 하셨도다"라고 되어 있다. 다윗이 그리스도를 주라고 했다. 그런데 어떻게 그리스도가 다윗의 자손이 될 수 있느냐는 것이다.

예수님이 육신으로는 다윗의 자손으로 오셨다. 하지만 유대인들이 기다리는 다윗의 자손은 아니다. 결국 예수님 말씀은 "너희는 다윗의 자손으로 오는 그리스도를 기다리고 있다. 그런데 다윗조차도 그리스도를 주라고 했다. 이 사실을 어떻게 생각하느냐? 너희가 기다리는 그리스도가 사실은 그리스도가 아닌 것 아니냐?"라는 뜻이다. 그들은 하나님이 약속하신 그리스도를 기다리지 않고 자기들이 원하는 그리스도를 기다렸다.

우리가 그럴 수 있다. 예수를 믿는다고 하면서 그것이 무슨 뜻인지 모를 수 있다. 하나님께서 예비하신 것에는 관심이 없는 채 엉뚱한 것만 기대할 수 있다.

새로운 발명품을 선보이는 박람회가 열렸다. 어떤 결혼정보회사에서 '배우자 자동판매기'를 출품했다. 원하는 이성을 입력하고 돈을 넣으면 그런 이성을 만날 수 있는 기계다. 그 업체는 당연히 우승을 자신했다. 그런데 준우승에 그쳤다. 우승을 차지한 발명품이 따로 있었다. 배우자를 넣으면 돈이 나오는 기계다.

얘기를 바꿔보자. 어떤 사람이 돈을 넣으면 신앙이 나오는 기계를 발명했다. 다른 사람은 신앙을 넣으면 돈이 나오는 기계를 발명했다. 어느 기계가 더 인기 있을까?

유대인들이 다윗의 자손으로 오는 그리스도를 기다리는 이유는 다윗의 후광 때문이다. 다윗이 이스라엘을 위대한 나라로 만든 것처럼 그의 자손인 그리스도도 그럴 줄 알았다. 즉 다윗을 '오리지널'로 하는 다윗의 '유사품'을 기다렸다. 그런데 정작 다윗은 자기 자손으로 오는 그리스도를 주라고 했다.

초등학생 때 '태정태세 문단세 예성연중 인명선…' 하면서 조선의 역대 왕들을 암기했던 기억이 있다. 만일 이성계가 므두셀라처럼 969년을 살았으면 "내가 비록 조선을 건국하기는 했지만 나보다 세종이 훨씬 훌륭한 왕이다"라고 할 수 있다.

다윗은 그 정도가 아니다. 자기 자손을 주라고 했다. 자기보다 나은 정도가 아니라 아예 비교 대상이 아니다. 자기가 세운 왕국은 명함도 못 내민다. 그런데 유대인들은 그 부스러기라도 얻을 심산으로 그리스도를 기다렸다.

유대인들의 문제는 그리스도를 정치적인 왕으로 생각했다는 사실이다. 자기들의 죄 문제를 결부 지을 줄 몰랐다. 반면 우리의 문제는 그리스도를 종교 영역에 가둔 것일 수 있다. 예수님을 왕으로 모실 줄 모른다. 자기가 예수님의 뜻을 행해야 하는 줄은 모르고 예수님이 자기 말을 들어줘야 하는 줄 안다. 말로는 하나님을 사랑한다고 하는데 하나님 품에 안기려는 사람은 없다. 오히려 하나님의 은혜로 세상 중심에 우뚝 서려고 한다. 그 옛날 유대인들이 자기들 욕심 때문에 그리스도를 기다렸던 것처럼 우리 역시 신앙의 이름으로 이 세상에서 행세하고 싶어 한다.

명심하자. 우리가 믿는 예수님은 다윗을 흉내 내는 예수님이 아니라 다윗이 주라고 부른 예수님이다. 다윗이 누렸던 모든 것을 아무것도 아닌 것으로 만든 예수님이다. 그런 예수님이 우리를 구원하셨다. 이 세상 모든 것을 뛰어넘는 소망이 그래서 가능하다.

12:38-44〉 예수께서 가르치실 때에 이르시되 긴 옷을 입고 다니는 것과 시장에서 문안받는 것과 …(중략)… 이 과부는 그 가난한 중에서 자기의 모든 소유 곧 생활비 전부를 넣었느니라 하시니라

본문에는 두 가지 내용이 나온다. 서기관들을 경계하라는 내용과 한 가난한 과부가 자기 소유 전부를 헌금했다는 내용이다. 뜬금없이 이런 내용이 왜 나와야 할까?

앞에서 유대인들의 잘못된 그리스도관(觀)을 지적했다. 인생관이 잘못되면 제대로 된 인생을 살 수 없는 것처럼 그리스도관(觀)이 잘못되면 바른 신앙을 가질 수 없다. 그들이 바라는 이상향은 다윗 시대의 이스라엘이다. 신앙이 있으면 다윗 시대의 이스라엘 같은 영광을 누리는 줄 알았다. 그래서 서기관들이 긴 옷을 입고 다니며 시장에서 문안받는 것과 회당의 높은 자리, 잔치의 윗자리를 원했다. 그런 것을 신앙의 보람으로 여겼다.

긴 옷은 육체노동을 하지 않는 사람이라야 입을 수 있다. 손에 물 안 묻히고 사는 사람이라는 뜻이다. 또 시장에서 문안받는 것과 회당의 높은 자리와 잔치의 윗자리를 원했다. 아무나 시장에서 문안을 받을 수 있는 것이 아니다. 회당의 높은 자리와 잔치의 윗자리도 그렇다. 서기관이 그만큼 대접받았다.

또 과부의 가산을 삼켰다. 당시는 글을 아는 사람이 드물었다. 유언장이나 재산양도증서를 쓸 때 서기관의 도움을 받았다. 과부의 가산을 삼키기 좋은 기회다. 긴 옷을 입고 다니며 사람들로부터 공경받는다고 해서 돈이 생기지는 않는다. 그것은 스스로 챙겨야 한다.

또 외식으로 길게 기도했다. 외식은 연극에서 유래한 용어다. 연극을 할 때 배우가 가면을 쓴다. 그처럼 자기의 본래 모습이 아닌 다른 모습을 보이는 것이 외식이다. 기도를 하면서도 사람들을 의식하면 하나님께는 언제 신경 쓸까? 기도를 통해서까지 사람들한테 인정받으려는 사람이 평소에는 하나님을 의식할까?

왜 이렇게 되었을까? 그리스도가 다윗의 자손인 것만 알아서 그렇다. 마음속에 가득한 소망이 다윗 시대의 영광이다. 할 수만 있으면 그것을 지금 누리고 싶다. 신앙의 이름으로 자기가 대접받는 것이 무엇보다 중요하다.

서기관은 이방 족속이 아니다. 불신자의 샘플이 아니라 신자의 샘플이다. 신앙을 오해하면 그렇게 된다. 세상에서 갖은 복락을 누리며 사람들로부터 대접받는 것을 신앙의 보람으로 알면 그렇게 될 수밖에 없다.

그런 사람만 있는 것이 아니다. 생활비 전부를 헌금한 과부도 있다. 그 과부는 두 렙돈, 곧 한 고드란트를 헌금했다. 한 고드란트가 1/128데나리온에 해당한다. 노동자 하루 일당을 10만 원이라고 하면 한 고드란트는 781원이다. 그런 액수가 그 과부한테는 생활비 전부였다.

41절에 "예수께서 헌금함을 대하여 앉으사 무리가 어떻게 헌금함에 돈 넣는가를 보실새…"라고 되어 있다. 오래전에 "예수님이 왜 하필 헌금함 앞에 앉았겠습니까? 우리가 하는 헌금에 관심이 있기 때문입니다."라는 말을 들은 적이 있다. 틀린 말은 아니다. 예수님은 당연히 우리가 하는 헌금에 관심이 있으시다. 하지만 헌금에만 관심이 있는 것이 아니다. 우리가 세상을 어떻게 사느냐에 관심이 있으시다. 우리 지갑에만 관심이 있지 않고 우리 인생에 관심이 있으시다.

예수님이 지적하신 것은 서기관의 잘못된 헌금이 아니다. 잘못된 그리스도관(觀)이다. 그러면 과부는 헌금을 바람직하게 하는 모델이 아니다. 바람직한 그리스도관(觀)을 설명하는 모델이다. 과부를 통해서 다윗이 그리스도를 주라고 한 고백이 무슨 뜻인지 보여준다.

사람이 죄에 대해서 얼마나 무력한지 설명하려면 어떤 예를 들면 될까? 평범한 사람이 죄를 짓는 것으로는 안 된다. 다른 사람이 다 죄를 지어도 그 사람만은 죄를 짓지 않을 것 같은 사람이 죄 앞에서 대책 없는 모습을 보여줘야 한다. 다윗이 밧세바를 범한 것이 바로 그렇다. 다윗이 밧세바를 범한 사건은 "다윗도 실수했다. 우리는 늘 깨어 있어야 한다."라는 뜻이 아니다. "인간은 구제 불능이다. 하나님의 은혜가 아니면 소망이 없다."라는 뜻이다.

그래서 다윗이 자기 자손으로 오는 그리스도를 주라고 했다. 그 그리스도는 자기가 세운 왕국의 연장선에 있는 나라를 세울 그리스도가 아니다. 자기가 세운 왕국을 그림자에 불과한 나라로 만들 그리스도다. 죄악 자체로 만들어진 자기까지도 하나님 앞에 인도할 그리스도다. 그 그리스도가 아니면 자기는 도무지 소망이 없다.

그리스도를 다윗의 자손이라고 하면서 다윗 시대의 영광을 생각하는 사람한테는 신앙이 세상을 살아가는 방편이 된다. 신앙을 이용해서 세상을 호령하는 것이 중요하다. 서기관들이 그런 사람이었다. 반면 다윗처럼 그리스도를 주라고 하는 사람은 그렇지 않다. 이 세상에 속한 욕심을 뒤로 한 채 하나님을 찾을 줄 안다. 자기의 모든 것이 하나님께 속해 있음을 고백한다. 생활비 전부를 헌금한 과부가 그런 사람이다.

1816년, 스코틀랜드에 있는 어느 시골 교회에서 있었던 일이다. 헌금 시간이 되었다. 헌금 바구니가 지나간다. 한 꼬마가 헌금 바구니를 바닥에 내려놓더니 그 안에 들어갔다. 하나님께 드릴 것이 없어서 자신을 드린다는 것이었다. 사람들은 그저 일회성 해프닝으로 생각하고 금방 잊어버렸다. 그런데 그 꼬마는 자기가 하나님께 바쳐졌다는 사실을 평생 기억했다. 그가 남부 아프리카에 가서 그리스도를 전한 바비 모팻이다.

물론 우리가 헌금 바구니에 들어갔다 나올 필요는 없다. 하지만 자기가 하나님께 드려졌다는 사실은 잊으면 안 된다. 우리 인생은 우리 것이 아니다. 우리 인생으로 무엇을 할지 우리가 정하지 않고 하나님이 정하신다. 그런 인생을 사는 사람을 예수 믿는 사람이라고 한다.

13장 비유 비유 비유

13:1-2〉 **예수께서 성전에서 나가실 때에 제자 중 하나가 이르되 선생님이여 보소서 이 돌들이 어떠하며 이 건물들이 어떠하니이까 예수께서 이르시되 네가 이 큰 건물들을 보느냐 돌 하나도 돌 위에 남지 않고 다 무너뜨려지리라 하시니라**

예수님이 언제 성전에 들어가셨을까? 11:27에 “그들이 다시 예루살렘에 들어가니라 예수께서 성전에서 거니실 때에…”라고 되어 있다. 그때부터 지금까지 성전에 머물러 있었다. 그리고 이제 성전과 결별을 선언할 참이다.

예수님 시대의 성전을 헤롯 성전이라고 한다. 헤롯이 주전 19년에 착공했는데 그가 죽은 다음인 주후 63년에야 완공되었다. 예수님 당시는 46년째 건축 중이었다. 그런 성전을 보고 제자들이 “선생님이여 보소서 이 돌들이 어떠하며 이 건물들이 어떠하니이까"라고 했다. 그런데 예수님 입에서 깜짝 놀랄 말이 나왔다. "네가 이 큰 건물들을 보느냐 돌 하나도 돌 위에 남지 않고 다 무너뜨려지리라"라고 하신 것이다.

플로루스가 총독이던 주후 66년의 일이다. 로마에 바칠 세금이 모자라자 예루살렘 성전 금고에서 17달란트의 금화를 몰수했다. 1달란트가 6,000데나리온이다. 이 일 때문에 반로마 봉기가 일어난다. 네로가 베스파시아누스를 진압군 사령관으로 보냈다. 주후 67년 가을에 갈릴리가 함락된다. 베뢰아와 서부 유다는 주후 68년 봄, 예루살렘은 주후 70년 8월에 함락된다. 예루살렘 함락이 지연된 이유는 중간에 네로가 죽었기 때문이다.

네로가 죽자, 저마다 황제가 되려고 한다. 그런 혼란기를 거친 끝에 베스파시아누스가 황제로 추대된다. 베스파시아누스는 로마로 돌아가면서 아들 티투스한테 예루살렘 공격을 맡긴다. 그 티투스에 의해서 예루살렘이 함락되는데, 이때 성전이 예수님 말씀처럼 돌 하나도 돌 위에 남지 않을 만큼 철저하게 무너진다.

13:3-13〉 **예수께서 감람산에서 성전을 마주 대하여 앉으셨을 때에 베드로와 야고보와 요한과 안드레가 조용히 묻되 …(중략)… 내 이름으로 말미암아 모든 사람에게 미움을 받을 것이나 끝까지 견디는 자는 구원을 받으리라**

예루살렘 성전이 무너진다는 말이 우리한테는 그리 놀랄 일이 아니다. 하지만 제자들은 다르다. 성전이 무너진다는 말을 이 세상이 멸망한다는 뜻으로 알아들었다. 나중에 조용히 물었다. "우리에게 이르소서 어느 때에 이런 일이 있겠사오며 이 모든 일이 이루어지려 할 때에 무슨 징조가 있사오리이까" 5-37절은 그 질문에 대한 답변이다.

제자들의 질문과 예수님의 답변 사이에는 차이가 있다. 제자들은 이 세상 종말에 대한 징조를 물었다. 반면 예수님은 예루살렘 멸망으로 대답했다. 그런데 전혀 어색하지 않다. 예루살렘 멸망과 이 세상 종말이 마치 한 사건 같다.

구약성경에 '여호와의 날'이 나온다. 메시야의 초림과 재림을 하나로 묶은 날이다. 구약시대 사람들은 메시야가 오면 모든 것이 끝나는 줄 알았다. 메시야의 초림과 재림 사이에 2,000년 이상의 격차가 있는 것을 무슨 수로 알겠는가?

예루살렘 함락과 이 세상 종말도 그런 식이다. 두 사건이 마치 한 사건처럼 겹쳐 있다. 예수님은 예루살렘 함락을 말씀하셨지만 제자들은 이 세상 종말로 알아들었다. 우리 역시 이 세상 종말에 대한 얘기로 받아들인다. 예루살렘 함락에 국한된 얘기라면 우리와 아무 상관이 없다.

예수님이 가장 먼저 사람의 미혹을 받지 않도록 주의하라고 했다. "미혹하는 사람이 없으면 될 것 아닙니까?"라는 항변은 통하지 않는다. 미혹을 당한다고 해서 억지로 끌려가는 것이 아니기 때문이다. 미혹했기 때문이라는 말과 자발적으로 동조했다는 말이 결국 같은 뜻이다.

신구약중간시대를 지나면서 메시야 대망 사상이 퍼진다. 자칭 메시야가 나타나기도 했다. 드다라는 사람은 자기가 하나님이 보낸 선지자라며 요단강을 갈라 보이겠다고 했다. 가뜩이나 메시야를 기다리는데 그런 사람이 나타나면 미혹될 수 있다. 그래서 조심하라는 것이다.

네로 통치 말기에 사방에서 반란이 일어났다. 결국 네로가 자살하는 것으로 생을 마감하고 갈바, 오토, 비텔리우스가 차례로 황제를 자처한다. 나중에 베스파시아누스가 황제가 되었는데, 당시 민심이 어땠을까?

주후 1969년에 아폴로 11호가 달에 착륙했다. 그 소식이 퍼지는 데는 1.3초면 충분했다고 한다. 그보다 100년 전인 주후 1865년, 링컨 암살 소식은 2주일이 걸렸다. 373년을 더 거슬러서 주후 1492년, 콜럼버스의 아메리카 대륙 발견 소식은 5개월이 걸렸다. 네로는 주후 68년 6월 9일에 죽었다. 그가 죽은 다음의 어수선한 정국 소식이 퍼지는 데는 얼마나 걸렸을까? 시간만 문제가 아니다. 정확하지도 않았을 것이다. 사람들이 모이면 "아무개가 군사를 일으켰다고 하더라", "어디에서 전쟁이 벌어졌다더라", "몇 명이 죽었다더라" 같은 말을 했을 것이다. 민심이 뒤숭숭할 수밖에 없다. 난리와 난리의 소문을 들을 때에 두려워하지 말라는 말이 그런 상황을 염두에 둔 것이다.

또 민족이 민족을, 나라가 나라를 대적하여 일어나겠고 곳곳에 지진이 있으며 기근이 있을 것이라고 하면서 이것이 재난의 시작이라고 했다. 파르티아라는 나라가 있다. 신구약중간시대를 얘기할 때마다 빠지지 않고 등장하는 안티오쿠스 4세가 파르티아와의 싸움에서 죽었다. 주전 53년에 로마가 파르티아한테 패한 적이 있다. 카이사르, 폼페이우스와 함께 1차 삼두정치의 한 축이었던 크라수스가 그때 죽었다. 민족이 민족을, 나라가 나라를 대적하여 일어난다는 얘기는 로마와 파르티아의 분쟁을 떠올리게 한다.

또 그 무렵에는 지진과 기근도 끊이지 않았다. 네로 이전 황제가 클라우디우스인데, 행 11:28에 따르면 그때 기근이 있었다고 한다. 주후 61-62년에는 라오디게아에 대지진이 일어난다. 주후 79년에는 베수비오 화산이 폭발했다. 그 유명한 폼페이 멸망이 그때 일어난 사건이다. 이 모든 일이 재난의 시작이다. 살 5:3에 "그들이 평안하다, 안전하다 할 그때에 임신한 여자에게 해산의 고통이 이름과 같이 멸망이 갑자기 그들에게 이르리니 결코 피하지 못하리라"라고 했는데, '해산의 고통'에 '재난'과 같은 단어가 쓰였다. 〈표준새번역성경〉에는 "이런 일들은 진통의 시작이다"라고 번역되어 있다.

애초에 제자들은 징조를 물었다. 그런데 예수님은 징조가 아닌 것들을 말씀했다. 난리와 난리의 소문, 민족과 민족, 나라와 나라 사이의 전쟁, 곳곳에 일어나는 지진과 기근은 징조가 아니다. 오히려 해산의 고통이다. 그런 고통을 거쳐야 그날이 온다는 것이다.

그것이 전부가 아니다. 신자들이 핍박을 받게 된다. "너희는 스스로 조심하라 사람들이 너희를 공회에 넘겨주겠고 너희를 회당에서 매질하겠으며 나로 말미암아 너희가 권력자들과 임금들 앞에 서리니 이는 그들에게 증거가 되려 함이라"라고 했다.

왜 그래야 할까? 신자라는 이유로 동족들한테도 미움받고 국가 권력에도 미움받아야 하는 이유가 있을까? "이는 그들에게 증거가 되려 함이라"가 그 답이다. 가끔 "예수를 믿으면 밥이 나와, 떡이 나와?" 하고 묻는 사람이 있다. 예수를 믿어서 밥이나 떡이 나온다면 예수를 믿는 이유는 밥 아니면 떡이다. 그런데 밥도 안 나오고 떡도 안 나오는데 예수를 믿는다면 밥이나 떡이 아닌 다른 이유가 있기 때문이다. 하물며 박해가 있는데도 예수를 믿는다면 그 이유가 얼마나 강력한 것일까? 바로 그 증거다. "정말 이상하다. 이런 박해 속에서도 예수를 믿는다. 뭔가 굉장한 것이 있는 모양이다."라고 하기 위해서 그렇다.

박해는 유대 사회나 로마 당국한테만 받는 것이 아니다. 집에서도 마찬가지다. "형제가 형제를 아버지가 자식을 죽는 데에 내주며 자식들이 부모를 대적하여 죽게 하리라"라고 했다. 복음이 가족을 원수로 만들기도 한다. 예수를 믿는 사람과 믿지 않는 사람은 설령 한 가족이라고 해도 다른 길을 가게 된다. 이런 말도 안 되는 일이 일어나는 것은 복음의 가치가 이 세상을 초월한 것이기 때문이다.

그래서 "또 너희가 내 이름으로 말미암아 모든 사람에게 미움을 받을 것이나 끝까지 견디는 자는 구원을 받으리라"라고 한다. 예수를 믿는 사람은 예수를 믿지 않는 모든 사람한테 미움을 받게 된다. 매사에 아옹다옹하며 지낸다는 말이 아니다. "또 너희가 내 이름으로 말미암아…"라고 했다. 우리가 예수 이름을 말하는 한 저희는 우리를 이해하지 못한다. 같이 커피를 마실 수도 있고 같이 여행을 할 수도 있다. 하지만 신앙이 개입하면 얘기가 달라진다. 신앙을 사이에 놓으면 신자와 불신자는 말이 통하지 않는다.

초대교회 교인들이 그런 삶을 살았다. 예수를 믿는다는 이유로 온갖 고난을 겪었고, 그것을 당연하게 받아들였다. 예수를 믿지 않겠다고 말만 하면 간단하다. 그런데 묵묵히 고난을 받았다. 그렇게 할 수 있는 원동력이 있다. 이 세상에 소망을 두지 않았기 때문이다. 그들은 이 세상이 영원하지 않다는 것을 알았다.

애초에 제자들은 종말이 언제인지, 종말이 있기 전에 어떤 징조가 있는지 물었다. 그것을 미리 알면 평소에는 신앙에 신경 쓰지 않아도 된다. D-day가 언제인지 알아서 그 직전에 신경 쓰는 것으로 충분하다. 그런데 예수님은 징조가 아닌 것들로 대답했다. 거짓 그리스도가 사람들을 미혹하고 난리와 난리 소문이 나며 전쟁과 기근, 지진이 있는데 그 모든 것이 징조가 아니라 진통의 시작이라는 것이다. 종말의 징조는 따로 없다. 그러면 얘기가 어떻게 될까? 신앙생활을 계속 하고 있어야 한다. 성경의 표현을 빌리면 늘 깨어 있어야 한다. 지금은 쉬다가 언제부터 하면 된다는 식의 얘기를 못한다.

예수님이 이 말씀을 하신 것이 주후 30년경의 일이다. 그런데 지금 우리한테 하시는 말씀이라고 해도 전혀 이상하지 않다. 우리나라에만도 자칭 재림 예수가 서른 명이 넘는다. 전쟁, 기근, 지진도 항상 있었다. 차이가 있다면 제자들은 예수님 말씀을 진지하게 들었는데 우리는 건성으로 듣는다는 사실이다. 종말은 교리의 문제이지, 현실의 문제가 아니다. 이 무감각이 언제면 치유될까?

13:14-23〉 멸망의 가증한 것이 서지 못할 곳에 선 것을 보거든 읽는 자는 깨달을진저 …(중략)… 할 수만 있으면 택하신 자들을 미혹하려 하리라 너희는 삼가라 내가 모든 일을 너희에게 미리 말하였노라

"읽는 자는 깨달을진저"라고 했으니 읽는 사람마다 쉽게 이해할 수 있는 내용이 아니다. 그럼 애초에 쉽게 쓰면 되지 않나 싶지만 그렇지 않다. 이스라엘은 로마의 속국 상태다. 주후 66년에 반로마 항쟁을 일으켰다가 그 여파로 예루살렘이 함락되면서 성전이 무너지게 된다. 마가복음은 그 즈음에 기록되었다. 그런 내용을 어떻게 곧이곧대로 쓴단 말인가?

방금 어떤 일이 일어나도 당황하지 말라고 했다. 난리와 난리의 소문이 있어도 두려워하지 말라고 했고, 전쟁이나 지진, 기근이 있어도 마찬가지다. 심지어 목숨이 걸린 재판을 받을 때도 무슨 말을 해야 할지 염려하지 말라고 했다. 예수님은 성전이 무너지기 전의 상황을 설명하는 중이다. 그런 일이 있다고 해서 바로 성전이 무너지는 것이 아니다.

본문에서는 얘기가 달라진다. 멸망의 가증한 것이 서지 못할 곳에 선 것을 보면 바로 도망가라고 한다. 조금도 망설일 틈이 없다.

유대인들은 지붕을 평평하게 만들어서 곡식을 널곤 했다. 지붕도 생활 공간이었다. 지붕에 올라갔다가 멸망의 가증한 것이 서지 못할 곳에 선 것을 볼 수 있다. 그러면 물건을 챙기려고 집안에 들어갈 생각 말고 바로 도망가야 한다. 밭에 있는 사람도 마찬가지다. 겉옷을 챙길 틈이 없다. 아이를 밴 사람이나 젖먹이는 어떻게 해야 할까? 서둘러 도망가지 못하니까 화가 있을 수밖에 없다. 18절에서는 이 일이 겨울에 일어나지 않도록 기도하라고 했다. 팔레스타인의 겨울은 우기다. 곳곳에 물이 불면 신속하게 도망가는데 지장 있다.

그러면 그런 일이 일어나지 않도록 기도해야 하는 것 아닐까? 그런 말은 없다. 성전이 무너지는 일을 피할 수 없기 때문이다. 자기 한 목숨 보전할 수 있으면 다행이다.

멸망의 가증한 것이 서지 못할 곳에 선다는 것이 무슨 뜻이어서 그럴까?

> 군대는 그의 편에 서서 성소 곧 견고한 곳을 더럽히며 매일 드리는 제사를 폐하며 멸망하게 하는 가증한 것을 세울 것이며(단 11:31)

> 매일 드리는 제사를 폐하며 멸망하게 할 가증한 것을 세울 때부터 천이백구십일을 지낼 것이요(단 12:11)

다니엘의 예언은 주전 167년에 안티오쿠스 4세에 의해 성취되었다. 그가 유대교 박멸 정책을 쓰면서 성전에 제우스 신상을 세우고 돼지를 제물로 드렸다. 그런 일이 또 일어난다. 주후 70년에 예루살렘이 함락되었을 때도 로마 군대가 성전에 로마 깃발을 세우고 분향을 했다. 그런 일이 일어나거든 지체 없이 도망가라는 것이다.

유대인들이 반로마 봉기를 일으켰을 때 로마에서 파송된 장수가 베스파시아누스다. 베스파시아누스는 예루살렘을 반란의 거점으로 보고 지방부터 먼저 진압했다. 예루살렘 주변을 차례로 진압해서 예루살렘의 숨통을 죄는 전략이었다. 이런 작전이 이스라엘한테는 저항을 준비할 시간을 벌게 해줬다. 유대인들이 속속 예루살렘으로 집결했다.

중간에 변수가 생긴다. 네로가 죽고 어수선한 정국을 보내면서 베스파시아누스가 황제로 추대된 것이다. 베스파시아누스의 아들 티투스가 예루살렘 진압을 맡게 된다. 티투스는 예루살렘을 고사시키는 작전을 구상했다. 예루살렘을 포위해서 식량과 식수의 공급을 차단한 것이다. 그런데 이런 작전이 제대로 전달되지 않았는지 병사들이 예루살렘에 난입하는 바람에 전쟁이 의외로 빨리 끝나게 되었다. 당시는 마침 유월절이어서 100만 명 가까운 유대인이 모여 있었다. 그중에 11만 명이 죽고 9만 7천 명이 포로로 끌려갔다. 하지만 이런 엄청난 재앙도 오히려 다행이라고 해야 한다. 티투스의 의도대로 작전이 수행되었으면 피해가 더 컸을 것이다. "만일 주께서 그 날들을 감하지 아니하셨더라면 모든 육체가 구원을 얻지 못할 것이거늘 자기가 택하신 자들을 위하여 그날들을 감하셨느니라"라고 말씀한 그대로다.

로마 군대가 예루살렘을 에워쌌으니 사람들은 불안할 수밖에 없다. 〈요세푸스〉에 따르면 당시 유대인들 사이에 거짓 예언자에 대한 다툼이 있었다고 한다. 아닌 게 아니라 거짓 그리스도가 나타나기 좋은 여건이다. "그 때에 어떤 사람이 너희에게 말하되 보라 그리스도가 여기 있다 보라 저기 있다 하여도 믿지 말라 거짓 그리스도들과 거짓 선지자들이 일어나서 이적과 기사를 행하여 할 수만 있으면 택하신 자들을 미혹하려 하리라"가 그런 말이다. 거짓 그리스도들과 거짓 선지자들이 말로만 사람들을 미혹하는 것이 아니다. 이적과 기사를 행한다. 이적이나 기사가 '진짜'인 표징이 아니라는 뜻이다.

그들이 무슨 말을 할까? 뒤숭숭한 민심을 틈타서 나타났으니 보나마나 구원을 말할 것이다. "하나님이 구원해주신다. 내 말만 믿어라."라고 할 것이다. 그 말을 믿게 하기 위해서 이적과 기사를 행한다. 그런데 예수님은 이미 성전이 파괴될 것을 말씀하셨다. 제아무리 이적과 기사가 동원되어도 예수님 말씀과 다르면 가짜다. 그래서 "너희는 삼가라 내가 모든 일을 너희에게 미리 말하였노라"라고 했다. 이적과 기사가 기준이 아니라 예수님 말씀이 기준이다.

당시 제자들이 예수님 말씀에 어떤 반응을 보였는지 알 수 없다. 만일 바리새인들에게 했다고 가정해 보자. 그들이 뭐라고 했을까? 예수님께서 "멸망의 가증한 것이 서지 못할 곳에 선 것을 보게 되는 날이 있을 것이다. 그 날이 너희에게 심판이 임하는 날이다. 최대한 빨리 도망쳐야 한다."라고 하면, 그들이 보일 반응은 뻔하다. "그 얘기는 200여 년 전에 이루어진 일 아닌가? 이미 지난 일이 우리에게 무슨 상관이 있단 말인가?"라고 했을 것이다.

제자들이나 바리새인들의 반응이 문제가 아니다. 우리는 어떤 반응을 보여야 할까? 당시 사람들한테 안티오쿠스 4세의 만행은 200여 년 전의 옛날 이야기다. 자기들하고는 상관없다. 조만간 자기들한테도 같은 일이 닥칠 줄 전혀 몰랐을 것이다.

그들을 흉볼 얘기가 아니다. 우리 역시 예루살렘의 멸망을 보면서 아무도 몸서리치지 않는다. 이미 2,000년이나 지난 일이고, 게다가 남의 나라에서 있었던 일이다. 예수님 말씀의 심각성을 깨닫지 못하기는 당시 사람들보다 한술 더 뜬다.

성경에는 이중적인 의미를 갖는 것이 참 많다. 출애굽이 대표적이다. 당시 이스라엘 사람들한테는 애굽의 노예였다가 자유인으로 신분이 바뀐 사건이다. 그리고 우리한테는 죄의 종이었던 우리가 하나님의 백성이 된 것을 암시한다. 이스라엘이 모세의 인도로 애굽을 탈출한 것처럼 우리는 예수님에 의해서 구원을 얻었다. 이스라엘이 홍해를 건넌 것처럼 우리는 세례를 받는다.

본문도 그렇다. 당시 사람들한테는 예루살렘 멸망에 대한 예언이다. 하지만 우리한테는 이 세상 종말에 대한 경고다. 이 시대 사람들이 이 말씀 앞에서 긴장해야 했던 것처럼 우리 역시 이 말씀 앞에서 신앙 자세를 가다듬어야 한다. 이 세상은 영원히 지속되지 않는다. 주님이 오시면 이 세상 역사가 끝난다.

문제는 이런 말이 별로 실감이 안 난다는 사실이다. 예수님이 다시 오신다는 사실을 부인하지는 않는다. 하지만 교리적으로만 그렇다. 죄다 예수님이 다시 오시지 않을 것처럼 살아간다. 신앙생활에 도무지 긴장감이 없다. 그러면 이렇게 생각해 보자. 우주적인 종말은 우리 시대에 없을 수 있다. 곧 다시 오신다고 말씀하신 주님이 2,000년이 지나도록 오지 않고 계시다. 그렇다고 해서 "그것 봐, 순 엉터리야!"라고 할 수 있는 것이 아니다. 우리 중에 살아서 주님을 만날 사람은 없을 수 있지만 죽지 않고 영원히 살 사람도 없다. 자기가 죽는 날이 그 사람한테는 종말이다. 예수님이 말씀하신 예루살렘 멸망을 보면서 이 세상 종말을 떠올릴 수 없다면 자기가 죽는 날이라도 떠올려 보자.

문상을 가면 신자의 장례식과 불신자의 장례식은 확연히 다르다. 누군가 죽은 것은 슬픈 일이다. 하지만 고인이 신자였다면 그 슬픔은 단지 이 세상에서 다시 만나지 못하는 서운함이다. 불신자는 다르다. 불신자가 죽었을 때는 처절한 좌절만 있다. 모든 것이 끝났다.

하지만 그것으로는 부족하다. 장례식장에서 불신자들보다 덜 슬퍼하는 것으로 신앙의 위안을 삼을 것이 아니라 고인이 하는 말을 들어야 한다. 관에 누운 고인이 말을 한다면 어떤 말을 할까? "예수 잘 믿어라. 이 세상에서 예수 잘 믿는 것보다 중요한 일은 아무것도 없다. 제발 허송세월하지 말고 하나님께 점수 따고 와라." 말고는 없다.

13:24-31〉 **그때에 그 환난 후 해가 어두워지며 달이 빛을 내지 아니하며 별들이 하늘에서 떨어지며 …(중략)… 이 세대가 지나가기 전에 이 일이 다 일어나리라 천지는 없어지겠으나 내 말은 없어지지 아니하리라**

본문은 "그때에 그 환난 후"라는 말로 시작한다. 이 내용은 13절에 연결되어야 한다. 5-13절은 예루살렘 멸망에 대한 설명이 아니라 예루살렘 멸망의 징후에 대한 설명이다. 거짓 그리스도와 거짓 선지자들이 나타나서 사람들을 미혹할 것이고 난리와 난리 소문이 있을 것이다. 또 곳곳에 지진과 기근이 있을 텐데 이 모든 것이 재난의 시작이다. 이런 환난이 끝나면 예루살렘이 본격적으로 멸망할 것이다.

본문이 예루살렘 멸망에 대한 묘사라는 사실을 염두에 두면 "해가 어두워진다", "달이 빛을 내지 않는다", "별들이 하늘에서 떨어진다", "인자가 구름을 타고 큰 권능과 영광으로 온다", "그가 천사들을 보내어 자기가 택하신자들을 땅끝으로부터 하늘 끝까지 사방에서 모은다" 같은 표현이 아리송할 수 있다.

하지만 제자들은 바로 알아들었을 것이다. 당시 유행하던 묵시문학적 표현 방식이기 때문이다. 다니엘과 요한계시록이 대표적인 묵시문학 작품이다. 구약성경에 보면 어떤 나라의 몰락을 얘기할 때 이런 표현을 썼다(사 13:9-10, 34:2-4).

그러면 26절의 "그때에 인자가 구름을 타고 큰 권능과 영광으로 오는 것을 사람들이 보리라"는 무슨 영문일까? 이 말이야말로 예수님이 이 세상을 심판하기 위하여 재림하시는 모습을 그린 것 아닌가? 요한계시록에도 예수님이 구름을 타고 오신다는 말씀이 있다. 그런데 다른 뜻으로 이런 표현을 쓴 예도 있다.

> 내가 또 밤 환상 중에 보니 인자 같은 이가 하늘 구름을 타고 와서 옛적부터 항상 계신 이에게 나아가 그 앞으로 인도되매 그에게 권세와 영광과 나라를 주고 모든 백성과 나라들과 다른 언어를 말하는 모든 자들이 그를 섬기게 하였으니 그의 권세는 소멸되지 아니하는 영원한 권세요 그의 나라는 멸망하지 아니할 것이니라(단 7:13-14)

'인자 같은 이'는 예수님이고 '옛적부터 항상 계신 이'는 하나님이다. 예수님이 구름을 타고 오시는데 이 세상을 심판하기 위해서 오시는 것이 아니다. 권세와 영광과 나라를 위임받기 위해서 하나님 앞에 인도되는 것이다.

예수님이 이 세상의 통치자로 등극하는 일종의 대관식이다. 예수님께 그런 권세가 있다는 사실을 구름을 타고 오는 것으로 묘사했다.

본문도 그렇다. 예수님이 구름을 타고 큰 권능과 영광으로 오는데, 이 세상을 심판하러 오는 것이 아니다. 이 세상에 본격적인 하나님 나라의 시작을 알리러 온다. 하나님 나라를 시작하려니 권능과 영광이 필요하고, 그래서 구름을 타고 온다고 한 것이다.

다니엘에 거대한 신상 얘기가 나온다. 머리는 순금, 가슴과 두 팔은 은, 배와 넓적다리는 놋, 종아리는 쇠, 발의 일부는 쇠, 일부는 진흙으로 된 신상이다. 그런 신상을 사람이 손대지 않은 돌이 나와서 부서뜨린다.

하나님께서 그런 내용으로 장차 될 일을 계시하셨다. 순금으로 된 머리는 바벨론을 상징한다. 은으로 된 가슴과 두 팔은 바사, 놋으로 된 배와 넓적다리는 헬라제국을 상징한다. 쇠로 된 종아리는 로마를 상징하고, 발의 일부는 쇠로 되고 일부는 진흙으로 되어 있다는 얘기는 로마 제국이 동 로마와 서 로마로 갈라질 것을 나타낸다. 그리고 그 모든 것을 사람이 손대지 않은 돌이 부술 것이다. 이 세상 나라를 폐하고 하나님 나라가 선포될 것이다.

이렇게 따지면 이상한 점이 있다. 바벨론에 이어 바사가 흥왕하고, 바사에 이어 헬라가 일어서고, 헬라에 이어 로마가 세계의 패권을 장악한 것은 맞다. 그러면 사람이 손대지 않은 돌이 나와서 신상을 부순다는 얘기는 어떻게 설명될까? "그야 언젠가 하나님 나라가 이 세상 나라를 심판한다는 뜻 아니냐? 장차 주님이 오시면 성취될 것 아니냐?"라고 할 수도 있지만 그렇지 않다. 바벨론에서 바사, 헬라를 거쳐 로마로 이어질 때는 시간 공백이 없었다. 유독 하나님 나라가 도래하는 데만 2,000년 넘는 공백이 있을 이유가 없다.

바벨론, 바사, 헬라, 로마는 전부 역사적으로 실체가 있는 나라들이다. 그러면 하나님 나라는 실체가 있을까, 없을까? 아직은 실체가 없지만 언젠가 실체를 갖게 될까? 우리가 하나님 나라 백성이라는 말도 실체가 없는 나라 백성이라는 뜻일까? 그럴 수는 없다. 하나님 나라는 우리가 새 하늘, 새 땅으로 인도된 다음에 시작되는 것이 아니라 이미 시작되었다.

마태복음이 "하늘과 땅의 모든 권세를 내게 주셨으니 그러므로 너희는 가서 모든 민족을 제자로 삼아 아버지와 아들과 성령의 이름으로 세례를 베풀고 내가 너희에게 분부한 모든 것을 가르쳐 지키게 하라 볼지어다 내가 세상 끝날까지 너희와 항상 함께 있으리라"로 끝난다. 하나님 나라가 이 땅에 본격적으로 시작되는 것을 알리는 메시지다. 예수님은 하늘과 땅의 모든 권세를 가진 분이다. 이제 그 권세를 토대로 예수님을 주라 고백하는 천국 백성을 불러 모은다. 27절의 "또 그때에 그가 천사들을 보내어 자기가 택하신 자들을 땅끝으로부터 하늘 끝까지 사방에서 모으리라"가 그런 뜻이다.

그런데 자꾸만 속는다. 세상을 살아가는 문제 때문에 제대로 신앙생활을 못하는 것이 정상인 줄 안다. 장차 예수님이 와서 이 세상 역사를 심판한다는 사실은 인정한다. 하지만 그 이전까지는 이 세상이 마귀의 권세 아래 있는 줄 안다. 언젠가 주님이 오시면 자기의 신앙을 꺼내 보이겠지만 이 세상에서는 꺼내지 못하는 것이 현실이라는 것이다. 직설적으로 얘기하면, 이다음에 천당은 가겠지만 지금부터 철저하게 신자로 살아야 하는 것은 아니지 않느냐는 것이다.

사실 우리는 하나님 나라에 별 관심이 없다. 고작해야 "언젠가 예수님이 오신다고 하더라"라는 사실만 알고 있을 뿐이다. 자기가 아는 사실이 세상을 살아가는 데 아무 영향도 미치지 못한다. 이 땅에 하나님 나라가 시작된 것을 모른 채 살아가고, 예수님이 이 땅에 다시 오시지 않을 것처럼 살아간다.

그래서 무화과나무의 비유를 배우라는 말이 나온다. 무화과나무는 겨울에는 가지만 앙상하다가 여름이 다가오면 잎사귀가 나온다. 무화과나무 가지가 연하여지고 잎사귀를 내면 여름이 가까운 것이다. 특히 여름은 종말과 어원이 같다. 여름은 '카이쯔'고 종말은 '카쯔'다. 무화과나무를 보면서 여름이 가까운 것만 알면 안 된다. 종말이 가까운 것을 알아야 한다.

우리가 정말로 종말이 있는 것을 알고 있을까? 말로는 하나님이 계시다고 하면서 하나님과 관계없이 사는 것처럼 말로는 종말이 있다고 하면서 종말이 없는 것처럼 사는 사람이 얼마든지 있다. 종말이 단지 교리의 문제에 불과하다. 모든 소망이 세상에 있다. 그러면 예수는 왜 믿을까?

우리는 무화과나무의 비유를 배워야 하는 사람들이 아니다. 이 세상이 영원하지 않다는 사실을 아는 사람들이다. 우리가 할 일은 이 세상에 온갖 금은보화를 쌓는 일이 아니라 그날을 기준으로 지금을 사는 일이다. 이 사실을 놓치면 평생 예수를 믿어도 신앙이 세상을 사는 수단밖에 되지 않는다. 그런 자리에서 벗어나야 한다. 우리는 비록 이 세상에 발을 딛고 살지라도 항상 하늘을 보는 사람들이다.

13:32-37〉 그러나 그날과 그때는 아무도 모르나니 하늘에 있는 천사들도, 아들도 모르고 아버지만 아시느니라 …(중략)… 깨어 있으라 내가 너희에게 하는 이 말은 모든 사람에게 하는 말이니라 하시니라

예수님이 성전이 무너질 것을 말씀했다. 제자들은 그 말씀을 세상이 끝난다는 뜻으로 받아들였다. 그래서 언제 그런 일이 있는지 물었다. 그 질문에 예수님이 예루살렘 멸망에 대한 징조와 예루살렘 멸망을 먼저 말씀했다. 그리고 본문에서 우주적인 종말을 말씀하신다. 제자들의 질문에 대한 진짜 답이 본문에 나온다.

그런데 그리 명쾌하지 않다. 애초에 제자들은 "어느 때에 이런 일이 있겠사오며 이 모든 일이 이루어지려 할 때에 무슨 징조가 있사오리이까"라고 물었다. 제자들의 궁금증을 풀려면 언제 이 세상이 끝나는지, 이 세상이 끝나기 전에 어떤 징조가 있는지 말씀해야 한다. 그런데 그런 말씀이 없다. 그날이 언제인지 아무도 모른다고 한다. 천사들도 모르고 아들도 모르고 오직 아버지만 아신다는 것이다.

그러면 어떻게 해야 할까? 이 세상에는 종말이 있는데 그날이 언제인지 모르면 할 수 있는 일이 무엇일까? 본문은 "깨어 있으라"라는 말을 네 번이나 반복한다. 종말에 대한 관심은 때에 대한 관심이 아니라 삶에 대한 관심이어야 한다. 그날이 언제냐가 문제가 아니라 그때까지 어떻게 사느냐가 문제다. 그 답이 깨어 있는 것이다.

우리가 할 일은 종말이 언제인지 예측하는 일이 아니다. 종말이 있다는 사실을 알아서 종말이 있는 삶을 살면 된다. 34절에서는 그 내용을 사람이 집을 떠나 타국으로 가면서 종들에게 권한을 주어 각각 사무를 맡기며 문지기한테 깨어 있으라 명함과 같다고 한다. 주인이 타국에서 돌아오는 날이 언제인지 모른다. 어쨌든 돌아온다. 그러면 늘 주인이 있는 것처럼 살면 된다.

"주인이 언제 돌아오는지 알면 좋지 않습니까?"라고 할 것 없다. 대체 무엇이 좋다는 얘기일까? 정말로 좋다면 성경이 얘기를 안 할 까닭이 없다.

신앙은 종교 행위 이전에 생활로 나타나야 한다. 예배를 드렸느냐 말았느냐만 중요한 것이 아니라 예배를 드린 사람다웠는지도 중요하다. 그런데 그날을 미리 알면 정상적인 생활이 없어진다. 누가 회사에 출근하고 누가 일을 하겠는가? 내일 지구가 멸망해도 한 그루의 사과나무를 심겠다고 한 스피노자만 바보가 된다.

하루 24시간의 일부분을 구별하여 종교 행위를 하는 것도 필요하다. 종교 행위가 없으면 신자가 아니다. 하지만 종교 행위를 하지 않는 동안에도 우리는 신자다. 예수님이 세상을 심판하기 위해서 오신 그 시간에 기도를 하고 있으면 구원받고 친구들과 놀고 있으면 구원받지 못하는 법은 없다.

그러면 늘 깨어 있으라는 말은 어떻게 하라는 뜻일까? '깨어 있다'의 반대말은 '잠들어 있다'이다. 잠들어 있는 사람은 의식이 없다. 자기가 무엇을 해야 하고 무엇을 하면 안 되는지 생각이 없다. 결국 깨어 있어야 한다는 말은 자기가 누구인지 알아서 모든 일에 분별이 있어야 한다는 뜻이다. 예수님이 다시 오신다는 사실을 알아서 그 사실을 기준으로 살아야 한다.

딸이 중 3 때였다. 시험을 앞두고 밤늦도록 수학 공부를 했다. 문제집을 풀다 보니 표시가 된 문항이 있었다. "이게 무슨 표시더라…"라는 생각을 했는데, 다음날 알게 되었다. 그 문항부터 시험 범위였다. 밤새 머리 싸매고 시험 범위가 아닌 부분만 공부한 것이다.

죽음을 앞둔 사람들이 주로 얘기하는 허무가 이런 것이다. 나름대로 열심히 살았는데 지나고 보니 그에 대한 보상이 아무것도 없다. 죄다 시험 범위가 아닌 부분만 공부했다. 주님이 다시 오신다는 사실 앞에 아무런 의미가 없는 것들을 붙들고 살면 그렇게 될 수밖에 없다.

불신자가 허무한 인생을 사는 것을 뭐라고 하겠는가? 하지만 우리는 다르다. 우리는 다음 세상을 기준으로 살아간다. 이 땅을 살아가는 모든 가치가 다음 세상과 연결되어 있다. 주님을 만나 뵙는 날, 우리는 허무한 인생을 탄식할 사람들이 아니라 보람 있는 인생을 간증할 사람들이다. 그날을 바라보며 늘 깨어 있어야 한다.

14장 다가오는 시간

14:1-2〉 이틀이 지나면 유월절과 무교절이라 대제사장들과 서기관들이 예수를 흉계로 잡아 죽일 방도를 구하며 이르되 민란이 날까 하노니 명절에는 하지 말자 하더라

13장에서 예루살렘 멸망과 이 세상 종말을 말했다. 그런 내용이 "깨어 있으라 내가 너희에게 하는 이 말은 모든 사람에게 하는 말이니라"로 끝났다. 예수님은 제자들만이 아니라 모든 사람이 깨어 있기를 바라신다.

장면이 바뀌자, 엉뚱한 내용이 나온다. 대제사장들과 서기관들이 예수님을 잡아 죽일 방도를 구한다. 지금까지는 의논에 그쳤지만 이제 실행에 옮길 것이다. 바야흐로 때가 임박했다.

그들이 왜 한사코 예수님을 죽이려 할까? 나름대로 이유가 있다. 로마는 속국에 대해서 상당한 자율권을 보장했다. 기득권 세력을 인정해주는 대신 자기들의 통치를 돕게 했다. 대제사장이나 서기관은 이스라엘의 정치, 종교 지도자들이었다. 하지만 그 기득권을 계속 누리려면 백성들이 자기들 말을 들어야 한다. 백성들한테 행사하는 발언권이 그들의 '상품 가치'였다. 그런데 예수님 때문에 자기들의 입지가 흔들린다. 백성들이 예수님을 따르면 자기들은 찬밥이 된다. 무슨 수를 써서라도 막아야 한다. 그래서 예수님을 해하기로 한 것이다.

공교롭게도 이틀만 있으면 유월절과 무교절이었다. 사람이 많이 모이면 자기들에게 유리할 것이 없다. 자칫 민란이라도 일어나면 사태가 복잡해진다. 그래서 명절 기간에는 예수님을 해하지 말자고 했다.

그런데 예수님은 유월절에 십자가에 달렸다. 어떻게 된 영문일까? 예수님이 그들보다 힘이 없어서 죽임을 당한 것이 아니다. 스스로 죽음을 택했다. 죽음만 택한 것이 아니라 죽는 날짜도 택했다.

왜 하필 유월절일까? 다른 날에 죽으면 안 될까? 성경에서 우리가 얻은 구원을 가장 잘 보여주는 사건이 이스라엘의 출애굽이다. 그때 하나님께서 애굽에 열 가지 재앙을 내리셨는데, 애굽의 모든 장자가 죽는 열 번째 재앙 직전에 유월절을 말씀하셨다. 열 번째 재앙은 다른 아홉 가지 재앙과 성격이 다르다. 다른 재앙은 이스라엘이 가만히 있어도 알아서 피해 갔는데 열 번째 재앙은 그렇지 않다. 열 번째 재앙을 면하려면 유월절을 지켜야 했다. 문 좌우 설주와 인방에 양의 피를 발라야 했다. 즉 열 번째 재앙은 하나님의 심판과 보호가 나뉘는 재앙이었다.

천국에 가려면 예수를 믿어야 한다. 지옥에 가려면 어떻게 해야 할까? 열심히 예수를 반대해야 하는 것이 아니다. 아무것도 안하고 가만히 있으면 된다. 하나님의 보호를 위해서는 양의 피가 필요하지만 하나님의 심판을 위해서는 가만히 있으면 되는 것과 같다.

전에 그런 말을 들은 적이 있다. 천국, 지옥이 실제로 있는지는 모르지만 정말로 하나님이 예수를 안 믿는 사람을 지옥에 보내는 신이라면 그런 하나님을 믿을 마음이 없다는 것이었다. 그런 말을 하는 심정이 이해는 되었다. 하지만 명백한 오해다. 예수를 믿으면 구원 얻는 것도 맞고 예수를 안 믿으면 지옥 가는 것도 맞지만 예수를 안 믿은 벌로 지옥 가는 것은 아니다.

어떤 사람이 불이 난 건물 안에 있다고 하자. 구조대원이 헬리콥터에서 줄을 내린다. 그 줄을 잡으면 구조될 수 있다. 그런데 못 잡고 말았다. 그러면 줄을 잡지 못한 벌로 죽게 될까? 예수를 믿지 않으면 지옥 간다는 말이 그렇다. 예수를 믿지 않은 벌로 지옥 가는 것이 아니다. 인간은 본성상 죄인이기 때문에 지옥 갈 수밖에 없는 운명이다.

그런 운명을 바꾼 것이 예수님의 십자가다. 유월절의 경우로 생각해 보자. 양의 피를 뿌린다는 것이 무슨 뜻일까? 피가 뿌려졌다는 얘기는 누군가 죽었다는 뜻이다. 이미 죽었다. 그런데 누구를 또 죽일까? 그런 집은 죽음의 천사가 그냥 지나갔다. 죗값이 치러졌기 때문이다.

십자가가 바로 그렇다. 본래 우리가 죽어야 하는데 예수님이 대신 죽으셨다. 우리가 받아야 할 형벌을 예수님이 받으셨다. 우리에게는 받을 형벌이 없다. 이것이 우리가 믿는 기독교의 기초다. 이 사실을 안다면 우리 인생이 우리의 것이 아님을 인정해야 한다. 예수님이 우리 대신 죽으셨으니 우리는 예수님을 대신해서 살아야 한다.

교육전도사 시절, 교회에 헌혈 차가 온 적이 있다. 헌혈한 사람에게는 빵을 줬다. 청년부실에 갔더니 청년들이 모여 앉아서 빵을 먹다가 나한테 권했다. "전도사님, 빵 드세요. 이 빵은 신혜 피 값이고요, 이 빵은 효진이 피 값이에요." 헌혈을 하고 받아온 빵을 피 값이라고 한 그 청년의 얘기는 분명히 맞는 얘기다. 그런데 진지하게 들리지 않고 농담으로 들렸다. 그 청년 역시 농담으로 한 말이었다.

우리의 남은 인생이 예수님의 피 값이라는 얘기는 어떤가? 적어도 그 얘기를 농담으로 듣지는 않을 것이다. 하지만 진지하게 듣지도 않는다. 마치 집에서 애들이 엄마에게 공부하라는 말을 듣는 것과 같다. "알았어, 내가 알아서 할 테니까 그만 얘기해."라고 대꾸만 하고 알아서 하지는 않는다.

피 값으로 받은 빵은 먹으면 그만이다. 피 값으로 다시 살았으면 어떻게 해야 할까? 분명한 사실은 이 세상이 영원히 지속되지 않는다는 사실이다. 다음 세상이 있다. 예수님이 우리 대신 십자가에 달려 돌아가신 이유가 여기에 있다.

14:3-9〉 예수께서 베다니 나병환자 시몬의 집에서 식사하실 때에 한 여자가 매우 값진 향유 곧 순전한 나드 한 옥합을 가지고 와서 …(중략)… 복음이 전파되는 곳에는 이 여자가 행한 일도 말하여 그를 기억하리라 하시니라

예수님이 시몬의 집에서 식사를 하는 중에 한 여자가 옥합을 깨뜨리고 예수님 머리에 향유를 부었다. 요한복음에서는 마리아라고 하는데 본문에는 이름이 나와 있지 않으니 우리도 모르는 것으로 하자.

손님 머리에 향유를 바르는 것이 당시 풍습이었다. 그런데 이 여자는 바르는 정도가 아니라 아예 부었다. 그것도 보통 향유가 아니라 삼백 데나리온이 넘는 값진 향유였다.

사람들이 화를 내면서 어찌하여 향유를 허비하느냐고 했다. '허비하다'에 해당하는 헬라어 '아폴레이아'가 성경 다른 곳에서는 멸망으로 번역되었다(마 7:13, 요 17:12, 빌 1:28, 살후 2:3, 딤전 6:9). 헬라어로는 허비와 멸망이 구분되지 않는다. 허비하는 일은 멸망받을 일이다. 예수님 머리에 향유를 부은 것이 멸망받을 잘못인 것처럼 강도 높게 비난했다.

폴 틸리히가 한 말이 있다. "십자가는 하나님이 인간을 살리기 위해 친히 행하신 하나님의 거룩한 낭비다." 낭비로 얘기하면 십자가만한 낭비가 없다. 하나님이 인간을 위해 대신 죽는 것이 말이 될까? 말이 안 되기로 따지면 이보다 더 말이 안 될 수는 없다. 십자가가 합리적이 아닌 것처럼 향유를 부은 것 역시 합리적이 아니다. 하나님이 우리를 합리적으로 대하지 않으셨는데 신앙에서 합리성을 따지는 것은 모순이다.

이때 예수님이 "가난한 자들은 항상 너희와 함께 있으니 아무 때라도 원하는 대로 도울 수 있거니와 나는 너희와 항상 함께 있지 아니하리라"라고 했다. 예수님은 이틀만 있으면 십자가에 달리게 된다. 여자가 예수님의 장례를 준비했다는 것이다. 여자가 예수님이 죽음을 알고 향유를 부었을 리는 없다. 예수님이 그렇게 의미를 부여하셨다.

이어지는 내용이 의아하다. 예수님이 "내가 진실로 너희에게 이르노니 온 천하에 어디서든지 복음이 전파되는 곳에는 이 여자가 행한 일도 말하여 그를 기억하리라"라고 했다. 복음을 전할 때마다 "어떤 여자가 예수님 머리에 향유를 부었다. 삼백 데나리온도 넘는 향유인데 정말 대단한 여자다."라고 하라는 뜻일까?

예수님은 메시야(그리스도)다. 메시야는 히브리어이고 그리스도는 헬라어인데, 기름 부음을 받은 자라는 뜻이다. 그 여자가 예수님께 향유를 부었다. 기름 부음 받은 자를 기름 부음 받은 자 되게 했다. 예수님이 메시야임을 나타낸 것이다. 그처럼 복음을 전할 때마다 "예수님이 그리스도입니다"를 말하라는 것이다.

14:10-11〉 열둘 중의 하나인 가룟 유다가 예수를 넘겨주려고 대제사장들에게 가매 그들이 듣고 기뻐하여 돈을 주기로 약속하니 유다가 예수를 어떻게 넘겨줄까 하고 그 기회를 찾더라

방금 아름다운 내용이 나왔다. 그런데 이내 다른 얘기가 나온다. 가룟 유다가 예수님을 넘겨주려고 대제사장들을 찾아갔고, 대제사장들은 돈을 주기로 약속을 한다. 그리고 유다가 예수님을 넘겨줄 기회를 찾는다. 성경에 이름이 없는 여자는 예수님 곁으로 왔는데 이름 있는 남자는 예수님 곁을 떠난다.

유다가 왜 예수님을 팔았을까? 돈 욕심 때문이었을까? 마태복음에는 가룟 유다가 은 30을 받았다고 나와 있다. 하지만 석연치 않다. 예수님 몸값이 너무 적기 때문이다. 무엇보다 본문에서 액수를 밝히고 있지 않다. 액수가 문제가 아니었다는 뜻이다. 결론을 미리 말하면 여자는 예수님의 죽으심을 수용한 사람이고 가룟 유다는 예수님의 죽으심을 수용할 수 없었던 사람이다.

당시 사람들은 예수님이 로마를 몰아내고 메시야 왕국을 선포할 줄 알았다. 제자들도 같은 생각을 했다. 예수님이 아무리 고난을 얘기하고 죽음을 얘기해도 알아듣는 제자가 없었다. 하지만 가룟 유다는 달랐다. 예수님한테 이스라엘을 회복할 마음이 없다는 사실을 눈치챘다. 그러면 어떻게 해야 할까? 여태까지 예수님을 따라다닌 자기 청춘은 어떻게 보상받는단 말인가?

예수님은 죄를 해결하기 위해서 오신 분이다. 죄를 해결하는 방법은 예수님이 죽으시는 방법이다. 예수님의 죽으심을 수용한다는 얘기는 예수님이 우리의 죄 때문에 오신 분으로 인정한다는 뜻이다.

가룟 유다는 정반대다. 가룟 유다는 예수님께서 죽음을 택하시는 것을 용납할 수 없었다. 예수님은 이 세상 왕으로 등극해야 한다. 이 세상 모든 나라를 굴복시키고 이스라엘을 잘 먹고 잘살게 해줘야 한다. 물론 자기한테도 한자리 챙겨줘야 한다.

터무니없는 기대를 하는 것이 아니다. 예수님은 그럴 능력이 있다. 그런데 왜 그렇게 안 한단 말인가? 그 사실이 분통 터졌던 것이다. 예수님을 액수에 관계없이 팔아넘길 만큼 분통이 터졌다. 알기 쉽게 말하면 "뭐야? 예수님이 내 기도 안 들어줘? 좋아! 그럼 예수 안 믿어!"라고 했다.

예수 믿어서 죄를 해결하는 것과 세상에서 덕을 보는 것 중에 하나를 택하라고 하면 사람들이 어느 쪽을 택할까? 우리가 신앙의 이름으로 기대하는 것이 영혼의 성결일까, 욕망의 성취일까?

예수를 믿는 사람치고 가룟 유다를 좋아하는 사람은 없다. 그런데 신앙생활을 하는 모습은 그렇지 않다. 성결에는 관심 없고 욕구에만 민감하다. 예수님이 십자가에 달리셔서 우리 죄가 해결되는 것보다 예수님이 살아 계셔서 그 능력으로 우리를 도와주는 게 훨씬 좋다는 것이다. 심지어 그것을 예수 믿는 보람으로 기대한다.

직접적인 예를 들어볼까? 여러분한테 미워하는 사람이 있다고 하자. 그리고 요즘 집안 형편이 어렵다고 하자. 이런 경우에 어느 문제가 더 심각하게 다가올까? 자기 마음에 있는 미움과 집안에 있는 어려움을 놓고 "주님, 어느 문제가 더 급합니까?"라고 하면 주님이 뭐라고 하실까? 힌트를 드린다면 기독교의 요체가 하나님 사랑, 이웃 사랑이다. 그런데 우리는 집안 형편이 어려운 것에는 불편을 느껴도 자기한테 사랑이 없는 것에는 불편을 느끼지 않는다.

학교 다닐 적에 죽음에 대한 공포 때문에 종교가 생겼다고 배운 기억이 있다. 성경적으로는 타당성이 없다. 하나님에 의해서 지음받은 인간은 애초부터 하나님을 예배하며 살았다. 그런데 아담, 하와의 범죄로 하나님과의 관계가 왜곡되었다. 예수님께서 그것을 회복하러 오셨다. 그런데 우리는 거기에 마음이 없다. 하나님과의 관계 회복에는 관심이 없고 온통 세상 문제에만 매몰되어 있다. 하나님과 멀어지는 일은 대수롭지 않게 여기면서 세상에서 인정받지 못하는 것은 심각한 일로 여긴다. 예수님이 이 세상에 왜 오셨는지가 중요하지 않다. 예수님이 왜 자기 기대대로 일하시지 않는지가 문제다. 그런 불만을 가진 사람이 그 옛날 가룟 유다 한 사람뿐이었으면 좋겠다.

14:12-25〉 **무교절의 첫날 곧 유월절 양 잡는 날에 제자들이 예수께 여짜오되 우리가 어디로 가서 …(중략)… 내가 포도나무에서 난 것을 하나님 나라에서 새것으로 마시는 날까지 다시 마시지 아니하리라 하시니라**

"무교절의 첫날 곧 유월절 양 잡는 날에…"라는 말로 본문이 시작한다. 양 잡는 날이면 양을 잡아야 한다. 그래서 예수님이 죽는 얘기가 나온다. 예수님이 우리를 위한 유월절 어린양이다.

유월절은 히브리력으로 1월 14일이고 무교절은 1월 15일부터 21일까지다. 그런데 유월절을 무교절 첫날로 얘기한다. 유월절과 무교절은 본래 구분된 절기지만 날짜가 연이어 있기 때문에 같은 절기로 간주하기도 한다.

유월절이면 집 문에 양 피를 뿌리는 것이 전부가 아니다. 그다음에는 그 고기를 먹어야 한다. 이 내용은 신약에 오면 명확하게 드러난다. 예수님의 살과 피를 먹고 마시지 않으면 우리 속에 생명이 없다고 했다. 우리는 예수님을 믿기만 하면 되는 것이 아니라 우리의 양식으로 삼아야 한다. 사람이 밥을 먹어서 힘을 얻는 것처럼 우리는 예수님으로 힘을 삼는다.

또 무교병도 먹었다. 누룩을 넣지 않은 떡을 말한다. 누룩은 성경 여러 곳에서 죄를 상징한다. 하나님의 은혜로 구원 얻었으면 당연히 죄를 멀리 해야 한다. 유월절 어린양의 피로 하나님의 보호만 입으면 되는 것이 아니라 죄 없는 삶을 살아야 한다. 쓴 나물도 먹어야 한다. 애굽에서 죄의 종으로 지내던 쓰디쓴 과거를 잊지 말라는 뜻이다. 하나님의 은혜가 어느 만큼 좋은지 알려면 죄가 어느 만큼 나쁜지 알아야 한다.

이렇게 양고기와 무교병, 쓴 나물을 먹는 것으로 유월절을 보내면 다음날부터 일주일 동안 무교절이다. 무교절에는 무교절이라는 이름 그대로 무교병을 먹는다. 유월절은 구원 얻은 것을 기념하는 절기이고 무교절은 죄 없는 삶을 살아야 한다는 사실을 말하는 절기다. 이 둘을 하나로 묶으면 어느 쪽이 어느 쪽으로 흡수되어야 할까? 유월절(구원)이 중요할까, 무교절(죄 없는 삶)이 중요할까?

앞에서 "무교절의 첫날 곧 유월절 양 잡는 날에…"라고 했다. 유월절을 무교절의 일부로 얘기했다. 구원을 얻었으니까 죄 없는 삶을 살아야 하는 것이 아니다. 하나님께서 우리로 죄 없는 삶을 살게 하기 위해서 우리를 구원하셨다. 이스라엘의 출애굽을 통해서 얘기하면, 홍해를 건넌 김에 가나안에 가는 것이 아니다. 가나안에 가기 위해서 홍해를 건넜다. 가나안에 가지 않는 것은 홍해를 건너게 하신 하나님의 뜻에 위배된다. 우리가 죄 없는 삶을 살지 않으면 하나님께서 우리에게 허락하신 구원을 무시하는 처사가 된다.

그렇다고 해서 죄를 짓지 않는 것이 신앙의 전부일 수는 없다. 죄에서부터 자기를 정결하게 했으면 그다음에는 주님과 교제를 나눠야 한다. 우리가 왜 죄를 범하지 말아야 하느냐 하면, 죄 속에 있는 채로는 주님과 교제할 수 없기 때문이다. 홍해를 건너지 않은 상태로는 가나안에 갈 수 없는 것과 같다.

우리는 주일이면 예배를 드린다. 예배를 드리는 목적이 예배를 빼먹지 않기 위한 것일 수는 없다. 예배를 통해서 주님과의 교감이 있어야 한다. 주님의 음성을 들어야 하고 주님께 경배하는 자신을 확인해야 한다.

한 가지 의아한 내용이 있다. 유월절에는 양고기와 무교병과 쓴 나물을 먹는데 예수님이 이런 전통을 무시한 채 제자들과 떡과 잔을 나누기 때문이다. 우리가 거행하는 성찬식이 본문에서 유래했다.

성경을 볼 때 구약은 예표, 신약은 성취라고 한다. 구약성경에 나오는 제사 제도는 신약의 십자가를 예표한다. 제사가 '진짜'가 아니라 십자가가 '진짜'다. 이런 식으로 따지면 유월절에 양고기와 무교병, 쓴 나물을 먹은 것이 예수님께서 제정하신 성찬식을 예표하는 것임을 알 수 있다. 이스라엘이 유월절마다 먹는 양고기, 무교병, 쓴 나물이 '진짜'가 아니라 우리가 성찬식마다 나누는 떡과 잔이 '진짜'다.

이스라엘이 양고기와 무교병, 쓴 나물을 먹을 때 어떤 마음이었을까? 아마 "하나님이 우리를 구원했으니 앞으로는 죄 없이 살아야 한다. 우리가 애굽에서 받은 고통을 잊지 말아야 한다."라는 각오를 다졌을 것이다. 그들은 그것으로 충분하다. 하지만 우리는 그것으로 모자라다. 우리의 신앙은 양고기나 무교병, 쓴 나물에 담긴 의미를 성취하는 것으로 나타나는 것이 아니라 주님께서 주시는 떡과 잔에 담긴 의미를 성취하는 것으로 나타나야 한다.

예수님께서 떡을 떼어 제자들에게 주시면서 예수님의 몸이라고 했다. 또 잔을 주시면서 예수님의 피라고 했다. 예수님께서 친히 예수님의 몸을 우리에게 주셨으면 우리의 몸이 어떤 몸인가? 예수님께서 친히 예수님의 피를 우리에게 주셨으면 우리의 혈관을 흐르는 피가 어떤 피인가? 성찬식에 참예한다는 얘기는 예수님과의 합일(合一)을 선언한다는 뜻이다. 예수님 몸과 우리 몸의 구분이 없다.

성찬식 때 십자가에 달리신 예수님을 생각하며 눈물을 글썽일 수 있다. 하지만 예수님이 우리 대신 돌아가셨다는 사실을 슬퍼하는 것이 우리의 신앙 책임이 아니다. 예수님이 우리 대신 돌아가신 이유를 알아서 그 이유에 맞게 사는 것이 신앙 책임이다. 이런 사실을 감안하면 성찬식 때 "주님, 나를 위해서 피 흘리시고…"라고 하며 눈물을 글썽일 틈이 없다. 오히려 어금니를 깨물어야 한다. "정말 정신 바짝 차려서 예수를 믿어야 하겠구나!"라는 결단이 있어야 한다.

이런 내용을 모르면 신앙이 이상하게 된다. 예수를 믿는다고 하면서도 고작 할 줄 아는 것이라고는 주일 예배 참석하는 것과 십일조 하는 것, 그리고 아쉬운 일이 있을 때 기도하는 것뿐이게 된다. 그러면 다른 종교와 다를 것이 없지 않은가? 예배 참석과 헌금, 기도가 없는 종교는 없다.

다른 종교를 예로 들 것도 없다. 점쟁이나 무당을 찾아가는 경우는 어떤가? 일이 있을 때마다 점쟁이를 찾아간다. 두둑하게 복채를 내는 것은 물론이다. 우환이 있으면 굿도 한다. 새벽마다 치성을 드리는 사람도 많다. 열심으로만 얘기하면 우리보다 훨씬 더 하다.

이런 비유가 언짢을 수 있다. 우리는 살아 계신 하나님을 섬기고 저들은 잡신을 섬기는데 어떻게 같으냐고 할 수 있다. 물론 섬기는 대상은 다르다. 그러면 섬기는 사람은 어떤가? 아무리 섬기는 대상이 달라도 섬기는 대상을 통해서 이루고 싶은 욕심이 같다면 그것이 무슨 의미가 있을까?

그래서 현실적인 당부를 드린다. 기도를 하되, 하나님께 무엇을 해달라는 기도는 그만하고 "하나님, 제가 무엇을 할까요?"라는 기도를 해보자. 아이를 키우는 경우로 생각해 보면 알 수 있다. 아이들이 부모한테 떼를 쓰는 것도 있고 부모가 아이한테 바라는 것도 있다. 둘 중에 어느 것이 중요할까? 우리는 하나님을 통해서 우리 소원을 이루어야 하는 사람들이 아니다. 오히려 우리한테서 하나님의 소원이 이루어져야 한다. 하나님의 소원은 우리가 예수님처럼 되는 것이다. 성찬식 때마다 그 사실을 확인해야 한다.

14:26-31〉 **이에 그들이 찬미하고 감람산으로 가니라 예수께서 제자들에게 이르시되 너희가 다 나를 버리리라 …(중략)… 내가 주와 함께 죽을지언정 주를 부인하지 않겠나이다 하고 모든 제자도 이와 같이 말하니라**

예수님이 제자들과 유월절 만찬을 나누면서 제자 중 한 사람이 자기를 팔 것이라고 했고 제자들은 근심에 빠졌다. 그러면 분위기가 사뭇 무거웠을 텐데 본문은 "이에 그들이 찬미하고 감람산으로 가니라"로 시작한다. 제자들이 전혀 상황 파악을 못하고 있다는 뜻이다. 상황 파악을 제대로 한 사람은 가룟 유다뿐이었다.

그리고 예수님이 말씀하신다. "너희가 다 나를 버리리라 이는 기록된 바 내가 목자를 치리니 양들이 흩어지리라 하였음이니라 그러나 내가 살아난 후에 너희보다 먼저 갈릴리로 가리라" 관주성경에는 '나를 버리리라'에 1)이 있고, 관주에 '나로 말미암아 실족하리라'라고 되어 있다. 예수님의 실제 모습이 자기들의 기대와 달라서 낙심한다는 뜻이다.

베드로가 발끈한다. 모두가 예수님을 버릴지라도 자기는 다르다고 했다. 하늘이 두 쪽 나도 자기가 예수님을 버리는 일은 있을 수 없다는 것이 베드로 생각이었다. 그 말에 예수님이 "내가 진실로 네게 이르노니 오늘 이 밤 닭이 두 번 울기 전에 네가 세 번 나를 부인하리라"라고 했다. 서운한 기색 하나 없다. 베드로가 자기를 부인한다는 사실이 그리 놀랄 일이 아닌 모양이다. 오히려 베드로가 펄쩍 뛴다. 아마 자기 진심을 몰라주는 예수님이 서운했을 것이다.

29절 "베드로가 여짜오되 다 버릴지라도 나는 그리하지 않겠나이다"에서 '버릴지라도'에 2)가 있다. 관주에는 '실족할지라도'라고 되어 있다. 다른 제자들은 실족할지라도 자기는 실족하지 않겠다는 것이다. 실족하지 않으려면 어떻게 해야 할까? 예수님이 어떤 분인지 바로 알아야 한다. 예수님이 어떤 분인지 자기 마음대로 정한 다음에 실족하지 않겠다고 아무리 큰소리 쳐봐야 소용없다.

또 이르시되 너희는 온 천하에 다니며 만민에게 복음을 전파하라 믿고 세례를 받는 사람은 구원을 얻을 것이요 믿지 않는 사람은 정죄를 받으리라(막 16:15-16)

제자들이 예수님을 버리고 도망간 것이 얼마나 지난 얘기일까? 그런 제자들한테 세계 복음화라는 엄청난 사명을 맡긴다. 얼마 전까지만 해도 제자들은 "무슨 일이 있어도 주님을 버리지 않겠습니다"라고 장담했지만 그 장담을 지킬 능력이 없었다. 그런데 예수님이 부활한 다음에는 얘기가 달라진다. 제자들한테 온 천하에 다니며 만민에게 복음을 전파하라는 당부를 한다. 설마 아무한테나 그런 당부를 할까? 제자들이 그런 당부를 들을 만한 사람이 되었다는 뜻이다. 예수님의 죽으심을 기준으로 이런 차이가 생겼다. 더 얘기하면 이런 차이를 만들기 위해서 예수님께서 죽으셨다.

"… 베드로는 한낱 계집종 앞에서도 예수님을 모른다고 부인했던 사람이다. 하지만 성령을 받은 다음에는 한 번 설교로 삼천 명이 세례를 받게 하는 능력 있는 종이 된다. 우리도 성령을 받아야 한다. 성령을 받아서 힘 있게 복음을 증거 해야 한다."라는 말을 들은 적이 있다.

복음서 말미에 나오는 베드로의 모습이 초라한 것은 맞다. 그런 베드로가 사도행전에서는 전혀 다른 모습인 것도 맞다. 성령 받기 전의 베드로와 성령 받은 후의 베드로는 같은 사람처럼 보이지 않는다. 여기까지는 맞는데 "그러니까 우리도 성령을 받아야 한다"는 곤란하다. 우리는 이미 성령을 받았기 때문이다.

사람은 본질상 죄인이다. 하나님에 대한 감각이 없다. 어떤 사람이 예수를 믿는다는 얘기는 그 사람의 IQ로 예수가 구세주인 것을 깨달았다는 뜻이 아니라 그 사람 안에 성령이 계시다는 뜻이다. 예수를 믿는 사람이라면 누구나 성령을 받은 사람이다. 성령을 받지 않은 사람은 예수를 믿을 수 없다.

그러면 우리는 어떻게 된 영문일까? 제자들은 예수님이 죽으시기 전과 부활하신 다음, 성령 받기 전과 성령 받은 다음이 확연하게 구분되었다. 그런 차이를 위해서 예수님께서 죽으셨다. 그런데 우리는 예수님이 부활하신 다음을 살고 있는데도 복음서 말미의 제자들과 흡사하다. 아직 성령을 받지 못한 때문이 아니다. 성령은 받았는데 성령의 인도대로 살지 않아서 그렇다. 성령으로 충만하지 않은 때문이다.

베드로가 성전 미문에서 걷지 못하던 사람을 고칠 때 "은과 금은 내게 없거니와 내게 있는 이것을 네게 주노니 나사렛 예수 그리스도의 이름으로 일어나 걸으라"라고 했다. 베드로는 자기한테 있는 것이 무엇인지 알았다. 그런데 우리는 우리한테 있는 것이 무엇인지 모르는 것 같다. 우리에게는 예수 그리스도의 이름이 있다. 하나님은 은과 금을 누리라고 우리를 부르신 적이 없다. 예수 그리스도의 이름을 누리라고 부르셨다. 그런데 예수 그리스도의 이름이 있다고 하면서도 늘 은과 금에 마음이 팔려 있으니 예수 그리스도의 이름을 누릴 틈이 없다. 요컨대 예수 그리스도의 이름을 누리면 누릴수록 성령 충만한 것이다.

그러면 우리가 해야 할 일이 무엇인지 답이 나온다. 성령 충만하지 못한 신자는 성령 충만을 위해서 힘써야 하고 성령 충만한 신자는 더 충만하게 힘써야 한다. 다 주님을 버릴지라도 나는 그렇지 않겠노라는 공허한 다짐은 의미가 없다. 실제로 예수 그리스도를 알아서 그 이름을 누려야 한다. 예수 그리스도의 이름은 우리가 평생 누려도 다 누리지 못할 만큼 크고 놀랍고 광대하다.

14:32-42〉 그들이 겟세마네라 하는 곳에 이르매 예수께서 제자들에게 이르시되 내가 기도할 동안에 너희는 여기 앉아 있으라 하시고 …(중략)… 일어나라 함께 가자 보라 나를 파는 자가 가까이 왔느니라

마지막 만찬을 마친 예수님이 겟세마네동산에서 베드로, 야고보, 요한만 따로 데리고 가셨다. 33-34절에 "베드로와 야고보와 요한을 데리고 가실새 심히 놀라시며 슬퍼하사 말씀하시되 내 마음이 심히 고민하여 죽게 되었으니 너희는 여기 머물러 깨어 있으라 하시고"라고 되어 있다. 예수님의 이미지와 도무지 어울리지 않는다. 십자가 형벌이 그렇게 무서웠던 말인가?

이때 예수님은 "아빠 아버지여 아버지께는 모든 것이 가능하오니 이 잔을 내게서 옮기시옵소서 그러나 나의 원대로 마옵시고 아버지의 원대로 하옵소서"라고 기도했다. 예수님이 하나님을 아빠라고 불렀다.

이 시대 사람들은 아람어를 썼는데 아람어로 아버지를 아빠라고 한다. 공교롭게도 우리말 아빠와 발음이 같다. 하지만 차이가 있다. 우리말 아빠는 아버지를 친근하게 이르는 유아어인데 아람어 아빠는 유아어가 아니다.

성경시대의 아버지는 철저한 가부장이었다. 아버지의 말이 곧 법이었다.

로마시대도 마찬가지였다. 가부장은 노예를 포함한 모든 재산은 물론이고 아내나 자녀들의 소유에 대해서도 법적인 권한이 있었다. 심지어 자식을 매매하는 권한도 있었다. 나이에 상관없이 모든 자식은 아버지한테 복종해야 했다.

성경은 이런 상황에서 하나님을 아버지로 계시한다. 아버지가 그 모든 권력을 바탕으로 가족을 지키기 때문이다. 가족을 위해 목숨을 바치며 희생하고 헌신한다. 이렇게 따지면 예수님이 하나님을 '아빠 아버지'라고 부른 것은 친밀감에 대한 표현이 아니다. 가족 내의 절대 권력자이며 보호자인 하나님께 외친 것이다. 우리 전통 사회에서도 아버지는 절대 순종해야 할 대상이면서 자기를 절대적으로 보호해주는 주체다. 예수님이 그런 아빠 하나님께 기도했다. 자기는 하나님이 무슨 말씀을 하시든지 그대로 순종할 것이고, 하나님은 어떤 경우에서든지 자기를 보호해주실 것이다.

예수님이 기도한 내용은 "이 잔을 내게서 옮기시옵소서 그러나 나의 원대로 마시옵고 아버지의 원대로 하옵소서"였다. 성경에서 잔은 죄에 대한 하나님의 진노를 말한다(사 51:22, 렘 25:15, 겔 23:32-34, 계 14:9-10). 하나님은 거룩하신 분이다. 죄를 조금도 용납하실 수 없는 분이다. 그래서 죄에 대해서 진노하신다.

예수님이 "이 잔을 내게서 옮기시옵소서"라고 한 것은 그것이 죄에 대한 하나님의 진노이기 때문이다. 십자가에 달리는 고통이 문제가 아니라 하나님의 진노 대상이 되어야 한다는 사실이 문제였다.

하나님의 진노를 받으면 어떻게 될까? 나중에 예수님이 십자가에서 "엘리 엘리 라마 사박다니"라고 부르짖는다. 예수님이 하나님께 버림받은 것이다. 그때 예수님은 온 세상 죄를 감당하는 중이었다. 빛과 어두움이 함께할 수 없고 진리와 거짓이 함께할 수 없는 것처럼 죄가 하나님과 함께할 수 없다. 적어도 그 순간, 하나님이 예수님을 버리셨다. 예수님께는 그것이 다시 없는 고통이었다.

예수님이 "이 잔을 내게서 옮기시옵소서"라고 한 것은 죽음이나 십자가에 대한 공포 때문이 아니었다. 하나님과의 교제 단절 때문이었다. 할 수만 있으면 그 일만큼은 피하고 싶었다. 하지만 예수님이 이 세상 죄를 감당하지 않으면 이 세상을 구원할 방도가 없다. 그래서 "그러나 나의 원대로 마시옵고 아버지의 원대로 하옵소서"라고 했다.

예수님이 십자가에 달린다고 해서 하나님과 아예 결별하는 것이 아니다. 예수님이 죽은 것이 금요일 오후 세 시였고 부활한 것이 주일 이른 아침이었으니 40시간 정도였다. 그런데 그것 때문에 심히 놀랐고 심히 고민했다. 예수님께 어떻게 해서든지 피하고 싶은 일 한 가지만 꼽으라면 단연 하나님과 단절되는 일이었다.

사실 우리도 늘 같은 기도를 한다. 주기도문에 "우리를 시험에 빠지지 않게 하시고 악에서 구하소서"라는 구절이 있다. "이 세상 살면서 돈을 못 벌 수도 있고 남한테 싫은 소리를 들을 수도 있습니다. 그런 것에는 개의치 않습니다. 그저 바라는 것이 있다면 시험이나 악에 빠지지 않는 것입니다."라는 뜻이다. 그런데 정말 그럴까? 그것이 우리의 간절한 소원일까?

죄가 나쁘다는 사실을 누가 모를까? 하나님과의 관계가 가장 중요하다는 말에 다 동의한다. 그런데 긴장감이 없다. 자기가 하나님과 관계없는 자리에 있게 된다고 해도 그것 때문에 심히 슬퍼하거나 심히 고민하지 않는다. 살다 보면 그럴 수 있는 일로 치부하고 넘어간다. 그러면서 아무렇지 않게 "우리를 시험에 빠지지 않게 하시고 악에서 구하소서"라고 한다. 자기 마음이 그렇지 않다는 것에 별로 놀라지도 않는다.

그런 우리를 위해서 예수님이 십자가에 달리신다. 우리가 죄 속에서 죽는 것을 지켜보는 것보다 차라리 예수님이 죄 속에서 대신 죽는 편을 택했다. 그것이 하나님의 소원이기도 했다.

우리가 "아버지께는 모든 것이 가능하오니 이 잔을 내게서 옮기시옵소서"라고 기도할 일은 없다. 그 기도는 예수님 혼자로 족하다. "그러나 나의 원대로 마시옵고 아버지의 원대로 하옵소서"라는 기도는 매일 해야 한다. 우리의 간절한 소원이 있다면 우리를 통해서 하나님의 소원이 이루어지는 것이다. 그래서 당부드린다. 앞으로는 자기 소원을 놓고 기도하지 말고 하나님의 소원을 놓고 기도했으면 한다. 우리의 삶이 더욱 풍성하게 될 것이다.

14:43-52〉 예수께서 말씀하실 때에 곧 열둘 중의 하나인 유다가 왔는데 대제사장들과 서기관들과 장로들에게서 파송된 무리가 …(중략)… 예수를 따라가다가 무리에게 잡히매 베 홑이불을 버리고 벗은 몸으로 도망하니라

상황이 급박하게 돌아간다. 예수님이 제자들한테 말씀하시는 중에 가룟 유다가 대제사장들과 서기관들과 장로들에게서 파송된 무리와 함께 왔다.

10절에서 “열둘 중의 하나인 가룟 유다가 예수를 넘겨주려고 대제사장들에게 가매”라고 했는데 43절에서도 “열둘 중의 하나인 유다”라고 한다. 유다가 열두 제자 중의 한 사람이었다는 사실을 강조하는 것이다.

마가복음은 주후 65-70년에 기록되었다. 주후 64년에 로마 대화제가 있었다. 로마 시민들이 황제인 네로를 비난하자, 네로가 기독교인을 희생양으로 삼았다. 신자들에 대한 대대적인 핍박이 시작되었다. 그런 시기에 마가복음이 기록되었다. 신앙을 지키느냐 마느냐에 목숨이 오갈 때였다. 그러니 “가룟 유다라고 해서 처음부터 그런 사람이 아니다. 본래 열두 제자 중의 한 명이었다. 우리도 정신 차리지 않으면 자칫 가룟 유다 꼴이 된다.”라는 사실을 말하는 것이 필요했다.

요즘은 신앙 때문에 박해를 받을 일이 없으니 우리와는 상관없을까? 누군가 가인한테 마음을 고쳐먹지 않으면 조만간 동생을 죽일지 모른다고 귀띔했으면 가인이 뭐라고 했을까? “걱정해줘서 고맙습니다. 항상 신경 쓰겠습니다.”라고 했을까? 아마 그런 악담이 어디 있느냐고 펄쩍 뛰었을 것이다.

설마 유다라고 해서 자기가 이렇게 될 줄 알았을까? 그런 유다가 대제사장들과 서기관들과 장로들에게서 파송된 무리와 함께 왔다. 그들은 검과 몽치로 무장을 하고 있었다.

이때 유다는 이들과 미리 군호를 짰다. 자기가 입을 맞추는 것으로 누가 예수님인지 알려주기로 한 것이다. 왜 그랬을까? 그냥 “저 사람입니다. 저 사람을 잡으세요.”라고 하면 되는 것 아닐까?

그들은 예수님이 순순히 잡힐 것으로 생각하지 않았을 것이다. 더욱이 예수님께는 초자연적인 능력이 있다. 저항하면 복잡하게 된다. 그래서 은밀히 접근해서 전광석화처럼 처리하기로 했을 것이다.

유다가 "랍비여" 하고 예수님께 입을 맞추자, 그들이 예수님을 잡았다. 46절에는 "그들이 예수께 손을 대어 잡거늘"이라고 평이하게 되어 있지만 마치 기동타격대가 범인을 제압하는 것처럼 난폭하게 달려들었을 것이다. 순간 곁에 있던 한 사람이 칼을 빼어 대제사장의 종을 쳐서 그 귀를 떨어뜨렸다. 다른 복음서에 따르면 그 종의 이름이 말고라고 한다.

예수님은 항상 공개적으로 활동했다. 특히 예루살렘에 온 다음부터는 주로 성전에서 가르쳤다. 성전 질서는 산헤드린 공회가 책임진다. 예수님한테 잘못이 있으면 진작 잡을 수 있었다. 성전에서는 잠자코 있다가 갑자기 이렇게 하는 것이 무슨 경우일까?

결국 예수님이 잡혔다. 제자들은 황급히 예수님을 버리고 도망갔다. 그리고 한 가지 얘기가 더 나온다. 한 청년이 벗은 몸에 베 홑이불을 두르고 예수님을 따라가다가 무리에게 잡히자, 베 홑이불을 버리고 벗은 몸으로 도망했다고 한다.

베 홑이불은 헬라어 '신돈'을 번역한 말이다. 예수님을 장사 지낼 때 아리마대 요셉이 깨끗한 세마포로 쌌다고 하는데, 세마포도 '신돈'이다. 유대인들은 겉옷을 입고 다니기도 했지만 모포로도 썼다. 우리말 성경에는 베 홑이불로 번역되어 있는데 세마포로 번역하는 것이 낫다.

이 청년이 마가일 것이라고 한다. 마가가 자기의 부끄러운 기억을 익명으로 남겼다는 것이다. 이런 일을 당사자가 아니면 누가 알겠는가?

예수님이 제자들과 최후의 만찬을 나눈 곳이 마가의 집이다. 가룟 유다가 사람들을 데리고 마가의 집에 들이닥쳤을 것이다. 예수님이 제자들과 겟세마네동산으로 옮긴 다음이다. 잠자리에 들었던 마가가 예수님의 행방을 추궁하는 소리에 잠이 깼을 것이다. 호기심 반, 걱정 반으로 조심스레 겟세마네동산으로 향했을 것으로 상상할 수 있다. 특히 세마포는 고가의 물건이다. 아무나 가질 수 없다. 마침 마가의 집이 상당히 부유했다. 세마포로 겉옷을 삼는 것이 얼마든지 가능하다. 이런 상상이 틀려도 상관없다. 그 청년이 마가가 아니면 어떤가? 어쨌든 예수님 주변에는 아무도 없었다. 다 예수님을 버리고 도망갔다.

본문은 세 가지 유형의 사람을 보여준다. 우선 유다와 함께 검과 몽치를 들고 예수님을 잡으러 온 사람들이 있다. 세속적인 힘으로 하나님의 뜻을 거스를 수 있는 줄 안다. 불신자의 전형이라고 할 수 있다.

반면 예수님은 신앙인의 전형이다. 모두가 예수님을 버리고 도망갔는데도 성경 말씀을 이루시려 묵묵히 잡힌다. 자기가 이런 대접을 받는 것이 얼마나 억울한가 하는 것은 관심 사항이 아니다. 성경 말씀을 이루기 위해서라면 배신도 당할 수 있고 사람들로부터 버림도 받을 수 있다.

그 중간도 있다. 불신자라고 하기에는 신자 같은데 신자라고 하기에는 불신자 같다. 불신자로 분류하려니 너무 박대하는 것 같고 신자라고 하려니 신앙에 내용이 없다. 베드로가 그 주인공이다. 베드로는 칼을 빼서 말고의 귀를 쳤다. 설마 귀를 겨냥했을까? 머리를 겨냥했는데 빗맞은 것이다. 그 자리에는 로마 천부장도 있었다. 천부장이라고 해서 항상 1,000명을 인솔

해서 다니는 것은 아니지만 열두 명인 베드로 일행과는 비교가 안 되는 숫자가 있었을 것이다. 그런 상황에서 먼저 칼을 휘두르는 일이 어떻게 가능할까? 그것이 전부가 아니다. 그러고는 이내 도망쳤다. 금세 도망갈 사람이 무슨 배짱으로 그렇게 했을까?

결국 예수님을 믿고 그렇게 했다는 뜻이다. 예수님을 잡으러 온 사람이 아무리 많아도 예수님께는 상대가 안 되는 것을 알았기 때문이다. 그런데 예수님이 무기력하게 잡혔다. 베드로로서는 허망하기 그지없는 노릇이다. 목숨을 부지하려면 얼른 도망쳐야 한다. 계속 예수님을 편들다가는 무슨 봉변을 당할지 모른다.

신앙이 세상을 살아가는 방법일까, 원리일까? 신앙이 있으면 이 세상 조건을 자기한테 유리하게 바꿀 수 있을까, 이 세상을 하나님 뜻대로 살게 될까? 이 부분을 오해하는 사람이 더러 있다. 신앙이 있으면 환경을 유리하게 바꿀 수 있는 줄 알고 무작정 "주여 믿습니다"라고 한다. 자기가 믿는다고 하면 주님이 꼼짝없이 그 일을 해주셔야 할까? 설마 믿음이 주님을 마음대로 움직이는 힘일까? 베드로가 말고의 귀를 치면 예수님은 거기에 장단을 맞춰서 다른 사람들을 다 쫓아내야 하느냐는 얘기다.

믿음은 언제나 하나님과 연결된 것이어야 한다. 믿음이 있으면 하나님을 통하여 우리의 뜻이 이루어지는 것이 아니라 우리를 통하여 하나님의 뜻이 이루어진다. 하나님을 움직여서 자기 계획을 이루기 위해서 믿음이 필요한 것이 아니다. 자기가 움직여서 하나님의 계획을 이루기 위해서 믿음이 필요하다.

지금까지 하나님이 자기 기도를 들어주지 않는다고 불평하는 사람을 한두 번 본 것이 아니다. 그런데 자기가 하나님 말씀대로 살지 않았다고 자책하는 사람은 보기 힘들다. 하나님이 자기 말을 듣지 않는 것은 문제 삼으면서 자기가 하나님 말씀을 듣지 않는 것은 문제 삼지 않는다. 그것이 잘못인 줄도 모른다.

우리가 신경 쓸 일은 "하나님이 얼마나 내 기도를 잘 들어주시는가?"가 아니다. "내가 얼마나 말씀대로 살고 있는가?"이다. 당부드리는데, 기도 응답에 대한 간증은 그만하고 앞으로는 하나님께 순종한 간증을 해보면 어떨까? 우리는 뜻이 하늘에서 이루어진 것처럼 땅에서도 이루어지도록 하기 위해서 존재하는 사람들이다. 우리 인생을 통하여 하나님의 뜻이 성취된다면 그 일이 우리한테 가장 큰 자랑이다.

14:53-65〉 **그들이 예수를 끌고 대제사장에게로 가니 대제사장들과 장로들과 서기관들이 다 모이더라 …(중략)… 그의 얼굴을 가리고 주먹으로 치며 이르되 선지자 노릇을 하라 하고 하인들은 손바닥으로 치더라**

예수님이 잡혔다. 사람들이 예수님을 끌고 대제사장에게 갔고, 베드로는 멀찍이 따라가 대제사장의 집 뜰 안까지 들어갔다. 본문에는 증언이라는 말이 네 번, 증거가 두 번, 증인이 한 번 나온다. 재판 상황이다. 그런데 장소가 이상하다. 산헤드린 공회가 아닌 대제사장의 집이다. 판사가 원고, 피고를 자기 집에 불러서 재판하는 형국이다. 뭔가 냄새가 난다.

아닌 게 아니라 55절에 "대제사장들과 온 공회가 예수를 죽이려고 그를 칠 증거를 찾되 얻지 못하니"라고 되어 있다. 그들은 재판을 해서 사형 판결을 내린 것이 아니다. 사형 판결을 정해 놓고 재판을 열었다. 그런 재판에 제대로 된 증인이 있을 리 없다. 증언은 많았지만 서로 일치하지 않았다.

참 난감했을 것이다. 아무리 엉터리 재판이라도 "이 사람은 죄가 없지만 우리 마음에 들지 않으니 사형이다"라고 할 수는 없다. 사형 판결을 내릴 구실을 만들어야 한다. 이상한 것은 예수님 반응이다. 자신을 죽이려는 거짓 증언이 사방에서 들리는데도 아무런 반응이 없다. 본래 누명을 쓴 사람이 애가 타야 하는데 오히려 누명을 씌우려는 사람이 애가 타게 생겼다.

대제사장 머리가 상당히 복잡했을 것이다. 그런 대제사장이 나름대로 회심의 질문을 한다. "네가 찬송 받을 이의 아들 그리스도냐?" '찬송 받을 이'는 하나님을 완곡하게 표현한 것이다. 유대인들은 하나님을 발음하지 않는다. 결국 "네가 하나님의 아들 그리스도냐?"라는 뜻이다. 유대인들한테 하나님의 아들은 하나님과 동격이다.

모두의 시선이 예수님께 쏠렸을 것이다. 예수님이 "내가 그니라 인자가 권능자의 우편에 앉은 것과 하늘 구름을 타고 오는 것을 너희가 보리라"라고 대답했다. "내가 그니라"는 헬라어 "에고 에이미"를 번역한 말인데, 문자 그대로 하면 "나는 …이다"이다. 모세가 하나님의 이름을 물었을 때 하나님이 대답한 "나는 스스로 있는 자니라"를 헬라어로 옮기면 "에고 에이미"이다.

또 인자가 권능자의 우편에 앉는다는 얘기는 하나님이 가장 높으니까 중앙에 앉고 예수님은 그보다 조금 덜하니까 그 옆에 앉는다는 뜻이 아니다.

하나님과 동등하다는 뜻이다. 사극에서 임금이 가운데 앉고 신하들이 좌우에 시립한 장면을 본 적이 있을 것이다. 예수님은 그처럼 하나님의 영을 기다리는 분이 아니라 하나님과 나란히 앉는 분이다.

그 예수님이 하늘 구름을 타고 올 것이다. 하나님의 영광과 함께 이 세상을 심판하러 올 것이다. 우리가 사도신경으로 신앙을 고백하는 것처럼 전능하신 아버지 하나님 우편에 앉아 계시다가 거기로부터 살아 있는 자와 죽은 자를 심판하러 오실 것이다. 지금은 예수님이 대제사장의 신문을 받고 있지만 때가 되면 이 세상 모든 사람이 예수님께 심판을 받을 것이다.

그런 말을 들으면 어떻게 반응해야 할까? 대제사장은 옷을 찢었다. 성경에 옷을 찢는 얘기가 종종 나온다. 큰 고통이나 슬픔이 있을 때, 혹은 죄를 고백할 때 옷을 찢었다. 유대의 구전법을 모아 놓은 〈미슈나〉에 따르면 재판이 모욕당할 때도 옷을 찢었다. 대제사장이 옷을 찢은 것이 여기에 해당한다. 예수님이 심판자를 자처해서 신성을 모독했다는 것이다.

〈미슈나〉에는 산헤드린에서 지켜야 할 규정도 있다. 우선 집회는 성전 뜰 가운데 있는 방에서 열어야 한다. 또 절기 기간에는 열 수 없다. 증거를 수집할 때는 증인들을 개별적으로 조사했다. 특히 사형에 해당하는 중범죄의 경우에는 재판을 밝은 날에 열어야 했다. 무죄 판결은 재판 당일에 내릴 수 있지만 유죄 판결은 다음날 내려야 했다. 이런 사실을 감안하면 예수님에 대한 재판은 죄다 엉터리다. 재판정에서 저지를 수 있는 오류는 다 모아 놓은 것 같다.

이렇게 해서 엉터리 재판이 끝났다. 모든 것이 그들의 각본대로 되었다.

재판 장소나 시간, 증언, 죄명, 판결 무엇 하나 제대로 된 것이 없었지만 가장 큰 모순은 재판관과 피고가 바뀐 것이다. 대체 누가 누구를 신문하는 것일까? 본문에서는 대제사장이 "네가 찬송 받을 이의 아들 그리스도냐?" 하고 예수님의 정체를 물었다. 그 질문은 장차 대제사장이 받을 질문이기도 하다. "네가 이스라엘의 대제사장으로 살았느냐?"라고 하면 뭐라고 할까? 비단 그 자리에 있었던 사람들만이 아니다. 때가 되면 하나님이 우리에게도 정체를 물으실 것이다. "네가 누구냐?"라고 물으시면 우리는 뭐라고 답해야 할까?

14:66-72〉 베드로는 아랫뜰에 있더니 대제사장의 여종 하나가 와서 베드로가 불 쬐고 있는 것을 보고 …(중략)… 닭이 두 번 울기 전에 네가 세 번 나를 부인하리라 하심이 기억되어 그 일을 생각하고 울었더라

본문은 베드로가 아랫뜰에 있었다는 얘기로 시작한다. 윗뜰에서는 예수님에 대한 재판이 열리고 있다. 방금 예수님에 대한 재판을 확인했다. 그 시각에 베드로도 신문을 받았다. 예수님을 신문한 사람이 산헤드린 공회에 속한 사람이라면 베드로를 신문한 사람은 그 하속일 것이다.

예수님이 잡혀갈 적에 베드로가 멀찍이 따라가서 대제사장의 집 뜰 안까지 갔다. 예수님 쪽으로 모든 신경을 곤두세운 채 사람들 틈에 섞여 불을 쬐었을 것이다. 대제사장의 여종 하나가 그런 베드로한테 묻는다. 나사렛 예수와 함께 있지 않았느냐는 것이다. 베드로가 무척 당황했을 것이다. "나는 네가 말하는 것이 무엇인지 알지도 못하고 깨닫지도 못하겠노라"라고 부인하고는 앞뜰로 자리를 옮겼다.

그렇다고 해서 여종이 "내가 잘못 본 모양이로구나"라고 했을 리는 없다. 이 사람은 그 도당이라고 곁에 있는 사람들한테 다시 얘기했다. 베드로가 또 부인했다. 처음보다 훨씬 강한 어조로 부인했을 것이다. 베드로가 그렇게 부인하자, 조금 후에 곁에 서 있는 사람들이 다시 말했다. 말투만 들어봐도 예수님과 같은 일당이 분명하다는 것이다. 베드로 말투에는 갈릴리 억양이 섞여 있었을 것이다.

> <u>한 시간쯤 있다가</u> 또 한 사람이 장담하여 이르되 이는 갈릴리 사람이니 참으로 그와 함께 있었느니라 베드로가 이르되 이 사람아 나는 네가 하는 말을 알지 못하노라고 아직 말하고 있을 때에 닭이 곧 울더라(눅 22:59-60)

70절에서는 '조금 후에'라고 했는데 누가복음에는 '한 시간쯤 있다가'라고 되어 있다. 베드로가 예수님을 첫 번째 부인한 것과 두 번째 부인한 것에는 별로 시간 격차가 없지만 두 번째 부인과 세 번째 부인 사이에는 한 시간이라는 격차가 있다. 한 시간이면 자기 행동을 충분히 돌아볼 수 있는 시간이다. "내가 어떻게 선생님을 모른다고 할 수 있지? 내가 잠시 제정신이 아니었던 모양이다."라는 생각을 하는 것이 얼마든지 가능하다. 그런데 "너도 갈릴리 사람이니 참으로 그 도당이니라"라는 말을 듣자, "나는 너희가 말하는 이 사람을 알지 못하노라"라고 저주하며 맹세했다. "내가 만일 저 사람과 관계가 있다면 천벌이라도 달게 받겠소!"라는 식으로 말했다.

예수님이 예언한 그대로다. 예수님에게 베드로의 담력이나 충성심에 대한 통찰력이 있었다는 뜻이 아니다. 그것이 베드로의 한계라는 뜻이다. 더 얘기하면 베드로로 대표되는 모든 인간의 한계다. 예수님이 베드로의 부인을 예언했는데 베드로가 예수님을 부인하지 않으면 그것도 황당한 일이다.

베드로가 예수님을 부인한 사실에서 우리가 확인해야 할 내용은 "베드로한테 무엇이 문제였을까?"가 아니다. 성경이 말하지 않는 사실에 관심을 가질 이유가 없다. 어떻게 하면 베드로가 예수님을 부인하지 않을 수 있었는지 고심한다는 얘기는 어떻게 하면 예수님의 예언을 틀리게 할 수 있었는지 고심한다는 뜻이다.

성경은 베드로가 예수님을 부인한 이유는 설명하지 않고 그런 베드로가 나중에 어떻게 바뀌는지를 말한다. 우리는 당연히 거기에 주목해야 한다. 예수님께서 죽으신 이유가 거기에 있다. 그런 변화를 위해서 예수님께서 십자가에 달리셨다.

사도행전 2장에 오순절 마가 다락방에 성령이 임하는 내용이 나온다. 그렇게 해서 교회가 시작된다. 교회가 시작되고 제일 먼저 일어난 사건이 베드로와 요한이 성전 미문에서 걷지 못하던 사람을 걷게 한 사건이다. 이 일로 인해서 베드로와 요한이 박해를 받는다. 그런데 조금도 위축되지 않고 "하나님 앞에서 너희의 말을 듣는 것이 하나님의 말씀을 듣는 것보다 옳은가 판단하라 우리는 보고 들은 것을 말하지 아니할 수 없다"라고 담대히 말한다. 그 정도가 아니다. 나중에는 채찍질을 당하는데도 그 일을 오히려 기뻐게 받아들인다. 그만큼 하나님께 인정받는 증거라는 것이다. "하나님이 아무한테나 이런 일을 맡기겠느냐? 우리니까 맡긴다."라는 자부심이 있었다.

이런 변화가 어떻게 가능할까? 사람들은 흔히 "성령 받아서 그렇다"라고 한다. 물론 맞는 말이다. 그러면 성령을 받았다는 것이 무슨 뜻이기에 이런 변화가 가능할까?

> 하나님이 말씀하시기를 말세에 내가 내 영을 모든 육체에 부어 주리니 너희의 자녀들은 예언할 것이요 너희의 젊은이들은 환상을 보고 너희의 늙은이들은 꿈을 꾸리라(행 2:17)

18세 이하가 성령을 받으면 어떻게 되고, 60세 이하가 성령을 받으면 어떻게 되고, 60세 넘는 사람이 성령을 받으면 어떻게 된다는 얘기가 아니다. 성령이 임하면 하나님과 뜻을 공유하게 된다. 하나님의 마음을 알게 된다. 하나님의 자녀 외에 누가 하나님의 마음을 알겠는가? 요컨대 성령을 받으면 하나님의 자녀가 된다.

문제는 성령을 받아서 하나님의 자녀가 되는 것으로 우리의 모든 것이 한꺼번에 바뀌지는 않는다는 사실이다. 예수를 믿기 전에는 육신의 욕구뿐이었는데 예수를 믿으면 육신의 욕구 대신 성령의 욕구로 채워지는 것이 아니라 육신의 욕구와 성령의 욕구가 공존한다. 결국 신자가 할 일은 육신의 욕구를 억제하고 성령의 인도에 순종하는 것을 연습하는 일이다. 우리는 우리가 원하는 일이 아니라 하나님께서 원하시는 일을 해야 하는 사람들이다.

한꺼번에 되지 않는다. 꾸준히 연습해서 습관으로 몸에 익혀야 한다. 운동선수들이 똑같은 동작을 매일 연습해서 어떤 상황에서라도 그런 동작이 나오게 하는 것처럼 우리도 그렇게 해야 한다.

한때 베드로는 예수님을 부인하는 것 외에 달리 선택의 여지가 없었다. 하지만 오순절 성령 강림 이후에는 달라진다. 대제사장이 예수의 이름을 전하지 말라고 살기등등하게 협박을 하는데도 사람의 말을 듣는 것과 하나님 말씀을 듣는 것 중에 어느 쪽이 옳으냐고 반문했다. 채찍에 맞으면서도 그 일을 오히려 기쁘게 여겼다.

그리고 성경은 우리에게 묻는다. 우리도 한때는 선택의 여지없이 예수님을 부인하던 사람들이다. 하지만 지금은 다르다. 이제는 선택의 여지가 생겼다. 우리는 더 이상 죄에 대해서 어쩔 수 없는 사람들이 아니다. 마음먹기에 따라 예수님을 부인할 수도 있고 자신을 부인할 수도 있다. 분명한 사실은 우리를 부인하지 않을 때마다 예수님을 부인하게 된다는 사실이다. 우리 대신 예수님을 부인한 것은 지난날들로 족하다. 지금까지 많이 부인했으니 이제는 그만 부인하기로 하자. 앞으로 살아가는 모든 날은 자신을 부인하는 일로만 가득 차야 한다.

15장 십자가의 메시야

15:1-15〉 새벽에 대제사장들이 즉시 장로들과 서기관들 곧 온 공회와 더불어 의논하고 예수를 결박하여 끌고 가서 빌라도에게 넘겨주니 …(중략)… 바라바는 놓아 주고 예수는 채찍질하고 십자가에 못 박히게 넘겨 주니라

예수님에 대한 재판은 정말 엉터리였다. 규정 따위는 그들의 관심사가 아니었다. 그들이 예수님을 빌라도에게 넘겨준 시간이 새벽이었다. 이제 곧 안식일이기 때문이다. 속히 예수님을 십자가에 못 박아야지, 백성들 사이에 소문이 퍼지면 일이 어떻게 될지 모른다. 그들한테는 시간이 없었다.

산헤드린 공회에서는 이미 사형을 결정했다. 하지만 사형을 집행하려면 로마의 공권력을 빌려야 한다. 그래서 빌라도를 찾아갔다.

빌라도가 예수님께 "네가 유대인의 왕이냐?"라고 물었다. 산헤드린 공회에서 예수님께 붙인 죄명은 신성모독이었다. 그런데 신성모독은 유대인들 사이에서나 통하는 얘기다. 로마 법정에서 유죄 판결을 내리려면 다른 죄가 있어야 한다. 그래서 정치범으로 몰고 갔다. 유대인의 왕은 로마에서 임명하기 때문이다. 아마 스스로를 그리스도라고 한 예수님의 답변에 착안했을 것이다. 그런데 예수님이 반응을 보이지 않는다.

빌라도는 벼락출세를 한 사람이다. 본래 귀족 출신이 아닌데 디베료 황제의 세 번째 아내인 클라우디아의 딸과 결혼했다. 그 덕에 신분이 상승되어 주후 26년에 유대 총독으로 임명되었다. 그는 권위적이고 완고한 사람이었다. 고집불통으로 남의 말을 들을 줄도 몰랐다. 그런 빌라도가 보기에도 예수님은 죄가 없었다.

명절이면 백성들이 요구하는 죄수 한 사람을 놓아주는 전례가 있었다. 바라바라는 죄수가 있었는데 민란을 꾸미고 살인한 자다. 무리가 전례대로 해줄 것을 구하자, 빌라도가 유대인의 왕을 놓아주기를 원하느냐고 물었다. 빌라도는 대제사장들이 시기로 예수님을 넘겨준 것을 알았다.

무리가 처음에는 예수님을 놓아 달라고 요구한 것 같다. 11절에 "그러나 대제사장들이 무리를 충동하여 도리어 바라바를 놓아 달라 하게 하니"라고 되어 있다. 처음에는 예수님을 놓아 달라고 하다가 대제사장들의 회유에 따라 바라바를 놓아 달라고 한 모양이다. 어차피 이스라엘 모든 백성이 그 자리에 있었던 것이 아니라 산헤드린 공회의 영향 아래 있는 사람들이 모였을 것이다.

대제사장들의 행태가 참으로 고약하다. 예수님이 살인자보다 못하다는 것일까? 예수님을 죽이기 위해서라면 못할 일이 없었다. 차라리 살인자와 함께 살지언정 예수님과 함께 살 수는 없었다. 세상에서 가장 불쌍한 사람이 아름다운 것에서 아름답지 않은 이유를 찾아내려는 사람이라고 한다.

이렇게 해서 처형 날짜만 기다리던 바라바가 풀려난다. 바라바는 '아버지의 아들'이라는 뜻이다. 예수님이 죽으셔서 '아버지의 아들'이 살아난 셈이다. 그렇게 풀려난 바라바가 어떤 삶을 살았는지 우리는 모른다. 새로운 삶을 살았을 수도 있고 예전과 똑같이 살았을 수도 있다. 어차피 우리가 간여할 수 있는 일이 아니다. 우리는 우리 삶만 선택하면 된다. 바라바만 예수님 대신 풀려난 아버지의 아들이 아니다. 바라바가 어떻게 살았을지 궁금하게 여기기 전에 우리가 어떻게 살지 결정해야 한다.

난처하게 된 것은 빌라도다. 예수님한테 죄가 없는 것은 알았지만 백성들의 요구가 워낙 거셌다. 유대인들이 한목소리로 예수님을 십자가에 못 박으라고 하니 이 노릇을 어떻게 하면 좋은가? 도무지 말이 통하지 않았다. 그들한테는 이유가 중요하지 않았다. 어쨌든 예수님을 십자가에 못 박아야 했다.

왜 하필 십자가일까? 다른 방법으로 죽이면 안 될까? 나무에 달린 자는 하나님의 저주를 받은 자라는 율법 규정 때문이다. 예수님이 십자가에 달리면 "봐라, 저 자는 하나님의 저주를 받은 자다. 저런 자가 어떻게 메시야란 말이냐?"라는 메시지가 성립한다. 하나님의 저주가 십자가에 달린 예수님이 아니라 십자가에서 예수님이 담당한 자기들의 죄에 쏟아지는 줄 전혀 몰랐다.

빌라도는 정치적인 수완이 뛰어난 사람이 아니었다. 유대 총독 취임 초기에 로마 황제 숭배를 강요했다가 폭동이 일어난 적이 있다. 지중해 해안에 있는 도시인 가이사랴에 수문을 건축하면서 비용을 유대인들의 성전세로 충당하려고 한 적도 있다. 그때도 유대인들이 폭동을 일으키며 저항했다. 빌라도가 정치를 별로 잘하지 못한다고 하는 소식이 계속 로마로 들어가고 있었으니 또 폭동이 일어나면 총독 자리에서 쫓겨날 수도 있었다. 그러니 어떻게 해서든지 민심을 다독여야 했다.

우리가 사도신경으로 신앙을 고백할 때마다 "본디오 빌라도에게 고난을 받아 십자가에 못 박혀 죽으시고"라고 한다. 빌라도가 무엇을 했는가? 적극적으로 범한 죄는 없다. 단지 예수님이 무죄인 것을 알았고, 그 사실을 선고할 수 있는 자리에 있었으면서 그 일을 외면한 것이 전부다. 자기 양심대로 판단하고 싶었지만 그렇게 하려니 자기 자리가 위태로웠다. 우리가 늘 느끼는 갈등과 다르지 않다. 무엇이 옳은지 안다. 하지만 옳은 쪽을 택하자니 파장이 만만치 않다. 어지간하면 신앙생활을 잘하고 싶은데 상황이 어지간하지 않은 것을 어떻게 한단 말인가?

그의 판단을 다시 확인해 보자. 빌라도도 나름대로 최선을 다한 사람일 수 있다. 마 27:24에 "빌라도가 아무 성과 없이 도리어 민란이 나려는 것을 보고 물을 가져다가 무리 앞에서 손을 씻으며 이르되 이 사람의 피에 대하여 나는 무죄하니 너희가 당하라"라고 되어 있다. 빌라도가 두려워한 것은 민란이었다. 자칫 민란이 나면 총독 자리에서 쫓겨난다. 그래서 민란 중에 살인하고 체포된 바라바를 풀어주었다.

행여 민란이 날까 두려운 마음에 민란을 꾸민 자를 놓아주는 것이 말이 될까? 혹시 망할지도 모른다는 불안감 때문에 망할 일을 키우는 격이다. 행복하지 못할까 걱정하는 마음으로 행복하지 못할 일을 자초한다. 빌라도가 그렇게 했다. 하나님을 떠난 사람들의 삶이기도 하다. 사람들은 주로 자기한테 교회가 필요한 이유 때문에 교회를 피한다고 한다.

교회에서 가장 듣기 싫은 말 중의 하나가 부담된다는 말이다. 대체 무엇이 부담될까? 학생이 공부가 부담되고 장사꾼이 돈 버는 일이 부담되는 수도 있을까? 물론 집 팔아서 헌금하려면 부담될 수 있다. 40일 금식기도를 일 년에 열 번 하라고 해도 부담될 수 있다. 예수님의 무죄를 선언하는 일도 빌라도한테는 부담이었다. 하지만 예수님은 십자가도 부담이 아니었다. 정상적인 신앙생활은 절대 부담이 아니다. 빌라도 같은 사람은 빌라도 한 사람으로 충분하다.

15:16-32〉 군인들이 예수를 끌고 브라이도리온이라는 뜰 안으로 들어가서 온 군대를 모으고 …(중략)… 십자가에서 내려와 우리가 보고 믿게 할지어다 하며 함께 십자가에 못 박힌 자들도 예수를 욕하더라

유대인들한테는 예수님이 신성을 모독한 죄인일 수 있다. 로마 군인들한테는 어떤 사람일까? 그들은 이방인이다. 예수님에 대해서 아는 것이 없다. 하지만 그들이 예수님을 대하는 모습을 보면 예수님을 어떻게 생각했는지 짐작할 수 있다. 그들이 생각하는 예수님은 '엉터리 왕'이다. 왕도 아니면서 왕인 척했다는 것이다.

우리는 흔히 예수님의 고난에서 십자가를 떠올린다. 하지만 예수님께는 출생 자체가 고난이었다. 무한하신 분이 유한 속에 들어오셨고 영원하신 분이 시간 속에 들어오셨다. 예수님은 이 세상에서 가장 높은 자리에 좌정하셔도 그것이 고난인 분이다. 그런데 오히려 조롱을 받았다.

요즘이라고 해서 별반 다르지 않다. 지금도 불신자들은 예수님을 조롱한다. 예수님이 세상을 사랑한다는데 세상이 왜 이 모양이냐는 말을 한두 번 들은 것이 아니다. 예수님이 정말로 있으면 자기한테 나타나보라고 하는 사람도 있다.

그런 조롱에 대해서 예수님이 뭐라고 하실까? 아마 반응을 보이지 않을 것이다. 대제사장 집 뜰에서 재판을 받을 때도 말씀이 없었고 빌라도한테 신문을 받을 적에도 말씀이 없었으니 세상이 아무리 조롱해도 관심이 없을 것이다. 하지만 신자가 예수님을 조롱하는 것은 다르다.

신자가 예수님을 조롱한다는 것이 말도 안 되는 발상 같지만 그렇지 않다. "예수님이 죄 없이 십자가를 지셨으니 나는 죄를 짓되 십자가를 지지 않게 해주십시오"라고 한다면 예수님을 조롱하는 사람이다. 십자가는 믿는데 언제나 예수님 혼자 죽는 십자가다. 자기는 안 죽는다. 자기를 부인하는 것이 아니라 자기를 실현하려고 예수님을 좇는다면 역시 예수님을 조롱하는 처사다. "예수님, 저도 어지간하면 말씀대로 살고 싶습니다. 그런데 그런 식으로는 세상을 못 삽니다. 다 아시지 않습니까? 때가 되면 알아서 하겠습니다."라는 사람은 어떤가?

로마 군인들이 예수님을 조롱한 이유는 왜 왕도 아니면서 왕인 척했느냐는 것 때문이다. 그러면 신자가 신앙에 게을러서 예수님을 조롱하게 되는 이유는 무엇 때문일까? 신앙만 가지고는 못살겠다는 것 아닐까? 신앙 열심만 있으면 어떤 문제든지 다 풀릴 줄 알았는데 그게 아니라는 것이다. 그래서 예수님이 자기의 모든 영역에서 왕인 것을 인정하지 않는다. 예수님을 찬양하기는 하지만 세상을 사는 방식은 따로 있다. 불신자가 예수님을 조롱하는 것에는 예수님도 별 느낌이 없을 것이다. 하지만 신자가 세상 욕심에 사로잡혀서 예수님을 왕으로 인정하지 않는 것은 경우가 다르다. 그런 일만큼은 없어야 한다.

예수님 말씀 중에 누구든지 억지로 오 리를 가게 하거든 그 사람과 십 리를 동행하라는 말씀이 있다. 당시 로마는 피식민 백성을 자기들 필요에 따라서 부역에 동원했다. 징발 절차도 간단했다. 창으로 어깨를 치면 된다. 그렇게 징발된 사람은 부역 의무가 있게 되는데, 그 한계가 오 리다.

예수님이 십자가를 지고 갈 적에도 그런 일이 있었다. 당시 예수님은 밤새 신문을 받고 채찍에 맞았으니 십자가를 지고 갈 체력이 없었다. 로마 군인이 누군가한테 예수님의 십자가를 대신 지게 했다. 21절은 그 얘기를 "마침 알렉산더와 루포의 아버지인 구레네 사람 시몬이 시골로부터 와서 지나가는데 그들이 그를 억지로 같이 가게 하여 예수의 십자가를 지우고"라고 한다.

구레네는 지금으로 하면 리비아의 수도 트리폴리다. 그곳 출신 시몬이 유월절을 지키기 위해서 예루살렘에 온 모양이다. 여기저기 두리번거리던 중에 무슨 행렬이 지나가니까 호기심에 기웃거렸을 것이다. 로마 군인이 창으로 그런 시몬의 어깨를 건드렸다. 그때 시몬이 무슨 생각을 했을까? 아마 재수에 옴 붙었다는 생각을 했을 것이다. 속으로 투덜대면서 예수님의 십자가를 지고 갔을 것이다.

그나저나 이름이 참 얄궂다. 왜 하필 시몬일까? 베드로의 본래 이름이 시몬이다. 어떤 시몬은 예수님을 부인했는데 어떤 시몬은 예수님의 십자가를 지고 간다.

그다음에 어떻게 되었을까? 시몬이 십자가를 대신 지고 간 다음에 자기 갈 길을 가버렸다면 성경에 이름이 남지 않았을 것이다. 그 정도가 아니다. 성경은 그를 알렉산더와 루포의 아버지라고 소개한다. 초대교회 교인들이 알렉산더와 루포를 알았다는 뜻이다. 롬 16:13에 "주 안에서 택하심을 입은 루포와 그의 어머니에게 문안하라 그의 어머니는 곧 내 어머니니라"라고 되어 있다. 바울이 시몬의 아내를 자기 어머니라고 한다. 시몬이 애초에는 얼떨결에 예수님의 십자가를 졌지만 이 일을 계기로 온가족이 초대교회의 일원이 된 것이 분명하다. 억지로 진 십자가에도 이런 보상이 있다.

예수님이 골고다라는 곳에 이르렀다. 전하는 얘기에 따르면 아담이 묻힌 곳이라고 한다. 누군가 예수님께 몰약을 탄 포도주를 줬지만 받지 않았다. 몰약에는 마취제 성분이 있다. 그것을 먹으면 고통을 덜 느낄 수 있다. 예수님이 그런 포도주를 거절했다.

존슨이라는 사람이 있다. 영어사전을 편찬한 영국 학자다. 75세의 나이로 병상에 눕게 되었다. 주치의한테 회복 가능성이 있는지 솔직하게 말해달라고 부탁했다. 주치의가 기적이 일어나지 않는 한 어렵다고 하자, 존슨이 말했다. "그러면 더 이상 약을 먹지 않겠소. 진정제도 마찬가지요. 내 영혼을 몽롱한 상태로 하나님께 바치기는 싫소."

예수님은 인류의 죗값을 치르는 중이다. 고통이 아무리 크다고 해도 몰약을 탄 포도주 따위로 경감시킬 수 없다. 온몸으로 수용해야 한다.

그런데 십자가 밑에서 벌어지는 풍경이 가관이다. 로마 군인들이 예수님 옷을 놓고 제비를 뽑았다. 십자가에 달린 사람이 누구인지, 왜 달렸는지 알 바 아니다. 자기들 중에 누가 간밤 꿈자리가 좋았는지가 궁금하다. 십자가 위의 모습과 십자가 아래의 모습이 극명하게 대조된다.

그 로마 군인이 누구인지 모른다. 그들이 우리가 한심하게 생각하는 것을 이해할까? 사형을 집행하면 사형수의 옷은 형을 집행한 사람들 몫이었다. 그들은 정당한 보수를 챙긴 것이다. 지금까지 항상 그랬는데 뭐가 문제일까?

별수 없다. 자기들이 정상이라고 우기면 정상이 되는 것이 아니다. 남들이 정상으로 인정했다고 해서 정상이 되는 것도 아니다. 세상 사람들한테는 정상이라도 우리한테는 정상이 아닌 것이 있다. 십자가와 관계없는 일이라면 그 어떤 것도 정상이 아니다. 다음 세상에서 보기에 죄다 한심한 일일 뿐이다.

예수님이 십자가에 못 박힌 시간이 제 삼 시(오전 9시)였다. 지나가는 사람들이 예수님을 모욕했다. 자신을 구원해서 십자가에서 내려와 보라는 것이다. 대제사장들도 서기관들과 함께 희롱하며 서로 말했다. 남은 구원하면서 자신은 구원할 수 없느냐면서 정말로 이스라엘의 왕 그리스도라면 십자가에서 내려와서 자기들로 보고 믿게 하라고 했다.

따져 보자. 예수님이 정말로 십자가에서 내려오면 어떻게 될까? 그러면 인류 구원이 이루어지지 않는다. 자기들의 영혼이 영원한 멸망에서 헤어날 길이 없게 된다. 그런 일을 해보라는 것이 말이 될까? 십자가에서 내려와 보라는 조롱은 인간이 얼마나 무지한지 보여준다. 사람들은 무엇이 복이고 무엇이 화인지 모른다. 스스로 복을 외면하고 애써 화를 자초하는 경우가 왕왕 있다.

예수님이 달린 십자가에는 '유대인의 왕'이라고 쓰인 죄패가 있었다. 예수님의 제자들은 예수님이 정치적이고 군사적인 메시야인 줄 알았다. 이 땅에 선포될 새로운 이스라엘의 왕인 줄 알았다. 유대인의 왕은 그런 현세적인 왕을 말한다. 로마가 보기에는 당연히 반역으로 다스려야 할 죄인이다. 그런 유대인의 왕이 십자가에 못 박혔다. 그러면 예수님이 유대인의 왕이기를 바라는 마음도 같이 십자가에 못 박혀야 한다. 야고보와 요한이 예수님께 자기들을 예수님 좌우편에 앉게 해달라고 청탁한 적이 있다. 예수님을 유대인의 왕으로 알아서 그랬다. 우리한테 적용하면, 신앙을 담보로 세상에서 덕을 보려는 마음이 있을 수 있다. 행여 그런 마음이 있으면 예수님이 이뤄주시기를 기대할 것이 아니라 얼른 십자가에 못 박아야 한다. 그래서 예수님은 십자가에서 안 내려오셨다. 예수님이 십자가에서 내려오면 우리 욕심도 같이 세상을 활보할 것이기 때문이다.

그러면 예수님은 십자가 위에서 무엇을 했을까? 손에 못이 박히고 창에 허리가 상한 고통을 온몸으로 견디고 있었을까? 성경을 아무리 읽어도 예수님의 고통에 대한 언급이 없다. 성경은 예수님의 고통을 얘기하지 않는데 우리끼리 감정을 자극하는 것이 옳은 일일까? 여기에 대한 이해가 없으면 자칫 신앙이 신파조가 될 수 있다. "아! 예수님, 채찍에 맞을 때 얼마나 아프셨을까? 십자가에 달리셨을 때 얼마나 힘드셨을까? 날 위해 그 모진 고통을 받으셨는데 난 예수님을 위해서 무엇을 해야 하나?" 하는 생각을 하는 것이다.

물론 예수님은 당연히 아프셨다. 못이 생살을 뚫었는데 왜 안 아프겠는가? 하지만 하나님은 그 못을 위해서 철광석이 있게 하신 분이다. 가룟 유다를 이 세상에 태어나게 하셨고 로마 정치 판도를 움직여서 빌라도를 유대 총독으로 보내셨다. 예수님한테는 채찍에 맞는 고통, 손목에 못이 박히는 고통, 창에 허리가 상하는 고통이 아무 문제가 안 되는 더 큰 문제가 있었다. 우리가 할 일은 따로 있다. 예수님이 얼마나 아프셨는지 상상하며 눈물을 글썽이는 일이 아니다. 성경이 하는 말에 주목하는 일이다.

성경은 예수님이 십자가에 못 박혔다고 말한다. 유대인들이 그런 예수님을 조롱했다. 무릇 메시야라면 세상을 호령해야 한다. 예수님이 십자가에서 내려오지 못하는 것이야말로 메시야가 아닌 단적인 증거로 알았다.

예수님이 그런 조롱을 묵묵히 감수하셨다. 그런 내용이 성경에 기록되어 있다. 마가복음이 기록될 당시의 교인들한테 "너희가 믿는 메시야가 이런 분이다. 그래도 믿겠느냐?"를 묻는 것일 수 있다. 그들이 믿은 예수님은 세상이 보기에 아무 능력도 없는 메시야다. 유대인들한테 조롱이나 받는 메시야를 믿고 싶었을까?

우리한테 옮겨볼까? "신앙생활을 잘하면 만사가 형통하게 됩니다. 부자가 될 수도 있고 병도 낫습니다."라는 말은 성경에 없다. 그런 말이 있다면 예수님은 당연히 십자가에서 내려왔을 것이다. 모든 유대인이 예수님을 메시야로 인정했을 것이다. 예수님이 유대인들한테 외면당했다는 얘기는 예수님을 따른다고 해서 세상에서 덕을 보는 것이 아니라는 뜻이다. 오히려 조롱을 받는다. 그래도 믿겠는가?

이 질문을 진지하게 고민해야 한다. 예수님이 어떤 분인지 마음대로 정한 다음에 믿는다고 우기면 곤란하다. 예수님은 우리 죄 때문에 십자가에 달려 돌아가신 분이다. 그 십자가는 우리가 이 세상을 살아가는 수단이 절대 아니다. 이 세상을 살아가는 원칙이다. 그런 원칙으로 사는 사람을 그리스도인이라고 한다.

15:33-47〉 제 육 시가 되매 온 땅에 어둠이 임하여 제 구 시까지 계속하더니 제 구 시에 예수께서 크게 소리 지르시되 …(중략)… 막달라 마리아와 요세의 어머니 마리아가 예수 둔 곳을 보더라

예수님이 제 삼 시(오전 9시)에 십자가에 달렸다. 제 육 시(12시)가 되자 온 땅에 어둠이 임하여 제 구 시(오후 3시)까지 계속되었다. 멀쩡한 대낮에 어두워진 것이다. 성경 여러 곳에서 해가 어두워지는 것을 심판으로 얘기한다.

출애굽 직전에 애굽에 열 가지 재앙이 있었다. 아홉 번째 재앙이 흑암 재앙이다. 애굽 온 땅이 삼 일 동안 캄캄해졌다. 그리고 열 번째 재앙으로 장자가 죽는다. 그때 흑암에 이어서 죽음이 임했던 것처럼 이번에도 같은 일이 벌어진다. 차이가 있다면 그때는 애굽의 모든 장자가 죽었는데 이번에는 예수님이 죽는다. 예수님의 죽음이 모두의 죽음을 대속하는 죽음이다. 모두에게 내려질 심판이 예수님께 내려졌다.

예수님은 십자가에서 일곱 가지 말씀을 하셨는데 마가복음에는 '엘리 엘리 라마 사박다니' 하나만 기록되어 있다. "나의 하나님 나의 하나님 어찌하여 나를 버리셨나이까"라는 뜻이다. 이 세상의 죄가 예수님께 전가되었으니 하나님과 관계가 끊어질 수밖에 없다. 적어도 그 순간, 예수님은 하나님과 남남이었다. 예수님이 "아빠 아버지여 아버지께는 모든 것이 가능하오니 이 잔을 내게서 옮기시옵소서"라고 처절하게 기도했던 이유이기도 하다.

그런데 유대인들은 예수님이 왜 십자가에 달렸는지 몰랐다. 유대인들 생각에 예수님은 메시야도 아니면서 메시야인 척한 사람이다. 그러니 '엘리 엘리 라마 사박다니'라는 절규를 들으면서도 엉뚱한 소리를 했다. 예수님이 엘리야를 부른다는 것이다. 어떤 사람이 해면에 신 포도주를 적셔서 갈대에 꿰어 마시게 하고는, 엘리야가 와서 예수님을 내려주는지 보자고 했다. 신 포도주에는 각성 효과가 있다. 예수님을 정신 차리게 해서 엘리야를 부르게 해보자는 것이다. 그들도 메시야가 오기 전에 엘리야가 온다는 사실을 알고 있었다.

실제로 엘리야가 오기를 바라는 마음도 있었을 것이다. 엘리야가 와서 예수님을 구해주기를 기대한 것이 아니다. 자기들을 위한 메시야 왕국이 시작되기를 기대한 것이다. '엘리 엘리 라마 사박다니'가 자기들 때문인 줄은 모른 채 세속적인 호기심만 가득했다. 자기들이 메시야 사역과 어느 만큼 멀리 있는 줄은 모르고 오히려 메시야 사역으로 인해서 자기들한테 떨어질 국물을 기대한 것이다.

엘리야가 안 오면 어떻게 할까? 상관없다. 지금까지 살던 대로 살면 된다. 지금까지도 그들 인생에서 메시야가 차지하는 비중은 없었다. 오면 좋지만 안 와도 그만이다.

대부분 신앙생활을 이렇게 한다. 하나님이 도와주신다면 사양할 이유가 없지만 그렇지 않아도 나름대로 살아갈 방도가 있다. 대충 믿어서 좋은 일이 생기면 받아 챙기고, 좋은 일이 생기지 않으면 그만이다. 어차피 세상을 사는 원동력이 신앙이 아니다. 하나님의 뜻이라는 이유로 세상 욕심을 포기하는 일은 절대 하지 않는다.

그런 사람들이 지켜보는 가운데 예수님이 숨을 거두셨다. 그때 성소 휘장이 위로부터 아래까지 찢어져 둘이 되었다. 지성소에는 하나님의 임재를 상징하는 언약궤가 있는데 그런 지성소가 휘장으로 가려 있다. 아담, 하와가 에덴동산에서 쫓겨난 이래 하나님과 사람의 관계가 단절된 상태인 것을 보여준다.

그렇다고 해서 완전하게 단절된 것이 아니다. 대제사장은 지성소에 들어갈 수 있었다. 해마다 속죄일이면 대제사장이 지성소에 들어가서 이스라엘의 모든 죄를 사함받았다. 하나님과 이스라엘의 관계가 차단된 것이 죄 때문임을 시사한다. 그런데 예수님이 돌아가시자, 하나님께 이르는 길이 열렸다. 누구든지 하나님께 나아갈 수 있게 되었다. 아담, 하와 이래의 죄 문제가 해결되었다.

이런 일을 이룬 예수님의 죽으심을 가까이에서 본 사람이 한둘이 아니다. 그중에는 백부장도 있었다. 예수님의 십자가 처형을 지휘한 로마 장교일 것이다. 그가 예수님의 죽으심을 지켜보고는 "이 사람은 진실로 하나님의 아들이었도다"라고 고백했다.

내가 은근히 싫어하는 제스처가 있다. 손가락으로 하트를 만드는 제스처다. 사랑을 너무 남발하는 것 같아서 싫다. 요즘은 사랑이라는 말을 아무 생각 없이 한다. 정말로 사랑하는 것인지, 사랑한다고 말을 하는 것인지 분간이 안 된다.

예전에는 그렇지 않았다. 사랑한다는 말을 하려면 속으로 심호흡을 하면서 몇 번씩 망설여야 했다. 그 말을 한 다음에는 그 말에 책임도 져야 했다.

예수님을 하나님의 아들이라고 하는 것은 어떤가? 우리는 이 얘기를 늘 한다. 이 얘기가 자기의 신앙 고백과 관계있을까? 본문의 백부장을 보자. 그는 로마 사람이다. 로마 사람이 하나님의 아들이라는 표현을 쓴다면 로마 황제한테나 가능하다. 당시 동전에 "신성한 아우구스투스의 존엄한 아들, 아우구스투스 티베리우스"라고 새겨져 있었다. 신성하다는 얘기는 곧 신이라는 뜻이다.

황제는 신의 아들이다. 백부장이면 로마 황제가 얼마나 대단한지 잘 알 것이다. 로마 황제는 온 세상의 주인이다. 예수님을 그렇게 고백한 것이다.

그가 고백한 하나님의 아들이 우리의 신학 지식에는 미치지 못할 것이다. 설마 그가 예수님이 창조주인 것을 알았을까? 예수님이 영원 전부터 계신 것이나 동정녀를 통해서 오신 것도 몰랐을 것이고, 부활도 몰랐을 것이다. 어쨌든 그한테는 예수님이 로마 황제와 방불한 분이었다. 그가 나중에 어떻게 살았는지 모르지만 자기가 이해한 한도 안에서 예수님을 증언하며 살았다면 우리 역시 우리가 이해하는 한도 안에서 예수님을 증언하며 살아야 한다.

예수님이 죽은 시간이 금요일 오후 3시였으니 3시간 정도만 지나면 안식일이다. 안식일에는 아무것도 할 수 없다. 43절에 "아리마대 사람 요셉이 와서 당돌히 빌라도에게 들어가 예수의 시체를 달라 하니 이 사람은 존경받는 공회원이요 하나님의 나라를 기다리는 자라"라고 되어 있다. 아리마대 요셉이 굉장히 바쁘게 움직였을 것이다. 예수님 시신을 얼른 장사 지내지 않으면 안식일이 지나도록 십자가에 매달린 채 그냥 둬야 한다.

뭔가 이상하다. 요셉은 사회적으로 매장되는 것을 각오했다. 그런데 성경은 요셉의 용기를 언급하지 않는다. "요셉이 이러저러했으니 이는 그의 간이 배 밖에 있음이더라"라고 하지 않고 "…하나님의 나라를 기다리는 자라"라고 한다. 요셉은 남다른 배짱이 있는 사람이 아니라 하나님의 나라를 기다리는 사람이었다. 세상을 사는 이유가 달랐다.

요셉이 기다린 하나님의 나라가 어떤 나라인지 모른다. 아마 우리가 아는 하나님의 나라보다 옹색할 것이다. 아직 예수님이 부활하지도 않았는데 알면 얼마나 알겠는가? 어쨌든 자기가 아는 하나님의 나라를 기다렸다. 그래서 빌라도한테 예수님의 시신을 달라고 했다. 사방에서 노려보겠지만 그런 것에 개의치 않았다.

우리한테는 하나님의 나라가 어떤 나라일까? 성경이 말하는 하나님의 나라를 우리가 다 알 수는 없다. 하지만 우리가 아는 내용이 우리 가치 판단의 기준이어야 한다. 하나님은 우리가 모르는 것을 요구하시지 않는다. 아는 것을 행하다 보면 더 잘 알게 될 것이다. 그런 사람들 통해서 하나님의 나라가 확장될 것이다. 우리 책임은 우리가 아는 것을 행하는 것이다.

16장 대단원

16:1-8〉 안식일이 지나매 막달라 마리아와 야고보의 어머니 마리아와 또 살로메가 가서 예수께 바르기 위하여 향품을 사다 두었다가 …(중략)… 무덤에서 도망하고 무서워하여 아무에게 아무 말도 하지 못하더라

주후 180년경에 켈수스가 〈알레세스 로고스〉라는 문서에서 이렇게 말했다. "도대체 어떤 신이 자기를 배반할 사람을 제자로 선택한단 말인가? 화적패 두목도 그보다 통찰력이 뛰어나겠다. 예수는 중죄인으로 십자가에 달렸다. 살아났다고는 하지만 누가 보았는가? 여자들뿐 아닌가?" 부활을 믿을 수 없는 이유가 여자가 증인이기 때문이라는 것이다. 당시 여자는 증인 자격이 없었다. 교부 오리겐이 가볍게 일축했다. "그러면 그들은 거짓말을 위해서 죽음을 무릅썼단 말인가?"

부활이 그만큼 논란이 많은 사건이었다. 그리고 성경은 그런 사건의 증인으로 여자를 내세운다. 애초부터 부활을 논쟁 소재로 삼을 마음이 없었다. 행여 부활을 변증하려는 의도가 있었으면 여자가 등장하는 일은 절대 없었을 것이다.

막달라 마리아와 야고보의 어머니 마리아와 살로메가 안식 후 첫날 매우 일찍이 해 돋을 때 예수님 무덤으로 갔다. 부활을 기대하는 마음이 있어서가 아니다. 예수님 시신에 향품을 바르기 위해서다. 그들이 할 수 있는 최선은 예수님 시신이 부패해서 냄새가 나는 것을 방지하는 일이었다.

무덤에만 가면 되는 것이 아니다. 이스라엘은 동굴을 무덤으로 쓴다. 예수님 시신에 향품을 바르려면 무덤 입구의 돌을 옮겨야 하는데 여자들 힘으로는 어림도 없다. 그런 걱정을 하면서 무덤에 갔는데 돌이 벌써 굴려져 있었다.

중학교 영어 시간에 능동태와 수동태를 배웠다. My purse was stolen은 수동태다. 지갑을 도둑맞았으면 누군가 훔쳐갔을 것이다. My purse was stolen by someone이라고 해야 하지만 by someone을 생략한 것이다. 이 문장을 능동태로 바꾸면 Someone stole my purse가 된다. 돌이 벌써 굴려져 있었다는 말을 영어로 하면 The stone had already been rolled aside이다. 이 문장을 능동태로 바꾸면 어떻게 될까? 돌을 굴린 주체를 주어로 써야 하는데 누구를 주어로 해야 할까? 여자들 생각으로는 someone이지만 그런 일을 한 사람은 없다. 누군가 돌을 굴린 것이 아닌데 돌이 굴려졌다. 예수님이 무덤에서 나올 수 있도록 하기 위해서가 아니다. 여자들한테 예수님이 안 계신 것을 보여주기 위해서다.

여자들은 의아하면서도 다행으로 여겼을 것이다. 그런데 무덤에 들어가니 예수님 시신은 없고 흰옷을 입은 청년이 앉아 있었다. 그것만으로 소스라치게 놀랄 일인데 더 놀랄 일이 있었다. 그 청년이 예수님이 살아나셨다고 한 것이다. 가서 제자들과 베드로에게 예수님이 갈릴리로 가셨다고 전하라고 했다.

베드로는 자기가 더 이상 예수님 제자 자격이 없다고 생각할 것이다. 예수님이 갈릴리로 가서 제자들을 기다린다고 하면 베드로가 지레 "너희끼리 가. 난 아냐."라고 할 수 있다. 그래서 베드로의 이름을 따로 말한 것이다.

그러면 여자들이 어떤 반응을 보여야 할까? "맞다! 예수님이 하신 말씀이 있다. 예수님이 다시 살아나셔서 갈릴리로 간다고 했는데 깜빡했다. 얼른 제자들한테 말해야겠다."라고 해야 하는 것 아닐까? 여자들은 당연히 큰 기쁨으로 들떠야 한다. 그런데 본문은 "여자들이 몹시 놀라 떨며 나와 무덤에서 도망하고 무서워하여 아무에게 아무 말도 하지 못하더라"로 끝난다.

애초에 청년은 놀라지 말라고 했다. 그런데 여자들은 몹시 놀라 떨며 무덤에서 도망했다. 청년이 놀라지 말라고 한 것은 예수님의 부활 때문이지만 여자들이 몹시 놀라 떤 것은 부활 때문이 아니다. 예수님 시신은 없고 웬 엉뚱한 사람이 있었기 때문이다.

여자들이 놀라지 않으려면 어떻게 하면 될까? 간단하다. 예수님이 부활하지 않으면 된다. 그러면 자기들 생각대로 예수님 시신에 향품을 발라드리며 마음껏 슬퍼할 수 있다. 그런데 터무니없게 부활이 웬 말인가? 물론 예수님이 부활을 말씀하신 것은 한두 번이 아니다. 하지만 부활은 그들이 알아들을 수 있는 개념이 아니었다.

하나님과 우리는 절대 동급이 아니다. 당연한 말을 왜 하느냐 싶겠지만 그렇지 않다. 하나님을 자기와 같은 수준으로 착각하는 사람들이 참 많다. 사람들이 구하는 것은 주로 돈과 건강이다. 자기가 그것을 중요하게 생각하니까 하나님도 그런 줄 안다.

그러면 예수님이 부활하면 안 된다. 애초에 십자가에 달릴 것 없이 바로 로마를 몰아내고 메시야 왕국을 선포해야 한다. 사람들이 기대한 것이 그런 것이었다. 하지만 하나님이 예비하신 것은 그 정도가 아니다.

하나님이 우리한테 주시려고 하는 것은 우리가 감히 구할 엄두를 못내는 것들이다. 우리가 하나님께 구하지 못할 것은 없지만 아무리 그래도 "하나님, 저의 모든 죄를 위해서 대신 죽어주시면 안 될까요?"라고 할 수는 없을 것이다. "이왕이면 제 안에 거하면서 늘 저를 위해 기도해주시면 안 될까요?"라고 하는 것은 어떤가? 아무리 철면피라도 그런 것을 구할 수는 없다. 하나님이 우리를 위하여 예비하신 은혜가 그런 것이다. 그러면 그런 은혜를 입고 있는 우리는 무엇을 해야 할까?

청년의 말에 힌트가 있다. 청년이 한 말은 베드로의 이름을 얘기한 것만 빼면 새삼스러울 것이 없다. 예수님이 부활해서 갈릴리로 가신다는 말씀은 이미 제자들한테 했다.

왜 하필 갈릴리일까? 갈릴리는 예수님이 사역하던 곳이다. 그곳에서 제자들과 함께 하나님 나라를 선포했다. 그러다가 예루살렘에 와서 십자가에 못 박혀 죽었다. 그런데 부활해서 다시 갈릴리에 가면 달라지는 것이 무엇인가? 갈릴리에 가는 것보다 예루살렘 성전에 가는 것이 어울리지 않을까? 그곳에 가서 부패한 성전 제도를 바로잡을 만하다. 아니면 로마 황제를 찾아가서 누가 진짜 이 세상 주인인지 담판할 수도 있다.

그것은 우리 생각이다. 예수님은 갈릴리로 갔다. 아니, 제자들을 갈릴리로 불러 모았다. 전에 하던 일을 계속하라는 뜻이다.

예수님이 부활을 말씀한 것은 한두 번이 아니다. 그런데 제자들이 못 알아들었다. 본문에 나오는 여자들도 마찬가지다. 부활 현장을 보면서도 부활을 떠올릴 줄 몰랐다. 대체 부활에 대해서 어느 만큼 무지했다는 뜻일까? 이 내용을 요즘말로 바꾸면 어떻게 될까? 성경이 아무리 신령한 복을 말해도 도무지 못 알아듣는다는 뜻이다. 복음서가 기록될 당시 사람들이 부활에 관심이 없었던 것처럼 지금도 신령한 복에 관심이 없다. 그보다 급한 문제가 한둘이 아니다. 그래서 신앙의 이름으로 엉뚱한 것을 기대한다. 애들은 자기한테 필요한 것과 자기가 원하는 것을 구별하지 못한다. 자기가 원하면 무조건 필요하다고 우긴다. 신자도 마찬가지다. 성경의 약속과 자기의 욕심을 구별하지 못한다.

만일 부활한 예수님이 로마 황제와 담판을 지어서 이 세상 왕으로 등극했으면 우리는 신앙을 내세워서 세상에서 한자리씩 차지할 수 있을 것이다. 그런데 예수님은 갈릴리에서 제자들을 만났다. 우리가 신앙을 나타내야 할 곳이 우리 삶의 현장이라는 뜻이다. 신앙이 있다는 이유로 복이 하늘에서 떨어지기를 기대할 것이 아니라 각자의 삶의 현장에서 신앙을 나타내야 한다. 그곳이 우리한테는 갈릴리다.

16:9-18〉 예수께서 안식 후 첫날 이른 아침에 살아나신 후 전에 일곱 귀신을 쫓아내어 주신 막달라 마리아에게 먼저 보이시니 …(중략)… 병든 사람에게 손을 얹은즉 나으리라 하시더라

예수님이 부활했다. 그러면 그다음에 어떤 내용이 나와야 할까? 제자들이 기뻐 뛰며 잔치라도 열어야 하는 것 아닐까? 그런데 전혀 다른 내용이 나온다. 예수님의 부활을 본 사람들의 말을 믿지 않았다고 한다. 막달라 마리아가 하는 말도 믿지 않았고, 제자들 중 두 사람이 시골에 가다가 예수님을 만났는데 그 말도 믿지 않았다. 부활이 그 정도로 믿기 힘든 사건이었다.

예수님이 그런 제자들을 꾸짖는다. 예수님의 부활은 우발적인 사건이 아니다. 이미 수차례 말했다. 그런데도 제자들이 "맞다! 선생님이 몇 번 하신 말씀이 있었는데 과연 그렇구나!"라고 하지 않고 도리질을 쳤다. 예수님 말씀이 이루어졌는데 왜 안 믿는 것일까?

그런데 15절이 이상하다. "또 이르시되 너희는 온 천하에 다니며 만민에게 복음을 전파하라"라고 했다. "너희들은 참 믿음이 없고 완악하구나. 왜 내가 살아난 것을 본 사람들의 말을 안 믿는단 말이냐? 앞으로 온 천하에 다니면서 만민에게 복음을 전파해라"라고 하는 것은 말이 안 된다. 예수님의 부활을 믿지도 않는 사람들한테 무슨 수로 복음 전파를 맡길까? 15절 앞에 믿음이 없고 완악하다고 욕을 먹은 제자들이 뒤늦게 사실을 알게 되었다는 내용이 생략된 것이다. 어차피 그 말은 하나마나 뻔하다. 부활한 예수님이 직접 나타났으니 믿고 안 믿고를 따질 여지가 없다. 부활을 믿은 게 아니라 부활을 확인한 것이다.

보고 믿는 것은 믿는 것이 아니다. 예수님이 행하신 표적을 보고 예수님이 메시야인 것을 믿는 것과 부활하신 예수님을 보고 예수님의 부활을 믿는 것은 전혀 다른 얘기다. "이런저런 표적을 행하는 것을 보니 정말 메시야가 맞는 모양이다"라고 할 수는 있지만 "부활한 예수님이 눈앞에 있는 것을 보니 정말로 부활한 모양이다"라고 할 수는 없다.

요컨대 예수님은 제자들이 예수님의 부활을 듣고 믿기를 바라셨다. 그런데 그게 안 되었다. 믿음이 없고 완악하다는 책망을 받을 만하다. 만일 제자들이 정상이라고 하자. 앞으로 제자들을 통해서 복음을 듣게 될 사람들은 어떻게 될까? 그들 역시 안 믿어도 괜찮은 것일까? 그러면 예수님은 누군가를 믿게 하고 싶을 때마다 계속 나타나야 할까?

보고 믿는 것은 믿는 축에 끼지 못한다. 듣고 믿어야 한다. 예수님을 본 사람의 말을 듣고 믿는 사람은 예수님의 부활을 본 사람과 같은 사람이다. 예수님은 듣고 믿는 방식의 토대에서 복음 전파를 말씀하신다. 그 얘기가 "너희는 온 천하에 다니면서 만민에게 복음을 전파하라"이다.

우리한테 뭘 어떻게 하라는 얘기일까? 물론 그 말씀을 직접 들은 제자들은 온 천하에 다니면서 만민에게 복음을 전파했다. 그러면 우리는 무엇을 해야 할까? 교회에 등록했다고 해서 무조건 선교사로 나가야 하는 것은 아니다. 하지만 우리가 있는 자리에서 선교사로 살기는 해야 한다. 우리가 정말로 예수님의 부활을 체험했으면 우리한테는 복음을 전파할 책임이 있다. 학교나 직장, 사업장 심지어는 가정까지도 선교 현장이다.

코로나 여파로 주일성수가 무너졌다는 말을 들은 적이 있다. 주일성수가 무슨 뜻이기에 한낱 질병 때문에 무너졌다고 할까? 주일성수(主日聖守)는 말 그대로 주일을 거룩하게 지키는 것이다. 그런데 주일낮예배 참석을 주일성수로 잘못 얘기하는 경우가 더러 있다. 주일은 예배를 안 빼먹는 날이 아니다. 말 그대로 주님의 주인 되심을 선포하는 날이다. 알기 쉽게 말하면 최대한 예수 믿는 티를 내는 날이다. 그런 주일성수는 코로나보다 더한 질병이 와도 절대 무너질 수 없다.

그러면 만민에게 복음을 전파하는 것은 어떻게 하는 것일까? 우리가 있는 자리에서 선교사로 살아야 하고, 우리가 있는 곳이 선교 현장이라는 말은 무슨 뜻일까? 옆 사람을 교회에 데려오라는 뜻일까? 관주성경에 보면 '만민에게'에 2)가 있고 관주에 '헬, 온 창조세계에'라고 되어 있다. 헬라어 원문에는 온 창조세계에 복음을 전파하라고 되어 있는데 그것을 만민에게 복음을 전파하라고 번역한 것이다. 온 창조세계에 복음을 전파하려면 어떻게 하면 될까? 옆 사람을 교회에 등록하게 하는 정도로는 안 된다. 전도를 통해서만이 아니라 살아가는 모든 모습에서 신자임이 선포되어야 한다.

중학생 때 친구가 놀러 왔다 가면 어머니가 꼭 묻는 말이 있었다. "걔는 몇 등이나 하는 애냐?" 그 질문이 참 싫었는데 어머니는 한 번도 빼먹지 않으셨다. 어느 집이나 자녀가 어울리는 친구들에게 신경을 쓴다. 근주자적 근묵자흑이기 때문이다. 붉은 인주를 가까이 하면 붉게 되고 먹을 가까이 하면 검게 물든다. 그래서 좋은 친구한테서 좋은 영향을 받기를 바라는 것이다.

이 말을 뒤집어도 되지 않을까? 우리가 붉은 인주라서 우리 주변이 붉게 되고 우리가 먹이라서 우리 주변이 검게 변하는 일도 있어야 한다. 우리가 정말로 주님의 부활을 체험한 사람이면 우리 주변 사람들이 우리로 인해서 복음을 접하게 되어야 한다. 그 일은 우리가 생업에 힘쓰면서 틈틈이 하면 되는 일이 아니라 우리의 본분이다. 우리가 그 일을 위해서 존재한다.

설마 예수님이 이 세상에 오신 김에 가외로 우리를 구원했을까? 우리는 이 세상을 살면서 가외로 하나님 나라를 섬기는 사람들이 아니다. 하나님 나라를 섬기기 위해서 이 세상을 사는 사람들이다. 이 세상을 살아가는 우리의 관심이 하나님 나라에 있다.

왜 그래야 하는가 하면, 믿고 세례를 받는 사람은 구원을 얻지만 믿지 않는 사람은 정죄를 받기 때문이다. 모든 사람의 길이 구원, 아니면 정죄로 이어진다. 우리가 하나님 나라 백성으로 살아야 하는 이유다. 우리를 통해서 한 사람이라도 더 믿고 세례를 받아서 구원을 얻어야 한다.

세례는 자기의 신앙을 공개적으로 고백하는 의식이다. 믿음을 혼자 간직하는 것이 아니라 남들도 알게 하는 것이 세례다. 꼭 세례를 받아야 구원을 얻는 것은 아니다. 그런데 세례가 필수적인 것처럼 말한다. 마가복음이 기록될 당시의 상황 때문이다. 당시는 박해 시기였다. 신앙을 공개하면 박해가 따른다. 박해를 피하려면 신앙을 숨기면 된다. 그러면 그 사람이 신자일까, 아닐까?

요즘은 신앙 때문에 박해를 받는 일이 없다. 하지만 신자인 것을 공개했다가 손해 볼 우려는 얼마든지 있다. 신앙 양심을 가지고 사는 일은 늘 어렵다. 그러면 어떻게 해야 할까? 세상에서 손해 보지 않기 위해서 신자로 살지 않는다면 그 사람은 믿음이 있는 사람일까, 없는 사람일까?

믿음이 있다는 얘기는 이 세상 조건에 구애받지 않는다는 뜻이다. 우리가 믿는 하나님이 이 세상 모든 조건을 초월한 분이기 때문이다. 그래서 "믿는 자들에게는 이런 표적이 따르리니 곧 그들이 내 이름으로 귀신을 쫓아내며 새 방언을 말하며 뱀을 집어 올리며 무슨 독을 마실지라도 해를 받지 아니하며 병든 사람에게 손을 얹은즉 나으리라"라고 한다.

이슬람권이나 중국처럼 극한 상황에서 복음을 전하는 경우에는 지금도 기적이 일어난다고 한다. 그런데 우리 주변에서는 그런 일을 보기 힘들다. 그럴 수밖에 없다. "믿는 자들에게는 이런 표적이 따르리니…"라고 한 그대로다. 표적은 일반 법칙이 아니다. 한 사람한테만 나타나도 충분하다. 한 지역에서만 나타날 수도 있다. 이천 년 전에 팔레스타인 지방에서 한두 번 나타나고 지금은 나타나지 않는다고 해도 표적의 기능은 유효하다. 표적은 우리의 기대 때문이 아니라 하나님의 필요에 의해 나타난다.

16:19-20〉 주 예수께서 말씀을 마치신 후에 하늘로 올려지사 하나님 우편에 앉으시니라 제자들이 나가 두루 전파할새 주께서 함께 역사하사 그 따르는 표적으로 말씀을 확실히 증언하시니라

이렇게 마가복음이 끝난다. 예수님은 본래 예수님이 계시던 자리로 올라

갔고 제자들은 자기들한테 맡겨진 일을 성실히 감당했다.

로날드 사이더가 쓴 〈이것이 진정한 기독교다〉에 예수님과 천사 가브리엘의 가상 대화가 나온다. 가브리엘이 묻는다.

"어떻게 되었습니까? 맡으신 사명대로 세상을 구원하셨습니까?"

"글쎄, 그렇다고 할 수도 있고 아니라고 할 수도 있지. 나는 세상의 죄를 짊어지고 대신 죽었고, 나를 믿는 자는 영원히 살 것이라고 약속했지. 나를 따르던 무리한테 성령을 보내주었고 세상을 구원하는 사명을 이루라고 말했지."

가브리엘이 놀라서 반문한다.

"아니, 그럼 이 세상 구원 계획을 전직 어부, 전직 창녀, 전직 세리한테 맡겼다는 말씀입니까?"

"응, 그런 셈이지."

"그들이 실패하면 어떻게 하죠? 다른 대안은 있나요?"

예수님이 나직이 말씀하신다.

"아니, 없어."

하나님이 세상을 구원하는 일에 천사를 쓰지 않고 우리를 쓰기로 작정하셨다. 다른 대안이 없으시다. 우리가 땅에서 무엇이든지 매면 하늘에서도 매이고 땅에서 무엇이든지 풀면 하늘에서도 풀린다. 우리가 땅에서 매지 않으면 하늘에서도 매이지 않고 땅에서 풀지 않으면 하늘에서도 풀리지 않는다. 우리가 땅에서 입을 다물어 복음을 전하지 않으면 천국에 초대되는 사람이 없게 된다.

연못에 돌멩이 하나만 던져도 파문이 일어난다. 우리가 이 세상을 살았으면 마땅히 흔적이 있어야 한다. 잠깐 있다가 없어지는 흔적은 안 된다. 복음과 함께 영원히 남는 흔적이어야 한다. 우리가 예수를 믿는다면 우리로 인해서 영원으로 초대되는 사람이 있어야 한다. 그 일이 우리한테 맡겨진 일이다.

Let's Go 마가복음

초판 1쇄 발행 2022. 07. 22.

지은이 강학종
펴낸이 방주석
펴낸곳 베드로서원
주 소 10252 경기도 고양시 일산동구 고봉로 776-92
전 화 031-976-8970
팩 스 031-976-8971
이메일 peterhouse@daum.net
등 록 2010년 1월 18일
창립일 1988년 6월 3일
ISBN 979-11-91921-08-3 03230
책값은 뒤표지에 있습니다.

베드로서원은 문서라는 도구로 한국교회가 복음의 본질을 회복하고

마을 목회와 선교적 교회로 나아가는 데 기여하고자 최선을 다합니다.

나의 힘이신 여호와여 내가 주를 사랑하나이다(시 18:1)